北京大学　北大中国史
人文学科文库　研究丛书

唐元之间的西域与丝绸之路历史研究

Study of the Western Regions and the Silk Road
Between the Tang and Yuan Eras

付马　著

图书在版编目(CIP)数据

唐元之间的西域与丝绸之路历史研究 / 付马著. -- 北京：北京大学出版社，2025.5. -- (北京大学人文学科文库). -- ISBN 978-7-301-36224-2

Ⅰ. K928.6

中国国家版本馆CIP数据核字第2025ZM6210号

书　　　名	唐元之间的西域与丝绸之路历史研究 TANG-YUANZHIJIAN DE XIYU YU SICHOUZHILU LISHI YANJIU
著作责任者	付　马　著
责 任 编 辑	张　晗　邴文彬
标 准 书 号	ISBN 978-7-301-36224-2
出 版 发 行	北京大学出版社
地　　　址	北京市海淀区成府路205号　100871
网　　　址	http://www.pup.cn　　新浪微博：@北京大学出版社
电 子 邮 箱	编辑部 wsz@pup.cn　　总编室 zpup@pup.cn
电　　　话	邮购部 010-62752015　　发行部 010-62750672 编辑部 010-62755217
印 刷 者	北京中科印刷有限公司
经 销 者	新华书店
	650毫米×980毫米　16开本　22.75印张　300千字 2025年5月第1版　2025年5月第1次印刷
定　　　价	88.00元（精装）

未经许可，不得以任何方式复制或抄袭本书之部分或全部内容。
版权所有，侵权必究
举报电话：010-62752024　电子邮箱：fd@pup.cn
图书如有印装质量问题，请与出版部联系，电话：010-62756370

献给我的父亲付义群（1956—2022）

总 序

袁行霈

　　人文学科是北京大学的传统优势学科。早在京师大学堂建立之初，就设立了经学科、文学科，预科学生必须在5种外语中选修一种。京师大学堂于1912年改为现名，1917年，蔡元培先生出任北京大学校长，他"循思想自由原则，取兼容并包主义"，促进了思想解放和学术繁荣。1921年北大成立了四个全校性的研究所，下设自然科学、社会科学、国学和外国文学四门，人文学科仍然居于重要地位，广受社会的关注。这个传统一直沿袭下来，中华人民共和国成立后，1952年北京大学与清华大学、燕京大学三校的文、理科合并为现在的北京大学，大师云集，人文荟萃，成果斐然。改革开放后，北京大学的历史翻开了新的一页。

　　近十几年来，人文学科在学科建设、人才培养、师资队伍建设、教学科研等各方面改善了条件，取得了显著成绩。北大的人文学科门类齐全，在国内整体上居于优势地位，在世界上也占有引人瞩目的地位，相继出版了《中华文明史》、《世界文明史》、《世界现代化历程》、《中国儒学史》、《中国美学通史》、《欧洲文学史》等高水平的著作,并主持了许多重大的考古项目,这些成果发挥着引领学术前进的作用。目前北大还承担着《儒藏》、《中华文明探源》、《北京大学藏西汉竹书》的整理与研究工作,以及《新编新注十三经》等重要项目。

与此同时,我们也清醒地看到,北大人文学科整体的绝对优势正在减弱,有的学科只具备相对优势了;有的成果规模优势明显,高度优势还有待提升。北大出了许多成果,但还要出思想,要产生影响人类命运和前途的思想理论。我们距离理想的目标还有相当长的距离,需要人文学科的老师和同学们加倍努力。

我曾经说过:与自然科学或社会科学相比,人文学科的成果,难以直接转化为生产力,给社会带来财富,人们或以为无用。其实,人文学科力求揭示人生的意义和价值、塑造理想的人格,指点人生趋向完美的境地。它能丰富人的精神,美化人的心灵,提升人的品德,协调人和自然的关系以及人和人的关系,促使人把自己掌握的知识和技术用到造福于人类的正道上来,这是人文无用之大用!试想,如果我们的心灵中没有诗意,我们的记忆中没有历史,我们的思考中没有哲理,我们的生活将成为什么样子?国家的强盛与否,将来不仅要看经济实力、国防实力,也要看国民的精神世界是否丰富,活得充实不充实,愉快不愉快,自在不自在,美不美。

一个民族,如果从根本上丧失了对人文学科的热情,丧失了对人文精神的追求和坚守,这个民族就丧失了进步的精神源泉。文化是一个民族的标志,是一个民族的根,在经济全球化的大趋势中,拥有几千年文化传统的中华民族,必须自觉维护自己的根,并以开放的态度吸取世界上其他民族的优秀文化,以跟上世界的潮流。站在这样的高度看待人文学科,我们深感责任之重大与紧迫。

北大人文学科的老师们蕴藏着巨大的潜力和创造性。我相信,只要使老师们的潜力充分发挥出来,北大人文学科便能克服种种障碍，在国内外开辟出一片新天地。

人文学科的研究主要是著书立说，以个体撰写著作为一大特点。除了需要协同研究的集体大项目外，我们还希望为教师独立探索、撰写、出版专著搭建平台，形成既具个体思想，又汇聚集体智慧的系列研究成果。为此，北京大学人文学部决定编辑出版"北京大学人文学科文库"，旨在汇集新时代北大人文学科的优秀成果，弘扬北大人文学科的学术传统，展示北大人文学科的整体实力和研究特色，为推动北大世界一流大学建设、促进人文学术发展做出贡献。

我们需要努力营造宽松的学术环境、浓厚的研究气氛。既要提倡教师根据国家的需要选择研究课题，集中人力物力进行研究，也鼓励教师按照自己的兴趣自由地选择课题。鼓励自由选题是"北京大学人文学科文库"的一个特点。

我们不可满足于泛泛的议论，也不可追求热闹，而应沉潜下来，认真钻研，将切实的成果贡献给社会。学术质量是"北京大学人文学科文库"的一大追求。文库的撰稿者会力求通过自己潜心研究、多年积累而成的优秀成果，来展示自己的学术水平。

我们要保持优良的学风，进一步突出北大的个性与特色。北大人要有大志气、大眼光、大手笔、大格局、大气象，做一些符合北大地位的事，做一些开风气之先的事。北大不能随波逐流，不能甘于平庸，不能跟在别人后面小打小闹。北大的学者要有与北大相称的气质、气节、气派、气势、气宇、气度、气韵和气象。北大的学者要致力于弘扬民族精神和时代精神，以提升国民的人文素质为己任。而承担这样的使命，首先要有谦逊的态度，向人民群众学习，向兄弟院校学习。切不可妄自尊大，目空一切。这也是"北京大学人文学科文库"力求展现的北大的人文素质。

这个文库目前有以下17套丛书：

"北大中国文学研究丛书"
"北大中国语言学研究丛书"
"北大比较文学与世界文学研究丛书"
"北大中国史研究丛书"
"北大世界史研究丛书"
"北大考古学研究丛书"
"北大马克思主义哲学研究丛书"
"北大中国哲学研究丛书"
"北大外国哲学研究丛书"
"北大东方文学研究丛书"
"北大欧美文学研究丛书"
"北大外国语言学研究丛书"
"北大艺术学研究丛书"
"北大对外汉语研究丛书"
"北大古典学研究丛书"
"北大人文学古今融通研究丛书"
"北大人文跨学科研究丛书"[①]

　　这17套丛书仅收入学术新作,涵盖了北大人文学科的多个领域,它们的推出有利于读者整体了解当下北大人文学者的科研动态、学术实力和研究特色。这一文库将持续编辑出版,我们相信通过老中青学者的不断努力,其影响会越来越大,并将对北大人文学科的建设和北大创建世界一流大学起到积极作用,进而引起国际学术界的瞩目。

---

① 本文库中获得国家社科基金后期资助或入选国家社科基金成果文库的专著,因出版设计另有要求,因此加星号注标,在文库中存目。

"北大中国史研究丛书"序

近年来,北大的人文研究开始活跃起来。国际汉学家研修基地、人文社会科学研究院、区域与国别研究院纷纷成立,举办各种各样的学术活动,会议、工作坊、讲座纷至沓来。一时间,学术气氛浓郁,不同学科也进一步加强了交流。与此同时,新的人文学部也在沉闷的评审、提职、定级、评奖的会议之外,开始组织讲座、论坛和工作坊,建设跨学科研究平台;构筑"北京大学人文学科文库",希望整体展示人文学科的学术成果。我等受命编辑"文库"中的"北大中国史研究丛书",得到同行的踊跃支持。

北大的中国史研究,可以追溯到1899年京师大学堂初设时的史学堂,作为新式教育的一科,包含中国历史研究。1903年,史学堂改为中国史学门和万国史学门,相当于今天的中国历史和世界历史两个专业。1912年京师大学堂改称国立北京大学,1919年设立史学系。1952年院系调整,新的北大历史系又接纳了清华大学历史系和燕京大学历史系的许多著名学者,使北大历史系成为研究中国历史的重镇。在北大史学系到历史系的发展历程中,中国史学研究的队伍不断壮大,名家辈出,也产生了许多传世名著。

但是，由于在20世纪经历了多次国难、内战、政治运动，特别是"文革"的迫害，在处于政治旋涡中的北大，史学研究者也不免受到冲击甚至没顶之灾。而且，最近几十年来社会观念巨变，大学里政经法等社会科学越来越受到重视，文史哲则日渐萎缩，历史学科的规模更是受到较大的限制。

然而，历史学作为一个综合性大学的基础人文学科，是不可或缺的。而中国历史，更是居于中国大学首位的北京大学所不可或缺的。北大的中国史研究者，也有着比其他人更加厚重的义务，需要更加努力地做好自己的研究。中国近代学术起步要晚于西方和日本，所以在相当长的一段时间里，即便是中国历史研究领域，也有不少优秀的学者是西方或日本培养起来的，陈寅恪先生因而有"群趋东邻受国史，神州士夫羞欲死"的感叹。历次政治运动，也使国人的许多研究领域拉开了与国外优秀学者的距离。但改革开放以来，包括北大学人在内的中国学者奋起直追，在中国史的许多方面，我们已经走在了学科发展前列，产生出一批优秀的学术著作，为东西洋学者同行刮目相看。

过去，北大历史系学人的特点之一，就是单打独斗。一些优秀学者在各个出版社出版的著作，为弘扬北大学术，做出了极大的贡献。但这样的做法，也使得不少学术研究成果，变成各种丛刊的组成部分，显现不出北大的学术积淀。"北京大学人文学科文库"的想法之一，就是把北大学人的成果凝聚在一起，形成一个比较宏大的气势，推进北大的人文研究。这一做法，对于北大中国史研究，无疑有助于提振士气，凝聚力量，可以集中展现北大中国史学科的研究成果。相信北大历史系暨中国古代史研究中心的学者，有义务，有承担，把自己最满意的研究成果，在"北大中国史研究丛书"中陆续推出。

荣新江　张帆

2018年北大校庆前两日

序一

秦汉以后的西域历史,从与中原王朝的关系上看,大致可断续地分为两类不同时期。一类是与中原关系密切的时期,如汉、唐与元、清。汉、唐是汉人建立的王朝,而元与清则为北族所建。另一类是割据时期。但由于中国历史发展的复杂性,上面这种划分只能是粗略的,如西辽虽为辽之延续,且西域也处于其制御之下,但却无法归入西域与中原王朝关系这个框架之中,因为西辽本身也可视为边疆割据政权。

本书所讨论的唐元之间的时段,即公元9—13世纪的西域,便属于后一类时期。隋至唐初,天山以南各绿洲的农耕区,曾臣属于在天山草原中游牧的操突厥语人群——铁勒诸部。公元8世纪末,漠北回鹘汗国上层发生政权更迭,其王族药罗葛氏被铁勒跌跌(即阿跌)氏所代,[①]但国号仍称回鹘。不足半个世纪之后,阿跌氏控制的漠北回鹘汗国被黠戛斯攻破,汗国统治之下的铁勒各部仓遑出逃,西越阿尔泰山南下,来到今新疆天山东段以北庭

---

① 《资治通鉴》卷235《唐纪五十一·德宗神武圣文皇帝十·十一年》,中华书局1956年,第7568页;《新唐书》卷217《回鹘传》上,中华书局点校本,第6126页。

与高昌为中心的地区,成为宋元时代的西州回鹘(即高昌回鹘,亦即蒙元之畏兀儿)。

随着西迁回鹘汗国的统治稳定及势力的扩张,各绿洲居民渐次放弃自己的母语,转而接受了回鹘语。回鹘人也接受了此前铁勒中拔悉密人在粟特文化影响下创制的文字,其成为后来西州回鹘的主要书面语(元代称为畏兀儿文),当代突厥语文学界称为回鹘文。

本书所聚焦的,便是此后至成吉思汗创建的大蒙古国登上历史舞台之间约三个半世纪的西域,及与之相关联的东西交往史。由于这一时期的西域不属中原王朝,传世正史中无专门卷章记其发展轮廓,因而成为古代西域史的一大空白。从文化转型上看,唐元间的西域尚处于伊斯兰化之初期,阿拉伯、波斯史料中即便有一些记载,通常亦只言及西域的西部。所以,欲理清这一时期西域历史的主线索,研究者只能在各种不同语种的文献中作大海捞针式的扒梳,依靠幸而发现的一鳞半爪片断记载,拼组还原可能的画面。而回鹘的政治统治,使得通突厥语成为破解这一阶段西域史的主要锁钥。

本书作者付马博士是近年来在古代中外关系史和西域史研究领域的学术新锐,师从荣新江教授,在北大历史学系接受系统学术训练,先后获硕、博学位;又曾赴芬兰赫尔辛基大学阿尔泰学系和德国柏林自由大学伊朗学研究所访学,受欧洲内亚语文学传统熏陶,初具释读回鹘文与中古伊朗语文文献之能力,且通晓西方现代学术语言,熟稔国际学界前沿动态。八年前我作为答辩委员会主席,参加了其博士论文《西州回鹘与丝绸之路:9—13世纪东部天山地区历史研究》的答辩。全体到会专家一致认为,该论文胜意频出,发前人之未发。付马博士通过多年艰辛努力,突破语文障碍,重新查考与解读了多语种文献,使这段长达三个半世纪的历史空白得以填补。

据《资治通鉴》记载:唐咸通七年(866)"春,二月,归义节度使张义潮奏北庭回鹘固俊克西州、北庭、轮台、清镇等城"。元代胡三省注:"'回鹘固俊',《新书》及《考异》正文皆作'仆固俊'。"①诸家多据此以为此时西州回鹘的王权为铁勒仆固氏所得,也就是说迁居西域的回鹘统治集团内部再度发生政权更迭。1206年成吉思汗统一蒙古高原后,畏兀儿统治者巴而术阿而忒亦都护于1209年杀死西辽派驻北庭的少监,归降蒙古。巴而术阿儿忒亦都护之父为月仙帖木儿,也是亦都护,②其更先之世次则不可知。而汉文史料中记录的西州回鹘可汗名仅有数例。可见,从阿跌氏统治的漠北回鹘汗国迁居北庭,到畏兀儿叛西辽降元期间的历史叙事存在断层。

20世纪以来西北各地出土的唐元间多语种文献残件中,有些涉及西州回鹘统治者称号或事迹,为填补知识空白创造了可能。本书不但考证并重构了自9世纪后半叶的仆固天王至12世纪末的月仙帖木儿亦都护的12位回鹘统治者的突厥语称号、对应汉文称谓与在位时间,使迁居西域的回鹘统治者的世次变得清晰起来,且在前人所忽视的汉-畏兀儿双语《元高昌王世勋碑》所言及的亦都护先世"兀单可汗"问题上,订正了我过去研究中的不足。

本专著聚焦的地理范围"西域",是以我国新疆为中心的欧亚大陆中段地区;其讨论的主题"丝绸之路",讲的是东西文明间的交流与交往。而其所涉时段"唐元之间",则是9—13世纪。历史问题研究虽然可以有不同的切入点,著者若专业背景不同,写法自然有异;聚焦的时段不同,讨论的问题也可能不一样,但无论怎样不同,毕竟没有捷径,还是有一定的学术门坎需要跨越的。

当代中国已成长为世界第二大经济体,我国的学术后辈理当有在国际舞台上为国家争取与之匹配的地位的梦想。从专业的角度

---

① 《资治通鉴》卷250《唐纪六十六·懿宗昭圣恭惠孝皇帝上·七年二月》,第8235页。

② 《元史》卷124《哈剌亦哈赤北鲁传》,中华书局点校本,第3046页。

讲,无论从什么视角介入这个时段的西域研究,若不具备良好的中亚语文学素养,特别是突厥语有关佛教、摩尼教与景教文献的研读能力,若没有中亚史地知识的积累,或未能掌握国内外学术前沿的动态,很难做出一流的学术成果。孔子留下的古训"工欲善其事,必先利其器"是一条朴素的真理。

  我在与付马博士的几年接触和交流中,感受到他勤奋好学、不断进取的治学精神和活跃的思路、广博的视野与洞察力。他常在第一时间与我分享自己的学术发现与创见,也使我得到启发。现其专著即将在北京大学出版社付梓面世,我乐于为之序。

刘迎胜

2025年4月21日

序二

付马老师的第二部专著《唐元之间的西域与丝绸之路历史研究》即将出版,这于他本人和学界都是值得庆贺的事情。在第一部专著《丝绸之路上的西州回鹘王朝》的基础上,付马老师继续围绕回鹘西迁以后的东部天山地区开展研究,讨论了西迁回鹘对丝绸之路天山段的控制及相关交通线路,研究了回鹘西迁后天山地区城镇的发展,探讨了这些道路上和城镇中活跃的回鹘商人、回回商人以及这些商业活动涉及的商品,他还讨论了这些道路和城镇中存在的景教寺院、僧侣教众和聚落。正如人们所知,自安史之乱后,唐朝在西域的活动和影响力大为减少,有关天山地区的汉文记载变得非常有限,并且这种状况一直持续到蒙古兴起,甚至在蒙古汗国控制了天山地区之后,也没有改变该地区汉文文献记载的匮乏状况。因此重建唐晚期开始的天山地区历史的关键,是如何在零碎的史料中发掘出合适的信息。

自19世纪末以来,我国新疆及其周边地区出土了各种语言文字书写的文献,其中"回鹘时代出土文字资料",特别是以回鹘语文书写的文字资料，以及当地以粟特文、汉文书写的文字材料，成为重建这一段历史的重要依靠。国际学术界对此早有认识，多年来大部分的出土文字资料已经获得解读和刊布。付马老师在前人刊布、研究、释读、利用的基础上，搜集、利用及重新释读了大量的回鹘语文书写的文字资料，并佐之其他文字的史料，对以往无法全面了解的晚唐以后天山地区的交通、贸易、城镇生活、商人群体和贸易的物品，都有一些全新的展现。

当然，本书中我认为最富旨趣的部分，是第一编对"统治家族"的研究。付马在他的第一部专著中也讨论过回鹘西迁后在西州建立政权的过程，以及西州回鹘的族称（及其与其他族称的关系）、政权的疆域等。在本编的第一章中，付马首先对各种资料所见西州回鹘统治者的称号进行了梳理，在学界对漠北回鹘可汗称号研究的基础上，对这些称号的结构与特征"定性""定年"，包括对"称号来源""定性特征""头衔"等的讨论，令人印象深刻。如将11世纪以后回鹘可汗"称号来源"的变化，与10世纪末叶起大批西州回鹘人对佛教的改宗联系起来；再如，将西州回鹘"狮子王"和"阿萨兰回鹘"中的"阿萨兰"的来源，估计为西州回鹘在10世纪初期中亚突厥语诸部的活动中受到影响，将中亚西部各突厥语政权流行的狮子崇拜，加入自身的称号，以标示自己的卓越地位。

第一编第二章"回鹘统治家族起源传说中的二元因素钩沉"对西州回鹘王族始祖传说的研究更为重要。一般研究者对回鹘王族始祖"卜古可汗"很重视，因为这个传说见于汉文、波斯文、回鹘文等文献。付马抓住《亦都护高昌王世勋碑》上被先行研究所忽视的与"卜古"相连的"兀单"，并在同碑回鹘文文字中读出了前人未能读出或误读的"udan"，进而讨论了回鹘王室在"卜古可汗"之外的另一个传说祖先"兀单可汗",将这一传说与西州回鹘改宗佛教后的佛教语境和高昌本位意识联系起来。付马还讨论了蒙古兴起之后,这一祖先传说的变化,或者叫"再构建"。本编的研究不仅基本理清了西州回鹘可汗的称号,而且展示并阐释了各个时代回鹘的祖先传说构建及其背景和目的,包括漠北回鹘的树生始祖卜古可汗传说被加入摩尼教因素,树生始祖被摩尼教徒视作开教君主,是摩尼教融入回鹘族群建构的叙事;再到回鹘西迁东部天山后,逐渐与当地族群融合,在文化上改宗佛教,卜古可汗树生传说被加上佛教的起源,并进而形成以高昌为本位、以兀单可汗为中心认同的建国传说;再到蒙古时代,为与蒙古加强联系而重新强调漠北汗国时代的树生传说,刻意隐去其以高昌为本位的兀单建国传说,将其漠北汗国时代即已形成的、广为草原诸部熟知的回鹘树生传说的树生地点向蒙古统治中心哈剌和林靠拢,暗示回鹘与蒙古在起源上有着历史渊源。这里展现的回鹘西迁后祖先传说的构建和再构建,是伴随西州回鹘政权建立和成长的族群凝聚过程(ethnogenesis)的重要内容。

当然,在关注回鹘这个讲突厥语的部族离开蒙古高原后,在天山东端展开新的族群凝聚过程时,我们也会放眼几乎与此同时天山东段以西的喀喇汗王朝,也在经历自己地方的族群凝聚过程。喀喇汗王朝统治者借用了波斯传说中的人物"阿甫剌西牙卜"为自己的始祖,用隐晦的"可汗家族的"(al-Khāniyye)来定义自己包括语言在内的族类身份,展示了一个讲突厥语的部族在新环境中为实现自己的政治、军事、文化、宗教等目标而进行的身份构建。现在,读了付马用西州回鹘的案例,展示的另一个讲突厥语的部族"西州回鹘"同样的历史,我们不由得提问:为什么这两个位于天山东西的讲突厥语的部族政权会采取同样的政治-文化行动和策略?答案一定与回鹘西迁带来的大变局有关。而非常有意思的是在河西走廊的回鹘那里，我们没有看到类似的政治－文化行动。其原因可能是因为那里没有留下文字材料，但更可能是那里的统治者还具有漠北回鹘的"药逻葛"正统性，不需要新的政治－文化行动。说到这里，如果我们放眼更广阔的西域，那里在公元10世纪以后不断出现的各种各样的"部族"祖先构建，与我们在东部天山的东和西看到的"政治－文化行动"，是否有一些可以比较的话题呢？

再次祝贺付马老师的新书问世！

华涛

2025年5月12日

目 录

前 言 ………………………………………………………………… 1

第一编　统治家族

第一章　西州回鹘统治者的称号及其年代 ……………………… 9
  一、问题的提出 ………………………………………………… 9
  二、各种资料所见西州回鹘统治者称号的定性与定年 ……… 12
  三、西州回鹘统治者称号的结构与特征 ……………………… 45
  小　结 …………………………………………………………… 59

第二章　回鹘统治家族起源传说中的二元因素钩沉 …………… 61
  一、"卜古"还是"兀单卜古"？ ……………………………… 61
  二、在回鹘文碑文中发现"兀单" ……………………………… 64
  三、兀单可汗传说背后的佛教语境与高昌本位意识 ………… 68
  四、西州回鹘对卜古可汗树生传说的改造 …………………… 73
  五、蒙元时代的对外表达策略 ………………………………… 78
  小　结 …………………………………………………………… 82

第二编 道 路

第一章 唐元之间丝绸之路干道的沿革 ………………… 87
　　一、漠北回鹘汗国主导下的丝绸之路 ………………… 88
　　二、回鹘在西迁后对丝绸之路干道的控制 …………… 93
　　三、穆斯林商人与西域南道的兴起 …………………… 106
　　四、唐元之间的天山北道 ……………………………… 111
　　小　结 …………………………………………………… 113

第二章 吐鲁番盆地内外的交通路线 …………………… 115
　　一、吐鲁番盆地向东的交通路线 ……………………… 116
　　二、吐鲁番盆地内部的东西交通路线 ………………… 121
　　三、吐鲁番盆地向西的交通路线 ……………………… 126
　　小　结 …………………………………………………… 132

第三编 城 市

第一章 赤亭：一座丝绸之路绿洲城市的生成史 ……… 137
　　一、唐代的赤亭镇及其社会环境 ……………………… 138
　　二、回鹘时代的赤亭城市聚落 ………………………… 142
　　三、吐鲁番盆地东部交通道路沿线城市的兴起 ……… 146
　　小　结 …………………………………………………… 153

第二章 东部天山地区的城市化 ………………………… 154
　　一、回鹘政权对唐代各类城址的继承与沿用 ………… 154
　　二、从镇戍到城市 ……………………………………… 158
　　三、天山北道大城的兴起 ……………………………… 163

四、漠北时代的城市生活萌芽……………………………… 165
　　小　结 ……………………………………………………… 171

第三章　西部天山地区的城市化 ………………………………… 173
　　一、喀什绿洲的城市化 …………………………………… 174
　　二、伊犁河流域的城市化 ………………………………… 177
　　三、楚河-怛逻斯河流域的城市化 ……………………… 181
　　小　结 ……………………………………………………… 186

第四编　商　人

第一章　摩尼教与回鹘商人的兴起……………………………… 189
　　一、回鹘改宗摩尼教对粟特人的影响 …………………… 191
　　二、粟特商人的回鹘化 …………………………………… 197
　　三、回鹘摩尼教教团与商业 ……………………………… 200
　　四、出土文书所见的回鹘摩尼教网络 …………………… 204
　　小　结 ……………………………………………………… 210
　　附录　Ⅲ198背面抄经题记分段转写、汉译 …………… 211

第二章　从回鹘商人到回回商人 ………………………………… 214
　　一、回鹘商人在11世纪以前对丝绸之路东段的商业垄断　215
　　二、穆斯林商人对丝绸之路东段的渗透 ………………… 219
　　三、穆斯林商人对西州回鹘本土的渗透 ………………… 228
　　小　结 ……………………………………………………… 237

第三章　回鹘商人与丝绸 …………………………………………… 238
一、绒锦 ……………………………………………………… 239
二、克丝 ……………………………………………………… 242
三、中亚西部所见的其他汉地风格丝织品 ………………… 246
四、西方风格织锦 …………………………………………… 249
小　结 ………………………………………………………… 254

第五编　景　教

第一章　丝绸之路沿线的景教网络及其政治功能 ……………… 259
一、从丘处机与景教头目的相遇说起 ……………………… 259
二、作为馆驿的寺院 ………………………………………… 261
三、作为使者的僧侣与教众 ………………………………… 265
四、超越政权壁垒的景教网络 ……………………………… 269
小　结 ………………………………………………………… 277

第二章　回鹘文书所见西州回鹘境内的景教教会与聚落 ……… 279
一、回鹘时代的"Bïlayuq"城 ……………………………… 281
二、胜金口的景教聚落 ……………………………………… 286
三、回鹘景教教会与政权的关系 …………………………… 293
四、回鹘景教教会的组织与人员 …………………………… 296
小　结 ………………………………………………………… 301

结　语　吐鲁番学的回鹘时间 …………………………………… 303

参考文献 …………………………………………………………… 309

致　谢 ……………………………………………………………… 341

前　言

　　公元630年，唐朝攻灭北方的劲敌突厥汗国，始将兵锋朝向西突厥治下的西域。至7世纪中叶，唐朝彻底征服西突厥各部，自河西走廊以西直至中亚的广大区域被纳入其直接统治之下，开启其主导陆上丝绸之路的时代。在这样的背景下，西域与中西交通在唐代的汉文文献中留下了大量记载，远超前代，因此获得了后人更多的关注和了解，盛唐也往往被视为陆上丝绸之路的盛世。在8世纪后半叶，安史之乱迫使唐朝空虚其西北边防，吐蕃趁机进踞陇右、河西，西域地区则进入吐蕃与漠北回鹘汗国争霸的时期，中原王朝自此丧失对丝绸之路东段沿线各地的直接统治。此后的汉文传世文献对这些地区再无系统性记载，丝绸之路因此留给世人一种衰落之感。至9世纪40年代，先是漠北回鹘汗国因天灾、内乱和外敌入侵而崩溃；其后不久，吐蕃王朝因内乱而衰落，并最终瓦解。从河西走廊直到中亚的丝绸之路东段沿线地区彻底陷入地方政权林立的政治碎片化局面。这又为丝绸之路在中唐以后"衰落"的表象套上了看似合理的历史逻辑，进一步强化了这种感觉。类似的状况自晚唐五代延续至宋、辽、金时期，直到

13世纪蒙古汗国崛起，从中原经河西至西域的广大土地才再度被纳入到统一的政权之下。

自19世纪末、20世纪初以来，我国新疆及其周边地区的古代遗址被陆续发现、发掘，其中出土以各种语言文字书写的文字资料，包括写本、刻本、题记和钱币铭文等，为研究西域当地和丝绸之路历史提供了大量全新的一手资料。对于传世史料匮乏的唐元之间的西域与丝绸之路研究，这类资料尤为珍贵。通过各国学界在过去百年间的工作，大部分资料已经获得解读和刊布，为历史学者触及9—13世纪初期丝绸之路东部的历史真相积累了足够的素材。在新史料的支持下，传世文献中原本语焉不详的零星记载也释放出了更为丰富的信息。另一方面，20世纪初叶以来，一些与8世纪以后中亚有关的穆斯林历史地理著作的抄本被重新发现，西方学者对这些抄本开展的整理、注释和翻译工作迄今已经有相当深厚的积累。本书涉及的研究题目大多基于对上述材料的发掘和综合利用，在此基础上复原唐元之间西域与丝绸之路的历史面貌，揭示出丝绸之路沿线地区经济和文化交流在这一时段总体上仍得到进一步发展的史实。

唐元之间丝绸之路东段的贸易一度受回鹘人主导，此事在汉文传世文献的零星记载中已有端倪，现在逐渐引起学界关注[①]。而在这一时期的出土文字资料中，数量最多、内容最丰富者亦与回鹘有关，其中既有以回鹘语书写的文字资料，也有回鹘地方政权治下的

---

① 参见森安孝夫《'シルクロード'のウイグル商人：ソグド商人とオルトク商人のあいだ》，《岩波講座世界歷史 11 中央ユーラシアの統合（九～一六世紀）》，東京：岩波書店，1997年；此据氏著《東西ウイグルと中央ユーラシア》，名古屋大学出版会，2015年，第407—435页；森安孝夫《丝绸之路的回鹘商人——粟特商人和斡脱商人之间》，李圣杰、白玉冬译，《国学学刊》2023年第2期，第117—132页。

人口以粟特语、汉语等其他语言书写的文字材料,可笼统称作"回鹘时代出土文字资料"。重现唐元之间丝绸之路东段的历史,在很大程度上需要围绕这类资料,从对回鹘族群历史的复原展开。

回鹘原是生活在蒙古高原的游牧部族,在8世纪中叶建立漠北回鹘汗国,取代突厥成为草原诸部的霸主。840年,漠北回鹘汗国崩溃,回鹘部众向多个方向迁徙,最终于9世纪后半叶分别在东部天山和河西走廊建立西州回鹘和甘州回鹘两支独立的地方政权,直接控制丝绸之路在西域和河西走廊的沿线地区。其中,以今甘肃张掖为中心的甘州回鹘政权在11世纪上半叶亡于西夏,其本民族文献、文书迄今未现于世,因此学界对该政权历史的了解仅限于汉文史籍的记载。而以西州(即高昌,今新疆吐鲁番)和北庭(即别失八里,今新疆吉木萨尔)为中心的西州回鹘政权[①]则在东部天山地区独立存续约3个世纪之久。至12世纪30年代,该政权始受西辽羁縻统治;入13世纪后则被纳入蒙古汗国的版图,先后受大蒙古国、元朝和察合台汗国的直接统治,完全丧失独立政权的地位。但该族群作为独立的文化整体,始终是东部天山地区的主要人群,直到15世纪以后方才全面伊斯兰化。回鹘族群不但深刻地改变了西域当地的政治、族群和文化格局,而且作为主要的商人群体之一,他们持续影响着丝绸之路东段沿线各地区长达6个世纪之久。在历史上,回鹘曾先后以"袁纥""韦纥""回纥"等名称出现在汉文文献中,皆是其本族语言自称"uyɣur"的音写。到唐贞元年间,回纥可汗上表唐朝请求改其族名作"回鹘",自此"回鹘"成为该部正式的汉文名称。13世纪以后,回

---

① 该政权建立的具体过程,参见笔者在拙作《丝绸之路上的西州回鹘王朝:9~13世纪中亚东部历史研究》(北京:社会科学文献出版社,2019年,第100—138页)中的考证。

鹘人又有了诸如"畏兀儿""畏吾"等新的汉译名称。本书讨论的年代范围跨越唐元,为避免混淆,统一使用"回鹘"一名指称该部族。

西州回鹘的统治中心位于东部天山地区,包括其夏都——位于天山北麓的北庭,和其冬都——位于天山南麓的西州。其境内的核心区域还包括位于天山南麓、塔里木盆地北缘的焉耆绿洲,位于天山北麓的昌吉、玛纳斯等地。在强盛时期,其势力在天山南麓统治哈密、库车、阿克苏、乌什等绿洲,向东影响到敦煌,向西影响到喀什,向南则可影响到若羌、且末等绿洲;在天山北麓则控制着从巴里坤直到伊塞克湖东南岸的广大地区。本书内容所关涉的核心地理空间是西州回鹘直接控制的东部天山地区;构成其外延的则是一度处于西州回鹘治下并长期与之互动频繁的西部天山地区和塔里木盆地南缘。笔者采用笼统的"西域"来概括上述的地理空间,对"丝绸之路"加以限定,以示内容上的侧重。

本书正文分为五编,从"统治家族""道路""城市""商人"和"景教"五个方面复原唐元之间的西域与丝绸之路。

第一编集中考证西州回鹘统治者的相关问题。囿于传世文献失载,西州回鹘各代统治者的称号此前大都不为人所知,遑论其年代和世系。第一章主要从"回鹘时代出土文字资料"中搜集西州回鹘统治者的称号,依次考证其性质和年代,为重建西州回鹘统治者的年代体系作一初步尝试。在搜集、考证这些称号的基础上,总结西州回鹘统治者正式称号的结构和要素,指出其中的变化,并探究原因。蒙元时代的多种传世文献显示,西州回鹘统治家族对外宣称其始祖为漠北时代树生的"卜古可罕",此说不但在当时流行于其族群内部,还颇为外人熟知,并且流传后世。第二章则从碑志和出土文书的片断信息中钩沉回鹘统治家族另外一种不被后人所知的起源传说，论证其形成的渊源，并探讨其在蒙元时代被回鹘统治家族遮掩的原因，由此揭示西州回鹘族群凝聚的过程，以及回鹘统治家族改造其历史记忆以适应时代的事实。

第二编考察唐元之间丝绸之路道路的沿革。第一章论说这一时期丝绸之路东段交通的宏观格局，利用出土文字资料考证其干道的变迁历程。第二章则以吐鲁番盆地为中心，分别考证该地区向东、西方向通往外部的交通路线以及该地区内部的交通路线，是为对这一时期交通路线的微观考察。

第三编揭示这一时段西域丝绸之路沿线地区普遍发生的城市聚落兴起的现象。由于史料的匮乏，学界对于唐元之间丝绸之路的贸易活跃程度缺乏直观的认识，甚至对其通断与否都存在相互矛盾的观点。本编各章以城市兴起为视角，由此说明这一时期丝绸之路沿线经济贸易活动实较前代更为繁荣和活跃。第一章以今吐鲁番盆地东部的七克台绿洲为具体案例，依靠出土文书所提供的证据，复原其从唐代的一处军事据点发展成为回鹘时代城市聚落的过程，从微观层面揭示回鹘商人的贸易活动对丝绸之路沿线地区发展的促进作用。第二章从宏观层面论说西州回鹘治下地区在唐代以后发生城市化的过程，并分析其背后的原因。第三章则揭示与西州回鹘临近的喀什绿洲、伊犁河流域和楚河-塔拉斯河流域等区域在同一时期发生的城市化现象。

第四编聚焦唐元之间丝绸之路东段的主要商人群体——回鹘商人。学界对于汉唐之际的粟特商人和蒙元以降的回回（穆斯林）商人的研究迄今已相当丰富，但对于回鹘商人的兴衰过程则相对隔膜。第一章以胡语出土文字资料为新证，重新检讨汉文文献中的相关记载，论说回鹘改宗摩尼教一事如何促使回鹘商人群体的出现，并揭示摩尼教势力对回鹘商人的影响。第二章则考述穆斯林商人在何时开始取代回鹘商人成为丝绸之路贸易的主导力量，并探究其具体过程和历史背景。第三章则揭示回鹘商人在丝绸之路经济中的另一重身份——商品的生产者。笔者以丝绸之路的标志性商品为切入点，考辨各种文献所记由回鹘商人贩易的丝绸，证明他们不但是这类商品的贩易者，还是其中多种织物的生产者。一些当时在东西方文献中被标榜为异域产品的丝织物可能都是回鹘商人所织造。

第五编聚焦在唐元之间沿丝绸之路持续向东传播的景教（即基督教东方教会）。西域地区宗教史在这一时期的主线是当地的佛教与西方传入的伊斯兰教之间的竞争与消长。及至11世纪，除西州回鹘治下地区外，西域几乎全面伊斯兰化。此外，摩尼教因受回鹘统治者的支持而在9世纪传入西域，一度在东部天山地区流行，但也在11世纪趋于消亡。景教在唐代传入西域之后，虽然未曾得到当地政权的支持，也未能吸引到大量的信众，但却成功沿丝绸之路建立起传播网络，并一直存续至元代以后。第一章重构景教教团在丝绸之路东段沿线形成的网络，讨论在碎片化的政治环境下，景教网络如何成为东西交通的一种重要渠道。第二章利用吐鲁番出土的回鹘语文书还原当地景教教会和聚落的日常生活，从微观层面还原景教网络上的据点，并考论其在西域地区的本地化情况。

第一编

统治家族

第一章

西州回鹘统治者的称号及其年代

一、问题的提出

回鹘在北朝始以"袁纥"之名见于史册,是生活在漠北草原的游牧诸部之一。8世纪中叶,回鹘部崛起为漠北诸部中的最强者,建立漠北回鹘汗国,其统治者称可汗。840年,回鹘汗国在天灾人祸中崩溃,西迁至东部天山和河西地区的回鹘部众先后建立起西州回鹘和甘州回鹘政权。甘州回鹘在11世纪为西夏所灭。西州回鹘政权则延续数百年之久。虽然曾先后向辽、宋、金等政权称臣,但却一直保持事实上的独立,其统治者仍然称可汗。12世纪上半叶,辽朝贵族耶律大石率部迁至西域,建立西辽政权,西州回鹘等部受其羁縻统治。可能在此期间,回鹘统治者被迫放弃可汗称号,改称亦都护。1209年,回鹘亦都护归顺新兴的蒙古汗国,其地被纳入蒙古汗国的版图。

学界目前已经大体考证清楚漠北回鹘汗国的可汗世系①和蒙元时代畏兀儿亦都护的世系②，仅有个别人物存疑。甘州回鹘的大部分统治者见于传世汉文文献的记载，学界亦可因此大致重构其世系③。而有关西州回鹘统治者的记载在传世文献中则相对稀少。从9世纪后半叶到12世纪间，在近3个半世纪的时间跨度内，汉文文献记录的具体的西州回鹘可汗称号仅有4个，而对其人其事，则语焉不详。一直以来，统治者的称号和世系都是西州回鹘历史中充满争议又令人生畏的题目。

从20世纪初叶以来，新疆、甘肃等地不断出土由各种语文书写的文字材料，其中一些正属于西州回鹘时代。随着这些文字材料被陆续刊布、解读，一些回鹘统治者的称号和事迹又浮出水面。哈

---

① 漠北回鹘可汗称号可从汉文传世文献和属于漠北回鹘汗国的碑铭中检出。山田信夫最早系统解决漠北回鹘可汗世系问题，参见山田信夫《九姓回鹘可汗の系譜：漠北時代ウイグル史覺書》，《東洋學報》33（3、4），1951年，第90—113页。森安孝夫以此研究为基础，补以后出的研究成果，列有漠北回鹘可汗世系表，参见森安孝夫《ウイグル=マニ教史の研究》，《大阪大学文学部紀要》第31、32卷合并号，豊中：大阪大学文学部，1991年，第182—183页；T. Moriyasu, *Die Geschichte des Uigurischen Manichäismus an der Seidenstraße*, Wiesbaden, 2004, pp. 221-222。

② 蒙元时代畏兀儿亦都护世系可以《亦都护高昌王世勋碑》为纲，辅以其他史料进行重构。最早有程溯洛的复原，参见程溯洛《高昌回鹘王国亦都护谱系考——西域时代回鹘史札记》，氏著《唐宋回鹘史论集》，北京：人民出版社，1993年，第205—222页。其后，又有党宝海的论文及文后附 "13、14世纪畏兀儿亦都护世系图"，参见氏作《13、14世纪畏兀儿亦都护世系考》，《西北民族研究》1998年第1期；参见氏著《元代丝绸之路史论稿》，北京：社会科学文献出版社，2024年，第33—48页。国外学者的最新研究有芮跋辞（V. Rybatzki）据 "世勋碑"、蒙汉双语《西宁王忻都公神道碑》以及蒙文、回鹘文书复原出13世纪以降入仕元朝的畏兀儿亦都护和察合台汗国所另立高昌亦都护两支的谱系，参见 V. Rybatzki, "Türk and Uigur rulers in the Old Turkic inscriptions", *Central Asiatic Journal* 44/2, 2000, pp. 253-255。

③ 参见 J. Hamilton, *Les ouighours à l'époque des Cinq Dynasties*, Paris, 1955, pp. 143-144；林幹《河西回鹘可汗世系表》，氏著《突厥与回纥史》，呼和浩特：内蒙古人民出版社，2007年，第241页。

密屯（J. R. Hamilton）最早将出土文书中所见的西州回鹘可汗与汉文史料的记载相结合，尝试构建西州回鹘统治者的年代体系①。森安孝夫讨论了出土文书所见可以确定年代的6个回鹘可汗称号，建立起目前学者利用最多的西州回鹘统治者年代体系，为后来的研究提供了基础②。茨默（P. Zieme）在森安孝夫之后，讨论了回鹘语、中古伊朗语摩尼教文书中出现的7个回鹘统治者称号，比定出其中6位属于西州回鹘时代③。宗德曼（W. Sundermann）又在茨默研究的基础上，补充讨论了中古伊朗语文书中出现的几个西州回鹘统治者称号④。2000年，芮跋辞（V. Rybatzki）全面讨论了突厥汗国和漠北回鹘汗国的统治者称号，并在此框架内讨论了7个西州回鹘统治者称号⑤。荣新江先生以森安孝夫的研究为基准，参考茨默、宗德曼的研究，将新发现的一个回鹘可汗号置于西州回鹘统治者的年代框架中⑥。随着相关研究的进步和新材料的涌现，对这一问题的讨论有可能更加充分和深入。本章拟在诸位先学研究的基础上，逐一讨论各种文字资料和考古资料中所见的西州回鹘统治者称号，探讨这些称号的性质，判断其年代。在此基础上，笔者尝试构建一个更为丰富

---

① J. Hamilton, *Les ouighours à l'époque des Cinq Dynasties*, pp. 142-143.
② 森安孝夫《ウイグル＝マニ教史の研究》，第182—185页；T. Moriyasu, *Die Geschichte des Uigurischen Manichäismus an der Seidenstraße*, pp. 221-225。
③ P. Zieme, "Manichäische Kolophone und Könige", *Studia Manichaica, Second International Conference on Manichaeism, St. Augustin/ Bonn, August 6-10, 1989*, eds., G. Wiessner and H.-J. Klimkeit, Wiesbaden, 1992, pp. 323-327.
④ W. Sundermann,"Iranian Manichaean Turfan Texts concerning the Turfan Region", A. Cadonna (eds.), *Turfan and Tun-huang: the texts*, Firenze, 1992, pp. 63-84.
⑤ V. Rybatzki, "Türk and Uigur rulers in the Old Turkic inscriptions", pp. 205-292.
⑥ 荣新江《〈西州回鹘某年造佛塔功德记〉小考》，张定京、阿不都热西提·亚库甫编《突厥语文学研究——耿世民教授八十华诞纪念文集》，北京：中央民族大学出版社，2009年，第182—190页。

的西州回鹘统治者的年代体系，归纳出其称号的结构特征，总结其中重要因素的流变规律。

二、各种资料所见西州回鹘统治者称号的定性与定年

笔者首先汇总在汉文、回鹘文和摩尼文中古伊朗语文献、文书中搜集到的西州回鹘统治者称号，依次讨论其年代，尝试复原西州回鹘可汗世系（前面加*号者为笔者复原之名称）。

（1）仆固俊＝仆固天王＝*Boquq（？）tängri elig（—866—876—）

据正史记载，仆固俊于866年从北庭崛起，夺取西州，建立西州回鹘王国。笔者曾利用中国国家图书馆藏BD11287号敦煌文书论证仆固俊势力在其崛起后不久即遭受重创，势力范围可能仅剩西州一地[1]。荣新江先生在法藏Pelliot chinois 5007号敦煌文书中检出"仆固天王打破伊州"，指出876年仆固俊率领西州回鹘向东攻克伊州[2]。波斯语历史地理著作《记述的装饰》（Zayn al-Akhbār）记有托古兹古思（Toghuzghuz）开国之君菊儿特勤（Kür Tegin）的传说[3]，森安孝夫最早将此传说与仆固俊取代庞特勤建立西州回鹘政权的史事联系起来，认为菊儿特勤的原型正是仆固俊[4]。笔者曾考证中国文化遗

---

[1] 付马《唐咸通乾符年间的西州回鹘政权——国图藏BD11287号敦煌文书研究》，《敦煌研究》2014年第2期，第76—81页。

[2] 荣新江《归义军及其与周边民族的关系初探》，《敦煌学辑刊》1986年第2期，第33页；荣新江、余欣《沙州归义军史事系年（咸通十四年—中和四年）》，南华大学敦煌学研究中心编《敦煌学》第27辑，台北：乐学书局，2008年，第259页。

[3] A. Martinez, "Gardīzī's Two Chapters on the Turks", *Archivum Eurasiae Medii Aevi* 2(1982), 1983, p. 133.

[4] 森安孝夫《ウイグルの西遷について》，《東洋学報》59卷1、2合并号，1977年；此据氏著《東西ウイグルと中央ユーラシア》，第282—286页。

产研究院藏回鹘文献xj 222-0661.09中所记的兀单（Udan）汗的事迹原型即为仆固俊开国之事，并指出元代畏兀儿人有关兀单卜古可汗的历史记忆是层累地创造出来的，仆固俊开国事迹就是其中一源①。其姓"仆固"，可能因为其家族出身于原九姓铁勒中的仆固（骨）部，也可能源自回鹘族群传说中的统治家族始祖卜古（boquq）可汗之名，可惜再无更多的线索供我们深入探讨。

（2）回鹘爱登葛哩阿那骨牟里弥施俱录阙蜜伽□□圣〔天〕可汗 = *Uyɣur ay tängridä qut bulmïš külüg köl bilgä [...] ïduq tängri xaɣan（933年以前）

吐鲁番吐峪沟曾出土一件在回鹘统治时代以汉文书写的《造佛塔功德记》②，记有当时可汗的称号，作：

回鹘爱登葛哩阿那骨牟里弥施俱录阙蜜伽□□圣〔天〕可汗

荣新江先生将其复原为古突厥语，作：*Uyɣur ay tängridä [...] qut bulmïš külüg köl bilgä [....] tängri xaɣan，并推测此可汗在位的年代为9世纪末或10世纪上半叶③。该称号中的"阿"或为衍字，"登葛哩那"即tängridä的音写。根据回鹘文献xj 222-0661.09中夹写的汉字可知，汉文"圣天"对应回鹘文"ïduq tängri"④，则此称号可进一步

---

① 参见付马《西州回鹘王国建立初期的对外扩张——中国文化遗产研究院藏xj 222-0661.09号回鹘文书的历史学研究》，朱玉麒主编《西域文史》第8辑，北京：科学出版社，2013年，第148—151页。

② 最早由陈国灿、伊斯拉菲尔·玉苏甫刊布、全面研究，参见二氏《西州回鹘时期汉文〈造佛塔记〉初探》，《历史研究》2009年第1期，第174—182页；荣新江重新研究了该文书，修正二人的录文和解说，参见氏作《〈西州回鹘某年造佛塔功德记〉小考》，第182—190页。

③ 荣新江《〈西州回鹘某年造佛塔功德记〉小考》，第183—186页。

④ Zhang Tieshan and P. Zieme, "A Memorandum About the King of the On Uygur and his Realm", Acta Orientalia Academiae Scientiarum Hungaricae, vol. 64 (2), 2011, p. 132.

复原作：

> *Uyɣur ay tängridä qut bulmïš külüg köl bilgä […] ïduq tängri xaɣan

关于其年代，笔者赞同荣先生的判断，并再补充一点。《辽史·属国表》记："太祖元年（907）十二月，和州回鹘来贡。"①称西州回鹘为"和州回鹘"，系对Qočo Uyɣur（高昌回鹘）的音译，这是西州回鹘入贡辽朝之始。《辽史·太祖本纪》又记：太祖七年（913）"冬十月庚午，驻赤崖。戊寅，和州回鹘来贡"②。知西州回鹘早期即以"和州回鹘"之名出现在《辽史》的记载中。自太宗朝始，一支名为"阿萨兰"（arslan）的回鹘开始入贡辽朝。《辽史·太宗本纪》记：天显八年（933）"六月甲子，回鹘阿萨兰来贡"③。从此以后，"阿萨兰回鹘"或"回鹘阿萨兰"之名频繁出现，而和州回鹘、高昌回鹘之名则仅在 11 世纪之后偶有出现。据华涛论证，所谓"阿萨兰回鹘"实际正是西州回鹘，《辽史》以其统治者称号中出现的"arslan"来指称该政权④。可能正是在 913—933 年，西州回鹘统治者始在其称号中加入"阿萨兰"（arslan）这一因素，并形成传统。可汗号（2）应当是一个正式的全称，其中不见有阿萨兰（arslan），其年代可能在933年之前。

---

① 《辽史》卷七〇，北京：中华书局点校本修订本，2016 年，第 1241 页。
② 《辽史》卷一，第 8 页。
③ 《辽史》卷三，第 37 页。
④ 华涛《西域历史研究（八至十世纪）》，北京：商务印书馆，2020 年，第 85—92 页。其观点为治中亚史学者普遍接受，参见：Liu Yingsheng, "A century of Chinese research on Islamic Central Asian history in retrospect", *Cahiers d'Asie centrale* 9, "Études karakhanides", 2001, p. 121; M. Biran, "Unearthing the Liao dynasty's relations with the Muslim world: Migrations, diplomacy, commerce and mutual perceptions", *Journal of Song-Yuan Studies* 43, 2013, pp. 223–224。

（3）Törtünč el bilgä tängri elig = *第四国毗伽天王（—954—）

（4）Törtünč arslan bilgä tängri elig süngülüg xaɣan =*第四阿萨兰毗伽天王孙骨禄可汗＝西州外生师子王阿斯兰汉（—981—984—）

此两可汗号出现在德藏 M112 号写本背面。写本正面为摩尼文粟特语书信，由一位中亚的摩尼僧发给在高昌的摩尼教高级僧侣，讲述 8 世纪发生在西亚教区的两派斗争波及东方教区之事，当写成于 9 世纪，由宗德曼释读[①]。写本背面则是著名的回鹘文摩尼教寺院被毁文书，记述西州回鹘摩尼教衰落时期高昌摩尼教寺院、寺产为佛教教团所侵占的事实，由耿世民与克林凯特（H-J. Klimkeit）刊布[②]。森安孝夫后来发表他的读本，并考证其年代[③]。写本第 10 行和第 13—14 行出现两处纪年（I、II），分别作[④]：

I. törtünč el bilgä tängri elig uɣrïnta qap bars yïlïn

在第四国毗伽天王治下，甲寅年

II. kewan paɣrlïɣ küü qoyn yïlïn törtünč arslan bilgä tängri elig süngülüg xaɣannïng yarlïɣïnga

---

[①] W. Sundermann, "Probleme der Interpretation manichäisch-sogdischer Briefe", in: J. Harmatta (eds.), *From Hecataeus to al-Huwarizmi: Syriac, Arabic, Chinese, Greek and Latin Sources from the History of Pre-Islamic Central Asia*, Budapest，1984，pp. 292–295，305–309.

[②] Geng Shimin and H.-J. Klimkeit, "Zerstörung manichäischer Klöster in Turfan", in: *Zentralasiatische Studien* 18, 1985, pp. 7–11；参见耿世民《一件吐鲁番出土的摩尼教寺院被毁文书的研究》，氏著《维吾尔古代文献研究》，北京：中央民族大学出版社，2003 年，第 444—449 页。

[③] 森安孝夫《ウイグル＝マニ教史の研究》，第 147—151 页；T. Moriyasu, *Die Geschichte des Uigurischen Manichäismus an der Seidenstraße*, pp. 175–179。

[④] 此据克拉克（L. Clark）对该文献的最新读本，笔者对其释读有所改动。参见：L. Clark, *Uygur Manichaean Texts, Volume III: Ecclesiastical Texts, Texts, Translations, Commentary*, Turnhout: Brepols，2017，pp. 361–362。

> 在土星所在的癸未年，在第四阿萨兰毗伽天王孙骨禄可汗的令下

纪年Ⅱ同时使用了干支纪年法（"癸未"）和印度星座纪年法（"土星所在"），两相勘合可以确定其为公元983年[①]。《宋史·高昌传》记："太平兴国六年（981），其王始称西州外生师子王阿厮兰汉，遣都督麦索温来献。五月，太宗遣供奉官王延德、殿前承旨白勋使高昌……师子王邀延德至其北廷……八年春，〔延德〕与其谢恩使凡百余人复循旧路而还……雍熙元年四月至京师。"[②]可见981—984年间西州回鹘应当没有发生王位更迭。文书中的"第四阿萨兰毗伽天王孙骨禄可汗"正是982年王延德所见的"西州外生师子王"[③]。纪年Ⅰ仅有干支纪年信息"甲寅"，但文书作者先后经历Ⅰ、Ⅱ两个年代，两纪年间应相差一代人以内，则此甲寅年应为954年。

（5）Bögü bilgä tängri elig=禄胜=*Bögü arslan bilgä tängri elig qutluγ küčlüg xaγan（996—1003—）

黄文弼所获吐鲁番文书中有一件回鹘文历日，文书第11-12行写有包含回鹘统治者称号的纪年信息[④]。茨默最早注意到这件文书，在其提示下，哈密屯研究了这条纪年，读作：[⑤]

> bešinč altun qutluγ kuii tavïšγan yïlqa lïγžïr bögü bilgä tängri elig sanï säkiz

---

① 森安孝夫《ウイグル＝マニ教史の研究》，第149—150页；T. Moriyasu, *Die Geschichte des Uigurischen Manichäismus an der Seidenstraße*, p.177。

② 《宋史》卷四九〇，北京：中华书局点校本，1977年，第14110—14113页。

③ 森安孝夫最早指出此点，参见氏著《ウイグル＝マニ教史の研究》，第183—184页；T. Moriyasu, *Die Geschichte des Uigurischen Manichäismus an der Seidenstraße*, pp. 222–223。

④ 文书图片参见黄文弼《吐鲁番考古记》，北京：中国科学院，1954年，图版九六、图88（2），第102页。

⑤ J. R. Hamilton, *Manuscrits ouïgours du IXe-Xe siècle de Touen-Houang*, Paris，1986，xvii，注释28。

第五个癸年（属金、癸卯）之历日（lïγžïr）。牟羽毗伽天王治下第八年。

哈密屯将此癸卯年比定为公元1003年，已被学界普遍接受①。则这位回鹘统治者登基的年份在996年。《辽史·圣宗本纪》记：统和十四年（996）十一月，"回鹘阿萨兰遣使为子求婚，不许"②。哈密屯最先指出，这次遣使的回鹘可汗正是文书所记回鹘统治者③。森安孝夫进一步将其与宋真宗咸平四年（1001）遣使朝宋的"大回鹘龟兹国安西州大都督府单于军克韩王禄胜"勘同④。"克韩"即可汗（xaγan），可知此王戴有可汗之头衔。汉文文献记其名为"禄胜"，应是其可汗号中的标志性因素。见于宋代史料中的回鹘统治者称号多为汉语意译，譬如："师（狮）子王"（arslan xan）、"智海"（köl bilgä）等。笔者据此推测，"禄胜"也可能是意译，或为突厥语"qutluγ küčlüg"，则该回鹘可汗的正式称号或可复原为"*Bögü arslan bilgä tängri elig qutluγ küčlüg xaγan"。

（6）Köl bilgä tängri elig（1007—1008—）

20世纪初叶，德国吐鲁番探险队在吐鲁番地区获得三件表面写有文字的八面体圆锥型木柱，系西州回鹘佛教信众出资修造寺院时所制刹木，现藏于柏林亚洲艺术博物馆。第一木柱（Ⅲ 4672）文书

---

① 参见吉田豊《ソグド語雑録（Ⅱ）》,《オリエント》31-2, 1989年, 第165—168页；森安孝夫《ウイグル＝マニ教史の研究》, 第183—184页；T. Moriyasu, *Die Geschichte des Uigurischen Manichäismus an der Seidenstraße*, p. 223。

② 《辽史》卷一三, 第160页。

③ J. R. Hamilton, *Manuscrits ouïgours du IXᵉ-Xᵉ siècle de Touen-Houang*, xvii, fn. 28; J. R. Hamilton, "Calendriers manichéens ouïgours de 988, 989, et 1003", *Mélanges offerts à Louis Bazin par ses disciples, collègues et amis*, edited by J.-L. Bacqué-Grammont et R. Dor, Paris, 1992, p. 9.

④ 森安孝夫《ウイグル＝マニ教史の研究》, 第183—184页；T. Moriyasu, *Die Geschichte des Uigurischen Manichäismus an der Seidenstraße*, p. 223。

以半楷体回鹘文书写,前3行保留当时可汗的称号和纪年,作:①

  yemä qutadmïš qutluγ topraq qutluγ bečin yïlqa ödrülmïš ädgü ödkä qutluγ qoluqa toquzunč ay tört otuzqa purvapulguni yultuzqa kün ay tängri täg küsänčig körtlä yaruq tängri bögü tängrikänimiz köl bilgä tängri eligning orunqa olurmïš ikinti yïlïnga…

  又,在有福的土位的(topraq qutluγ)申年,在良辰吉时,在九月廿四日,在前德宿(Pūrva Phālgunī)之时,在我们像日神、月神一般庄严的、光明、神圣、幻化无穷的圣天〔可汗〕——阙毗伽(智海)天王登基的第二年……

文书所记的"申年"被学者定在1008年。而对其中含有可汗称号的文句"Kün ay tängri täg küsänčig körtlä yaruq tängri bögü tängrikänimiz köl bilgä tängri elig",学者则有不同解读。从复数第一人称领属附加成分"-imiz"(我们的)处断开,此句可分为前后两个部分。此前许多学者将后半部分"köl bilgä tängri elig"解作前代可汗的称号,而将前半部分"kün ay tängri täg küsänčig körtlä yaruq tängri bögü tängrikän"解作当时在位之可汗的称号,由此将整句解作:"〔本朝的〕kün ay tängri täg küsänčig körtlä yaruq tängri bögü tängrikän 继承〔前朝的〕köl bilgä tängri elig 的王位后的第二年"。

  这种读法受到了森安孝夫的驳斥②。他认为,前半部分 kün ay tängri täg küsänčig körtlä yaruq tängri bögü tängrikän 是这位可汗的具体称号,而后半部分 köl bilgä tängri elig 则是对西州回鹘可汗的统

---

  ① T. Moriyasu, "Uighur Buddhist Stake Inscriptions from Turfan", in: L. Bazin and P. Zieme (eds.), *De Dunhuang àIstanbul—Hommage à James Russell Hamilton*, Silk Road Studies 5, Turnhout: Brepols, 2001, p.161;森安孝夫《西ウイグル王国史の根本史料としての棒杭文書》,氏著《東西ウイグルと中央ユーラシア》,第690页。

  ② T. Moriyasu, "Uighur Buddhist Stake Inscriptions from Turfan", pp.164–165.

称①。而笔者的看法恰与其相反：前半部分应当是极尽赞美的修饰性称谓，后半部分köl bilgä tängri elig才是这位可汗的简称或俗称。第一，森安孝夫称köl bilgä tängri elig是西州回鹘可汗的统称，理由并不充分。从本章所枚举的西州回鹘可汗称号看，毗伽（bilgä，"智"）确是可汗称号常见的构成成分，但却并非一定与köl连用；它也经常单独出现，或与uluɣ连用。况且，常见的可汗号构成成分也远非bilgä一个，上文讨论过的arslan就是一例。第二，遍览漠北回鹘汗国时代和西州回鹘时代可以确定的正式称号，都不见有"kün ay tängri täg"（像日神、月神一样）和"küsänčig körtlä"（如期的、好看的）这样的因素。这些因素应当是一般性的修饰、溢美之词，而非可汗称号的组成成分。在摩尼教文献中，回鹘摩尼教徒就常以küsänčig körtlä修饰摩尼②。因此，第一木柱上出现的这一整串头衔"kün ay tängri täg küsänčig körtlä yaruq tängri bögü tängrikänimiz köl bilgä tängri elig"应当译作"我们像日神、月神一般庄严的、光明、神圣、幻化无穷的圣天〔可汗〕——阙毗伽（智海）天王"。

（7）**Kün ay tängridä qut bulmïš uluɣ qut ornanmïš alpïn ärdämin el tutmïš alp arslan qutluɣ köl bilgä tängri elig on uyɣur xan**（1007—1008—1021—1024—）=（6）

德藏第三木柱（III 7279）文书前3行记有当时可汗的称号和纪年，作：③

  qutluɣ ki ot qutluɣ qoyn yïl ikinti ay üč yangïqa：kün ay tängridä qut bulmïš uluɣ qut ornanmïš alpïn ärdämin el tutmïš alp

---

① 森安孝夫《ウイグル＝マニ教史の研究》，第184—185页；T. Moriysasu, *Die Geschichte des Uigurischen Manichäismus an der Seidenstraße*, pp. 223-225。

② 参见杨富学《大唐西市博物馆藏〈回鹘米副侯墓志〉考释》，《民族研究》2015年第2期，第82页。

③ 森安孝夫《西ウイグル王国史の根本史料としての棒杭文書》，第694—695页。

arslan qutluɣ köl bilgä tängri elig on uyɣur xan '[…]MYŠ öngtün šačiu kedin uč barsxanqatägi ellänü ärksinü yarlïqayur uɣurda…

在有福的、属火的（ot qutluɣ）己（ki）未年二月初三，君爱登里罗汩末密施胡禄汩斡难密施合奋爱登密颉咄登密施合阿萨兰骨咄禄阙毗伽天王十姓回鹘汗（kün ay tängridä qut bulmïš uluɣ qut ornanmïš alpïn ärdämin el tutmïš alp arslan qutluɣ köl bilgä tängri elig on uyɣur xan）……统治东到沙州，西到乌什、拔塞干之时。

据文书所记干支、五行纪年，其年代可被定在1019年。可汗的称号"kün ay tängridä qut bulmïš uluɣ qut ornanmïš alpïn ärdämin el tutmïš alp arslan qutluɣ köl bilgä tängri elig on uyɣur xan"与漠北回鹘各代可汗正式称号的结构一致，应当是这位可汗的正式称号。哈密屯和森安孝夫都将这位可汗与汉文史料中所记北宋天禧四年（1020）十二月入贡宋朝的龟兹回鹘可汗师子王智海勘同。从年代和其称号中"Arslan""köl bilgä"等因素看，其说无误。哈密屯还准确指出，出现在第一木柱文书中的称号（6）就是这位可汗的简称，两者实指同一位可汗[①]。

《突厥语大词典》记载，回鹘的汗被称为"阙毗伽汗"（köl bilgä xan），意为"他的智慧像湖（海）一样"[②]。森安孝夫据此提出，"阙毗伽汗"是西州回鹘可汗的泛称，应出现在每位可汗的正式称号中。如前所述，在现存西州回鹘可汗的其他称号中并不都含有"köl bilgä"这一因素，说明这并非西州回鹘可汗的泛称。笔者认为，"阙毗伽汗"

---

① J. Hamilton, *Manuscrits ouïgours du IXᵉ-Xᵉ siècle de Touen-Houang*, xvii-xviii.

② R. Dankoff (ed. and tr.), *Compendium of the Turkic Dialects*, vol. 1, Harvard University, 1982，p. 324.

应是《突厥语大词典》作者喀什噶里所处时代中最为著名的一位西州回鹘可汗的简称,即称号(6)、(7)所指的那位可汗,亦即汉文史料所记龟兹回鹘"可汗师子王智海"。

10世纪中叶以降,西部天山地区的操突厥语各部逐渐统一在黑汗王朝麾下,并开始伊斯兰化。10世纪末,黑汗王朝联手哥疾宁王朝攻灭萨曼波斯王朝,势力深入河中地区。11世纪初,他们又攻灭于阗王国,将势力从喀什一带沿丝路南道推进到于阗一带。此后,他们在东方的主要对手就是西州回鹘。虽然有关双方作战的确切记载并未留下,但我们从史料中仍能找到蛛丝马迹。有关黑汗王朝和西州回鹘的历史记载中,一些相同时间点上的巧合引人注意。

(ⅰ)10、11世纪之交正是黑汗王朝对外扩张的盛期,其先后攻灭萨曼王朝和于阗佛国,兵锋极盛。另一方面,从1001年起汉籍中出现"龟兹回鹘"之名。在其后的半个多世纪中,入贡宋朝的西州回鹘使者多称"龟兹回鹘"。关于龟兹回鹘,前人多有讨论。前引第三木柱文书记西州回鹘汗的"统治东到沙州、西到乌什、拔塞干",这已然表明:东部天山地区的回鹘人在11世纪初叶统一在同一个政权之下。所谓"西州、龟兹双王"说①等观点已不攻自破。根据《宋史》记载,这个政权"或称西州回鹘,或称西州龟兹,又称龟兹回鹘"②。那么,为何西州回鹘在11世纪初又有了"龟兹回鹘"这个名称呢?笔者认为,这与当时的战争形势有关:西州回鹘可汗出镇龟兹与黑汗王朝作战。伊本·阿西尔(Ali ibn al-Athir)所撰《全史》(al-Kāmil fit-Tārīkh)记载,回历408年(1017/1018),"大批突厥人⋯⋯从中国〔向外〕侵略,其中有〔后来〕统治河外之地的

---

① 程溯洛《〈宋史·龟兹传〉补正——兼论高昌回鹘王国中的双王制》,氏著《唐宋回鹘史论集》,第226—228页。

② 《宋史》卷四九〇,第14123页。

契丹人。……突厥人外侵的原因是：托干汗统治突厥斯坦时，得了重病，病了很长时间，于是他们（突厥人）垂涎那个地区，来到那里，统治了一部分地区，掠物抓人，他们距巴拉沙衮为8日程"①。华涛认为，这批入侵者是被辽朝逐出故地的阻卜部落②。据《突厥语大词典》记载，到11世纪中叶时，达靼人（Tatar，即阻卜）已被看作是突厥人的一部③。但华氏的比定仍然存在一个问题：文献记载与突厥人一同入侵的还有契丹人，则这批突厥人与契丹人应是盟友。这与辽朝和阻卜之间的关系并不吻合。考虑到黑汗王朝与西州回鹘的对峙形势，笔者认为这批从"中国"入侵黑汗王朝的突厥人应当就是分布在东部天山地区的西州回鹘及其治下的突厥语族部落。他们曾趁机逼近河中地区。西州回鹘联结契丹劫掠黑汗王朝的情况完全可能发生。辽朝建立以来，西州回鹘就向其称臣，并一直保持密切的联系④。《辽史·兴宗本纪》记：重熙二十二年（1053）"二月丙子，回鹘阿萨兰为邻国所侵，遣使求援"⑤。可见西州回鹘在军事安全方面对契丹的依赖。或许因为西州回鹘的关系，辽朝对黑汗王朝并不友善。北宋熙宁六年（1073），黑汗王朝治下于阗使者入宋朝贡方物，宋神宗问"'道由诸国，有无抄掠？'曰：'惟惧契丹耳。'"⑥元丰四年（1081），于阗国入贡宋朝的使者阿辛（Äsän）也向宋朝皇帝报告，"惟惧契丹钞掠耳"⑦。

（ii）据第三木柱文书记载，西州回鹘可汗在1019年时向西可以

---

① 转引自华涛《西域历史研究（八至十世纪）》，第87—88页。
② 华涛《西域历史研究（八至十世纪）》，第89页。
③ R. Dankoff (ed. and tr.), *Compendium of the Turkic Dialects*, vol.1, p. 312.
④ 参见华涛《高昌回鹘与契丹的交往》，《西域研究》2000年第1期，第23—32页。
⑤ 《辽史》卷二〇，第280页。
⑥ 《宋会要辑稿》蕃夷四，北京：中华书局影印本，1957年，第7722页上栏。
⑦ 《宋史》卷四九〇，第14109页。

控制到乌什和拔塞干,但是当地在此前不久还被黑汗王朝所占据。现存一枚黑汗王朝钱币的钱文显示,其于回历407(或406)年,即公元1016(或1015)年6月至1017(或1016)年6月间,在乌什被打制①。这说明当时黑汗王朝应是刚从西州回鹘手中夺取乌什,因此其统治者要发行新币。而到1019年之前,此地却又再度易手,可见西州回鹘与黑汗王朝当时在龟兹以西的乌什和拔塞干一线有激烈的领土争夺。

(iii)《突厥语大词典》"曲先(Küsän,即龟兹)"条记:"曲先,苦叉(Kuča)城之(别)名。是回鹘人的边界。"②这说明龟兹是回鹘的西边疆界。但同书"轮台(Bögür)"条却记:"轮台,在山顶的戍堡,地在苦叉和回鹘之间"③,又显示龟兹当时不在西州回鹘治下。再看同书中所附圆形地图④,龟兹与末蛮(Barman,今阿克苏)、乌什、拔塞干等地一起被置于"回鹘国"之外。该书对于龟兹地位的界定颇有相互抵牾之处,说明当时西州回鹘和黑汗王朝之间争夺的焦点可能就在龟兹一带。或许在《突厥语大词典》成书之际,双方曾在此地展开反复激烈的争夺。

我们再看汉文史料。前文已经提过,在辽兴宗重熙二十二年(1053)"二月丙子,回鹘阿萨兰为邻国所侵,遣使求援"⑤。《辽史》没有说明入侵西州回鹘(回鹘阿萨兰)的敌手是谁,但通过上面列

---

① Б. Кочнев, "Свод надписей на караханидских монетах: антропонимы и титулатура (часть 1)", *Восточное историческое источниковедение и специальные исторические дисциплины*, vol. 4, 1995, p. 237, no.466;参见: Y. Bregal, *A Historical Atlas of Central Asia*, Brill, 2003, p. 26。

② R. Dankoff (ed. and tr.), *Compendium of the Turkic Dialects*, vol. 1, p. 308.

③ R. Dankoff (ed. and tr.), *Compendium of the Turkic Dialects*, vol. 1, p. 279.

④ R. Dankoff (ed. and tr.), *Compendium of the Turkic Dialects*, vol. 1, p. 82.

⑤ 《辽史》卷二〇,第280页。

举的材料不难看出，11世纪20年代以后，黑汗王朝与西州回鹘对峙的前线逐渐从乌什向阿克苏、再向龟兹步步推进。这次西州回鹘请兵救援应是西线战事吃紧的反映，入侵的邻国应当就是黑汗王朝。

综合以上三点，我们可以据此勾勒出11世纪西域政治形势的发展过程。1006或1007年，黑汗王朝攻灭于阗王国，在塔里木盆地的西、南部建立统治，开始与西州回鹘在东部天山地区展开争夺，乌什、末蛮等地成为双方争夺的焦点。1019年，双方的前线尚在乌什、拔塞干一线。到11世纪70年代《突厥语大词典》成书之时，黑汗王朝已经向东推进到龟兹一带，反映了双方在天山南道角逐的过程。在对阵初期，西州回鹘的势力一度非常强盛。《宋会要》记载："咸平四年（1001）二月，大回鹘龟兹国安西州大都督府单于军克韩王禄胜遣使曹万通……万通自言任本国枢密使，本国东至黄河，西至雪山，有小郡数百，甲马甚精习，愿朝廷命使统领，使得缚继迁恶党以献。"①这是"龟兹回鹘"第一次遣使入贡宋朝。当时黑汗王朝尚未攻破于阗，而西州回鹘在东部天山地区兵马强盛。到1019年，西州回鹘在乌什一带与黑汗王朝交战，兵锋直逼喀什。但此后的战事似乎转向有利于黑汗王朝的方向发展，但这并不意味着黑汗王朝在战争中一路高歌猛进。《突厥语大词典》"回鹘"条如此写道："此公国由五座城组成，此五城之民乃异教徒中最为悍勇者，是最好的射手。"②这从侧面反映了战事之艰难。

如何解释《突厥语大词典》称回鹘的汗为"阙毗伽汗"这条记载呢？如前所述，"阙毗伽（智海）"不是西州回鹘可汗的泛称，而应指一位具体的可汗，即第三木柱文书中出现的可汗，亦即汉文史料

---

① 《宋会要辑稿》蕃夷四，第7720页上栏。
② R. Dankoff (ed. and tr.), *Compendium of the Turkic Dialects*, vol. 1, pp. 139–140.

中的智海可汗。在其治下，西州回鹘的西部疆界到达乌什、拔塞干一线，直逼喀什。此时是两国战事最激烈之际，这位可汗一定给黑汗王朝都城喀什一带的军民留下了最深刻的印象。此后，随着黑汗王朝向东推进，西州回鹘的势力已经收缩到龟兹以东，不再对喀什构成威胁。喀什一带的黑汗王朝民众对西州回鹘可汗最真切的认识应当就是智海。当然，智海可汗甚至有可能从1007年开始持续统治了很久。在11世纪上半叶，黑汗王朝的主要敌手就是这位智海可汗。

综上，"阙毗伽（köl bilgä，智海）"不是西州回鹘可汗的泛称，而是第三木柱文书所记的可汗 kün ay tängridä qut bulmïš uluɣ qut ornanmïš alpïn ärdämin el tutmïš alp arslan qutluɣ köl bilgä tängri elig on uyɣur xan 的简称。他就是汉文史料中的可汗师子王智海，亦即第一木柱文书所记的可汗 köl bilgä tängri elig。《突厥语大词典》所记回鹘"阙毗伽汗"特指这位可汗。据《宋会要》记载，智海至少活跃到1024年[①]。

（8）[…] qut ornanmïš alp qutluɣ köl bilgä tängri xan

德藏摩尼文中古波斯语写本 M 158 为摩尼教赞美诗的一页，文本赞美的对象是一位全称为"[…] qut ornanmïš alp qutluɣ köl bilgä tängri xan"的汗[②]。茨默据称号中"qut ornanmïš"这一因素，将其与称号（7）勘同[③]，笔者不取。称号（7）的标志性因素应当是"arslan köl bilgä"，而非"qut ornanmïš"。"qut ornanmïš"这一因素在西州回

[①] 宋"仁宗天圣二年（1024）四月，可汗王智海遣使来贡骆驼、马、玉、乳香"（《宋会要辑稿》蕃夷四，第 7721 页上栏）。

[②] P. Zieme, "Manichäische Kolophone und Könige", p. 325; W. Sundermann, "Iranian Manichaean Turfan Texts concerning the Turfan Region", p. 66.

[③] P. Zieme, "Manichäische Kolophone und Könige", p. 325.

鹘时代已经成为常见于可汗称号中的修饰成分（详见下节）。此可汗的称号残留其后半部分，其中没有"arslan"，因此可能是933年以前在位的回鹘可汗。此外，以摩尼文中古波斯语书写的摩尼教文献大都产生于11世纪以前，与智海可汗活跃的年代11世纪初也不相符。

（9）[…]rii t(ä)g küsänčig körtlä […]

德藏摩尼文古突厥语文书T I α x 13原件在二战期间丢失，据编号知当为吐鲁番高昌故城α寺遗址出土。茨默据葛玛丽（A. v. Gabain）的转写指出，文书由一位"小选民"撰写，赞颂一位称号仅存"[…]rii t(ä)g küsänčig körtlä […]"的统治者。茨默据"küsänčig körtlä"这一因素将其与第一木柱文书所记称号（6）联系起来，认定其为森安孝夫比定的可汗称号①。笔者在前文已经指出，加在称号前面的"küsänčig körtlä"等字样只是摩尼教徒在歌颂、赞美可汗或其他高层人物时的修饰词，并非一位可汗称号中的固定因素。而其后面的空白完全可能是任何一位回鹘可汗的称号或摩尼光佛。

（10）'[…] qašınčïγ […]q bögüü […] tängrikän

德藏摩尼文古突厥语文书*TM176最早由勒柯克（A.v. Le Coq）在《高昌出土突厥摩尼教文献》第三册中作第23号刊布②。正面1—4行提到一个可汗号：'[…] qašınčïγ […]q bögüü […] tängrikän③。茨默注意到其中的"qašınčïγ"（出众的）字样，认为其与"körtlä"（美貌）意思相近，且罕见于回鹘可汗称号中，故将此称号补全为"a[y tängritäg küsänčig] qašınčïγ [körtlä yaru]q bügüü […] tängrikän"，并将其与第一木柱文书所记带有"küsänčig körtlä"的称号联系起

---

① P. Zieme, "Manichäische Kolophone und Könige", p. 327.
② A. von Le Coq, *Türkische Manichaica aus Chotscho* III, Berlin, 1922, p. 40.
③ A. von Le Coq, *Türkische Manichaica aus Chotscho* III, p. 40.

来①。正是因为"qašinčïɣ"并不见于回鹘可汗的正式称号中，笔者认为它和"küsänčig""körtlä"等因素一样，是摩尼教徒在歌颂、赞美高层人物时的修饰之辞，则此称号并非任何一位回鹘可汗的正式称号。

（11）Tängri xan köl bilgä xan

德藏摩尼文中古波斯语 M 43 文书系一叶摩尼教赞美诗，由缪勒（F. W. K. Müller）刊布②。文书提到一位回鹘统治者"tängri xan köl bilgä xan"，宗德曼将其勘同于称号（7），即"智海"可汗③。此称号应是某位回鹘可汗的俗称或简称，其标志性因素是"köl bilgä"。从这点考虑，宗德曼将其比定为"智海"可汗很有道理。但智海可汗活跃的时代是 11 世纪初叶，当时佛教已经成为西州回鹘的主要宗教。正是在 11 世纪初，摩尼教在西州回鹘走向衰亡。另外，这件文书以中古波斯语写就，应当是 11 世纪以前的产物。

（12）Ay tängridä qut bulmïš qut ornanmïš alp[ïn ärdämin el t]utmïš […]

柏林亚洲艺术博物馆藏摩尼教细密画 III 6368 上写有一位回鹘可汗的称号④，作"qutluɣ elig ay tängridä qut bulmïš qut ornanmïš alp[ïn ärdämin el t]utmïš […]"⑤。虽然文字有残损，但称号的结构清楚。起

---

① P. Zieme, "Manichäische Kolophone und Könige", pp. 326–327.

② F. W. K. Müller, *Handschriften-Reste in Estrangelo-Schrift aus Turfan, Chinesisch-Turkistan, II, Abhandlungen der Preussischen Akademie der Wissenschaften* 1904, Anhang, Nr. 2, Berlin, pp. 78–79.

③ W. Sundermann, "Iranian Manichaean Turfan Texts concerning the Turfan Region", p. 67.

④ 图版见：A. von Le Coq, *Buddhistische Spätantike in Mittelasien II: Die Manichaeischen Miniaturen,* Berlin, 1923, Tafel 8a, Abbildung b。

⑤ 参见：A. von Le Coq, *Buddhistische Spätantike in Mittelasien II*, p. 58; Z. Gulácsi, *Manichaean Art in Berlin Collection*, Brepols, 2001, Appendix I, pp. 92, 232。

首的"qutluγ elig"（有福的国王）是泛称，后面则是这位可汗的全称。勒柯克曾将其断代在漠北回鹘汗国时代[①]。克林凯特注意到"Ay tängridä qut bulmïš"（从月神处获得福佑）这一措辞，将其与漠北回鹘汗国时代带有同样成分的可汗称号联系起来[②]。但是通检漠北时代的可汗号，无一与其相符者，这应是一位西州回鹘可汗的称号。尽管"智海"可汗的全称称号（7）的开头作"kün ay tängridä qut bulmïš"（从日、月神处获得福佑），与其不尽相同，茨默还是将二者相联系起来，理由是称号中的其他成分的高度一致，尤其是都具有"qut ornanmïš"这一成分[③]。笔者认为，在可汗的正式称号中，"从月神处得福佑""从日神处得福佑"以及"从日神、月神处得福佑"三种措辞的差别应当重视，而且"qut ornanmïš"这一成分在西州回鹘可汗的全称中是固定修饰成分，并无标识具体可汗的功能（详见后文）。该可汗称号后残，其年代可笼统定在摩尼教消亡的11世纪中叶之前。

（13）[…] tängridä qut [bulmïš qut o]rnan[mïš] […]

柏林亚洲艺术博物馆收藏的另外一件带有细密画的摩尼教书页 III 8259 在第14–17行疑似提到一位回鹘可汗的称号，但是仅存"tängridä qut"和"[o]rnan[mïš]"[④]。宗德曼受 [o]rnan[mïš] 启发，试图将其比定为称号（7）"智海"可汗，并据空格将称号补全为："[Ay]

---

① A. von Le Coq, *Buddhistische Spätantike in Mittelasien II*, p. 58.
② 参见 H–J. Klimkeit, *Manichaean Art and Calligraphy*, Leiden, 1982, p. 37。克氏文中称 790—833 年有 4 位可汗称号中带有 Ay tängridä qut bulmïš，但实际上只有过 3 位可汗的称号如此。
③ P. Zieme, "Manichäische Kolophone und Könige", p.325.
④ 参见：Z. Gulácsi, *Manichaean Art in Berlin Collection*, p. 56; Appendix I, p. 222。

tängridä qut [bulmïš qut o]rnan[mïš alpïn ärdämin el tutmïš alp arslan]"①。这种重构显然过于大胆，因为"qut ornanmïš"并非智海可汗称号中特有的成分，而是西州回鹘可汗全称中的一种固定修饰成分。目前仅能根据文书的摩尼教性质将其判定为一位西州回鹘早期统治者的称号。

书页的出土地点是高昌故城α寺遗址。考古发掘显示，该寺在西州回鹘时期曾先为摩尼寺，后被改为佛寺②。α寺的这次重大转型正发生在11世纪初③。德藏第一木柱出土于遗址主室地面下的内室G的地面中央。回鹘佛教徒在修建或改建佛寺的奠基典礼上将其作为刹木打入地下。内室G处于遗址的底层，应当是建筑较为古老的部分。第一木柱文书写成的年代在1008年，则α寺在当时始由摩尼寺改建成佛寺。据此可知，摩尼教书页 III 8259 制成的年代应当在11世纪以前，而其上残存的称号与称号（7）勘同的可能性很小。

（14）[…] ay tängridä qut bulmï[š…] alpïn ärdämin el tu[tmïš…] uluγ bilgä t[ängri…]

德藏摩尼文古突厥语文书U67（TM 301）第2—5行记录了一位回鹘可汗的称号"qutluγ ülüglüg […] ay tängridä qut bulmï[š…] alpïn ärdämin el tu[tmïš…] uluγ bilgä t[ängri…]"④。茨默将其重构作"qutluγ

---

① W. Sundermann, "Iranian Manichaean Turfan Texts concerning the Turfan Region", pp. 67–69.

② α寺遗址中所出土佛经残片中也有被比定在回鹘时代之前的汉文佛经，如德藏Ch/U 6972（T I α 531）号残片被比定为汉文《妙法莲华经》，写本似成于7—8世纪［荣新江主编《吐鲁番文书总目（欧美收藏卷）》，武汉大学出版社，2007年，第406页］。但回鹘佛寺收藏汉文藏经之事见于史乘，因此不能排除α寺为9世纪初新建的摩尼寺这种可能。

③ 参见付马《两种回鹘语〈阿离念弥本生经〉写本比较研究——兼论西州回鹘早期的译经活动》，《西域研究》2018年第3期，第46页。

④ A. von Le Coq, *Türkische Manichaica aus Chotscho* III, p. 43.

ülüglüg [elig kün(?)] ay tängridä qut bulmï[š qut ornanmïš] alpïn ärdämin el tu[tmïš alp arslan] uluɣ bilgä t[ängri xan]",并将其比定为称号（7）智海可汗①。从残留部分的内容和空缺的长度判断，这不失为一种合理的推测。其中，前三词"qutluɣ ülüglüg elig"（有福、运之王）是对这位可汗的一般性称呼，后面的部分则是其正式的全称。但是，如果在空缺处填补其他词语，也完全有可能构成另外一位已知或未知的回鹘可汗称号。例如，若将其补全作"qutluɣ ülüglüg [elig kün] ay tängridä qut bulmï[š buyan ornanmïš] alpïn ärdämin el tu[tmïš üčünč arslan] uluɣ bilgä t[ängri xan]"，则可与后文所见称号（18）勘同。目前暂无法将此称号与某位确定的回鹘可汗勘同，但其应是一位西州回鹘可汗的全称。

（15）Kün tängridä qut bulmïš ärdämin el tutmïš alp qutluɣ uluɣ bilgä uyɣur tängri uyɣur xan

法藏敦煌写卷Pelliot chinois 3049出自藏经洞，正面为汉文《金刚般若波罗蜜经》，背面抄写回鹘文5段，其中两段属于一篇摩尼教徒上回鹘可汗的赞稿②。赞稿中出现有该回鹘可汗的称号，作：

> Kün tängridä qut bulmïš ärdämin el tutmïš alp qutluɣ uluɣ bilgä uyɣur tängri uyɣur xan

由于写卷出自敦煌藏经洞，则回鹘文部分的大致年代可以判定在9–10世纪。尽管此称号与牟羽可汗的正式称号有两处明显差别，但哈密屯仍将二者勘同，推测赞稿为西州回鹘摩尼教徒歌颂历史上开摩尼教于回鹘的牟羽可汗之作③。

---

① P. Zieme, "Manichäische Kolophone und Könige", pp. 325–326.
② J. Hamilton, *Manuscrits ouïgours du IXᵉ-Xᵉ siècle de Touen-Houang*, pp. 37–54.
③ J. Hamilton, *Manuscrits ouïgours du IXᵉ-Xᵉ siècle de Touen-Houang*, p. 50.

茨默认为此称号不属于漠北回鹘可汗，而应属于一位西州回鹘可汗，并倾向于将其比定为称号（7）。其主要依据就是此称号中有"el tutmïš"（持国、镇国）这一因素，而其只在智海和牟羽可汗全称中出现过①。芮跋辞主张严格按照称号中的因素一一比对，因此反对将其比定为牟羽或（7）智海②。笔者赞同茨默将其比定为西州回鹘可汗的思路。但是，敦煌藏经洞可能封闭于1006年以前③，而据第一木柱文书记载，智海可汗在1007年登基。此外，"el tutmïš"这一因素在西州回鹘可汗称号中也并非仅见于称号（7），它也出现在称号（18）中（见下文）。因此，茨默的比定难以成立。

笔者认为，此称号最重要的特征应是"ärdämin el tutmïš"（以德持国）。"el tutmïš"在漠北回鹘可汗称号中本就少见，仅有牟羽可汗之孤例；加有修饰成分的"el tutmïš"则完全不见。在西州回鹘可汗称号中，称号（7）和（18）中皆有"alpïn ärdämin el tutmïš"（以威、以德持国）字样。因此，"修饰成分+持国"应当是在西州回鹘时代才出现在可汗的正式称号中。

另外值得注意的是，该统治者称"汗"（xan）。在漠北回鹘汗国时代，回鹘统治者在正式称号中皆称"可汗"（xaγan）。出土文书所见西州回鹘统治者的称号则名目繁多，有xaγan、xan、tärkän、tängrikän、ïduq tängri（圣天）、ïduq qut（亦都护）、tängri elig（天王）等，不一而足。在出土文书中，也有提及漠北回鹘可汗而不称其为"可汗"（xaγan）者，比如德藏回鹘文书U73、U72《牟羽可汗入教记》称漠北回鹘汗国的牟羽可汗为tängri elig bögü xan（33、52、62

---

① P. Zieme, "Manichäische Kolophone und Könige", p. 324.
② V. Rybatzki, "Türk and Uigur rulers in the Old Turkic inscriptions", pp. 261–262.
③ 参见荣新江《敦煌藏经洞的性质及其封闭原因》，《敦煌吐鲁番研究》第2卷，1996年，第23—48页。

行）或 bögü xan tängrikän（80行）。德藏回鹘文书 Mainz 345 则称其作 tängri bögü elig（正面4行）①。但必须注意的是，这些称号并非牟羽可汗的正式、完整的称号。西州回鹘摩尼教徒在追记牟羽可汗事迹时，可能用当时流行的称谓称呼过去的可汗。统治者正式的全称和简称、俗称也不能混同。比如牟羽可汗在其正式的全称中，并无 bögü 一词，却常被称为牟羽可汗。本节讨论的称号应当是一个正式的全称，不能忽略称"汗"与"可汗"的不同。这位可汗的全称中不见阿萨兰（arslan）这一因素，则其在位的年代可能在10世纪初叶到933年之前。

（16）Ay tängridä qut bulmïš alp […] uyɣur xan

一件赫尔辛基藏粟特文中古波斯语文书记录了一位回鹘统治者的称号"ay tängridä qut bulmïš alp […] uyɣur xan"②。宗德曼将其重构为"ay tängridä qut bulmïš alp [bilgä] uyɣur xan"，与德藏摩尼文中古波斯语写本 M 1《摩尼教赞美诗集》跋文所记的"ay tängridä qut bulmïš alp bilgä uyɣur xaɣan" 勘同，并将其比定为漠北回鹘汗国的昭礼可汗③。茨默则在空缺处补 qutluɣ，认为这是一位西州回鹘的统治者④。值得注意的是，此称号是一位回鹘可汗正式的全称，但其头衔为

---

① 参见森安孝夫《ウイグルから見た安史の乱》，《内陸アジア言語の研究》第17辑，2002年；此据氏著《東西ウイグルと中央ユーラシア》，第10页。

② 文书刊布于：N. Sims-Williams and H. Halén, "The Middle Iranian Fragments in Sogdian Script from the Mannerheim Collection", *Studia Orientalia* 51 (13), 1980, pp. 9-10。

③ N. Sims-Williams and H. Halén, "The Middle Iranian Fragments in Sogdian Script from the Mannerheim Collection", p. 10; W. Sundermann, "Iranian Manichaean Turfan Texts concerning the Turfan Region", p. 70.

④ N. Sims-Williams and H. Halén, "The Middle Iranian Fragments in Sogdian Script from the Mannerheim Collection", p. 10; W. Sundermann, "Iranian Manichaean Turfan Texts concerning the Turfan Region", p. 71.

"汗"(xan)。如果将其比定为漠北回鹘汗国的可汗,则不能对应漠北回鹘汗国时期的正式称号都称"可汗"(xaɣan)这一事实。同样以中古波斯语书写的 M 1《摩尼教赞美诗集》跋文在记录漠北回鹘汗国统治者的全称时即称"可汗",符合当时的传统。因此,笔者赞同茨默的意见,认为这应当是一位西州回鹘可汗的称号,其年代大约在 11 世纪中叶以前。

(17) Tängri bögü el bilgä arslan tängri uyɣur tärkän (—1067—)

回鹘文《弥勒会见记》哈密本残卷由一位牧羊人于 1959 年在哈密天山区铁木耳图一处山坡上偶然发现,是该文献现存抄本中留存篇幅最多者,广受学者瞩目。在抄经功德主的题记中,可见当时的回鹘统治者的称号。笔者在参考前人研究的基础上[①],将此题记相关部分(第 1—27 行)转写、汉译如下:

  yemä alqatmïš ayqa küsänčig künkä ödrülmiš ädgü ödkä qutluɣ qïvlïɣ qoluqa qutluɣ qoyn yïl žun üčünč ay iki otuzqa män üč ärdinikä kertgünč köngüllüg upasi [čüü] taš yegän totoq kišim tüzün birlä ken kältäči maitri burxanqa tušalïm tep bir maitri soo bäzätdimiz: bir maitrisimit nomïn yemä bititdimiz: bu soo bäzätmiš nom bititmiš buyan ädgü qïlïnčïɣ äng öngrä ävirär h[iz üs]tünki äzrua xormuzta tört [maxarač] tängrilärkä bu buyan ädgü [qïlïn]č küčintä tängridäm čoɣ yalïn [asïl]zun üstälzün: ul[uš ba]lïq [küyü] küzädü ärzünlär: ičtin sïngar [ig ke]gän bolmazun: taštïn [sïngar yaɣï] böri bolmazun qač...[ï] tarïɣ küyülü bolzun: qam[aɣ beš až]-

---

① Geng Shimin and H. -J. Klimkeit, *Das Zusammentreffen mit Maitreya : Die ersten fünf Kapitel der Hami-Version der Maitrisimit*, Teil 1, 1988, Wiesbaden, pp. 10-13; Y. Kasai, *Die uigurischen buddhistischen Kolophone*, Brepols, 2008, pp.195-199;耿世民《回鹘文哈密本〈弥勒会见记〉研究》,北京:中央民族大学出版社,2008 年,第 11—14、42 页。

un tïnlïγlar mängilig b[olzun taqï] yemä bu buyanaγ äng öngrä ävirär biz tängri bögü el bilgä arslan tängri uyγur tärkänimiz qutïnga alqatmïš on uyγur eli: otuz tegit oγlanï: toquz elči bilgäsi: ming tapïnur tümän ičräkiläri birlä ming tümän yïlqa tägi el ašayu yarlïqamaqlarï bolzunlar:

> 时在被赞之月、企盼之日，择良辰吉时，未年闰三月廿二日，我，一心信念三宝之优婆塞〔麹〕答石·移健·都督（čüü taš yegän totoq）携内子都信（tüzün），发愿与未来将至的弥勒佛相遇，使人画弥勒像一幅，又使人抄写《弥勒会见记》经一部。我们最先将画此像、抄此经的功德善行回向在上的梵天、帝释天、四大天王。惟愿借此功德善行之力使其法力增长。惟愿他们守护国家、城市。愿内无疫病，愿外无恶狼。愿五谷丰登。愿五道中诸有情幸福。复次，我们最先将此功德回向我们的圣天牟羽颉毗伽阿萨兰圣天回鹘大汗（tängri bögü el bilgä arslan tängri uyγur tärkän）陛下。惟愿陛下与受赞美的十姓回鹘国的三十特勤王子、九大臣、一千仆人、一万侍臣一起享国，直到千秋万载！

《弥勒会见记》属于最早期的回鹘佛教文献，但哈密写本的语言已经反映了 y 语言的特征[①]，则其抄写的年代应当在10世纪以后。题记中有明确的纪年"未年闰三月廿二日"，森安孝夫将其定在11世纪中有闰三月的未年1067年[②]。题记暗示，功德主应来自"受赞美的十姓回鹘国"（alqatmïš on uyγur eli），即西州回鹘。笔者曾考证，

---

① J. Laut, *Der frühe türkische Buddhismus und seine literarischen Denkmäler*, 1986, Wiesbaden, pp. 75–78, 114–116.

② 森安孝夫《トルコ仏教の源流と古トルコ語仏典の出現》，《史学雑誌》98（4），1989年；此据氏著《東西ウイグルと中央ユーラシア》，第642—643页，注释89。

哈密地区大约在11世纪中叶出现独立的地方政权，脱离西州回鹘统治①。哈密本《弥勒会见记》写卷应于1067年在西州回鹘境内抄成，后来被带到了哈密。

根据学者对于现存回鹘文佛经题记的研究，回鹘佛教供养人通常先将功德回向梵天等天界诸神，再将功德回向俗世的统治者②。因此，在梵天、帝释天、四大天王之后，题记第22、23行出现的称号"tängri bögü el bilgä arslan tängri uyɣur tärkän"应指当时西州回鹘政权的最高统治者，排在其后面的还有特勤王子、大臣等其他统治者。该称号结尾没有采用"xan"或"xaɣan"，却用"tärkän"③。克劳森曾提出，"tärkän"是略低于可汗的贵族称号，常用于女性。用于女性时，应指皇后④。但在《大慈恩寺三藏法师传》回鹘文译本中，译者不但以"tärkän qunčuy tängrim"或"tärkän qunčuy tängrim xatun"对译汉文"皇太后"⑤，还以"tärkän tegin"对译"皇太子"，可知"tärkän"

---

① 付马《宋元之间哈密地区独立政权的出现——从马可·波罗对哈密州的记载说起》，荣新江、党宝海主编《马可·波罗与10—14世纪的丝绸之路》，北京大学出版社，2019年，第228—232页。参见：付马《丝绸之路上的西州回鹘王朝——9~13世纪中亚东部历史研究》，第232—237页。

② 参见 P. Zieme, *Religion und Gesellschaft im Uigurischen Königreich von Qočo: Kolophone und Stifter des alttürkischen buddhistischen Schrifttums aus Zentralasien*, Opladen, 1992, pp. 64-88; 茨默《佛教与回鹘社会》，桂林、杨富学译，北京：民族出版社，2007年，第100—119页。Y. Kasai, *Die uigurischen buddhistischen Kolophone*, pp. 37-44.

③ K. Röhrborn, *Die alttürkische Xuanzang-Biographie VII. Nach der Handschrift von Leningrad, Paris und Peking sowie nach dem Transkript von Annemarie von Gabain*, 1991, l. 1314; A. Semet, *Lexikalische Untersuchungen zur uigurischen Xuanzang-Biographie*, Wiesbaden, 2005, p. 98.

④ G. Clauson, *An Etymological Dictionary of pre-Thirteenth-Century Turkish*, London: Oxford University Press, 1972, p. 544.

⑤ K. Röhrborn, *Die alttürkische Xuanzang-Biographie VIII. Nach der Handschrift von Leningrad, Paris und Peking sowie nach dem Transkript von Annemarie von Gabain*, Wiesbaden, 1996, l. 1781; l. 1944; A. Semet, *Lexikalische Untersuchungen zur uigurischen Xuanzang-Biographie*, p. 98.

实际对应汉文的"皇"字。再结合本例可知，tärkän 实际上就指政权的最高统治者①。西州回鹘统治者正式的全称通常以"xan"或者"xaγan"为头衔，此称号应是一位可汗的俗称或简称。

(18) Kün ay tängrilärtä qut b[u]lm[ï]š [buya]n ornanmïš alpïn [ä]rdämin el tutmïš üčünč arslan bilgä xan

回鹘西大寺遗址位于北庭故城西侧，从其建筑规模、出土文物质量等因素考量，应是西州回鹘的王家寺院②。遗址正殿入口东侧墙壁上，有一位回鹘统治者的贴金供养人画像和榜题③。梅村坦将这位回鹘统治者的称号读作："Kün ay tängrilärtä qut b[u]lm[ï]š [buya]n ornanmïš alpïn [ä]rdämin el tutmïš üčünč arslan bilgä xan。"意为："自日、月二神处得福佑，福报所在，以威、德持国，第三狮子智慧汗。"通过比对西州回鹘统治者称号中的因素，他推断这位可汗在位的年代范围是 11 世纪末至 12 世纪初④。作为西州回鹘的王家寺院，此寺应当建成在回鹘统治者以佛教取代摩尼教作为国教之后，即 11 世纪上半叶以后。该可汗称号中最引人注目的因素是"buyan ornanmïš"（福报所在）。"buyan"为梵文"puṇya"经由粟特语借入古突厥语的形式，是回鹘佛教语言中标志性的术语之一。在可汗称号中出现佛教概念，反映了当时佛教的主导地位。

---

① 茨默推测 tärkän 在词源上应是由 tängrikän 首音节尾鼻音脱落而来，参见：P. Zieme, "Paul Pelliot and tärim", *Journal of Sino-Western Communications*, Volume 7, Issue 2, 2015, p. 255。

② 中国社会科学院考古研究所编著《北庭高昌回鹘佛寺遗址》，沈阳：辽宁美术出版社，1991 年，第 172—173 页。

③ 图片参见：中国社会科学院考古研究所编著《北庭高昌回鹘佛寺遗址》，彩版 10。

④ H. Umemura, "A Qočo Uyghur King Painted in the Buddhist Temple of Beshbalïq", in: R. Emmerick et al. eds., *Turfan, Khotan und Dunhuang: Vorträge der Tagung "Annemarie v. Gabain und die Turfanforschung," veranstaltet von der Berlin-Brandenburgischen Akademie der Wissenschaften in Berlin (9.-12.12.1994)*, Berlin: Akademie Verlag, 1996, pp. 361–378.

（19）Bögülüg uluɣ ïduq qut

1912年前后出土于吐鲁番吐峪沟的《土都木萨里修寺碑》记载了回鹘佛教徒出资重修当地寺院的事迹①。碑文自第21行起为施主修寺功德回向愿文，记有当时统治者的称号，笔者在前人释读的基础上转写、汉译相关部分如下②：

> bu buyanïɣ ävirä ötünü täginürbiz üstünki äzrua xormuzta tört maxarač tängrilär basa qamaɣ qut waxšik tängrilärkä yana ävirä ötünü täginürbiz bu buyanïɣ tängri bögü tängrikänimiz //////// bögülüg uluɣ ïduq qut qutïnga tängrikän tärkän qun[č]uy tängrim qutïnga tärkän tegin tängrim qutïnga alp čïngqur tegin t(ä)ngrim qutïnga…

> 我们惟愿此功德回向天上的梵天（äzrua）、帝释天（xormuzta）、四天王（tört maxarač）等一切守护神。复次，我们惟愿此功德回向我们的神般的、智慧的圣天〔可汗〕……牟羽录胡禄亦都护（////// bögülüg uluɣ ïduq qut）陛下，〔回〕向圣天皇后（tängrikän tärkän qun[č]uy）殿下，〔回〕向皇太子（tärkän tegin）殿下，〔回〕向合升豁儿王子（alp čïngqur tegin）殿下……

在诸守护天神之后，碑文记录的功德回向对象依次有：……牟羽录胡禄亦都护、圣天皇后、皇太子和合升豁儿王子。可知，这位被称

---

① 原碑今不存，文物简介及图版，参见黄文弼《吐鲁番考古记》，第64页、图版99。
② 耿世民先生首次释读全文，参见耿世民《回鹘文〈土都木萨里修寺碑〉考释》，《世界宗教研究》1981年第1期；此据氏著《维吾尔古代文献研究》，第422—432页。本书主要参考茨默最新的释读本，并略有改动，参见 P. Zieme, "Notes on the Interpretation of the Toyok Inscription of the West Uyghur Kingdom",《内陆アジア言語の研究》第35辑，2020年，第1—24页。

为"……牟羽录胡禄亦都护"的统治者应即当时西州回鹘政权的最高统治者。

值得注意的是,这位统治者被称为"亦都护"。众所周知,西州回鹘统治者在蒙元时代对外显示的称号为亦都护,而不称"汗"或"可汗"。而这种情况在此前的西辽统治时代已经出现。《元史·哈剌亦哈赤北鲁传》记①:

> 哈剌亦哈赤北鲁,畏兀人也。性聪敏,习事。国王月仙帖木儿亦都护闻其名,自唆里迷国征为断事官。月仙帖木儿卒,子八儿术阿儿忒亦都护年幼,西辽主鞠儿可汗遣使据其国,且召哈剌亦哈赤北鲁,至则以为诸子师。

归顺成吉思汗的八儿术阿儿忒亦都护之父月仙帖木儿在西辽统治时代即不称"可汗"而称亦都护,应当是避讳西辽统治者的可汗称号。而回鹘人称其统治者为亦都护年代更早的案例见于德藏摩尼文回鹘语文书 M 919 中,其正面 12—15 行记有②:

> qaltïï yana kün tängri ornïnta yaruq ayy tängri yašïyu bälgürä yarlïqarča eligimiz ïduq qut uluɣ orunta bälgürä yarlïqadï
>
> 当光明的月神再度出现在日神的位置闪耀,我们的王亦都护就出现在王位上。

摩尼教于 11 世纪中叶在西州回鹘消亡,这件文书当成于此时期之前,可知西州回鹘统治者在那时即被本部称作"亦都护",其含义与"王"(elig)等同。在受到西辽、蒙元等政权统治后,回鹘统治者对外放弃使用"汗""可汗"称号,只称"亦都护"。这样,在对

---

① 《元史》卷一二四,中华书局点校本,1976 年,第 3046 页。
② 最早由勒柯克刊布,参见 A. von Le Coq, *Türkische Manichaica aus Chotscho* III, Nr. 15; 此据森安孝夫的转写,参见氏作《ウイグルから見た安史の乱》,第 22 页。

外表示臣服的同时,对内仍可表达相当于汗或可汗的含意,没有降低其统治者的级别。

那么,称号(19)这位亦都护统治的年代是何时呢?《土都木萨里修寺碑》第10—14行记有:

> qočo ulušnïng basmaqï tïyuq qïsïlta qasïnčïɣ uluɣ varxar samgramlar etip yaratïp bütürmišlär üküš tälim ödlärnïng qolularnïng ärtmäkingä etiglig nomlarnïng ornaɣ sïzïnga bu varxar samgram buzulup artap idisiz igäsiz bolup turmïšïnga män an baɣlïɣ toyïn män tudum šäli buzulmïšïn etip opraqïn sapïp yangïrdï len prayan etdim

> 他们在高昌国的重地吐峪沟中建造了雄伟高大的寺庙。许多光阴过去,教法失掉了位置,这寺院被破坏,衰败,成为无主之地。我,安姓僧;我,土都木阇梨。重新修建被毁的〔寺庙〕。建僧房。

直到陷落于吐蕃之前,西州地区的佛教活动依然昌盛。792年,西州没入吐蕃,随后不久又被回鹘吞并。在9世纪回鹘的国教摩尼教传入西州地区,由于受到统治阶层的支持,摩尼教在高昌地区得到迅速发展。碑文所谓教法失位、寺庙被毁的时代应当就是在9世纪回鹘摩尼教进入高昌之时。交河故城出土的摩尼教忏悔词记有禁止摩尼教徒亵渎佛教寺院的内容[1],说明当时确有摩尼教徒毁佛寺事件发生。从10世纪下半叶起,摩尼教在西州回鹘王国开始衰落,佛教逐渐兴起,并取代摩尼教成为主要宗教;到11世纪下半叶,摩尼教

---

[1] A. von Le Coq, *Chuastuanift, ein Sündenbekenntnis der manichäischen Auditores. Gefunden in Turfan (Chinesisch-Turkistan)*, Abhandlungen der Preussen Akademie der Wissenschaft, 1910, pp. 3–43.

已经在吐鲁番地区趋于消亡①。则安僧和土都木萨里重修佛寺之事应当在10世纪下半叶以后。

在吐鲁番出土的文字材料中，还有其他一些具有宗教背景的文献与此碑文性质类似。其中能明确定年者，都属于10世纪末、11世纪初。前引德藏 M 112 摩尼教寺院被毁文书定年在983年，显示当时回鹘统治者已经开始拆摩尼寺以建佛寺。第一木柱文书作于1008年，记录了回鹘佛教徒将高昌城内的摩尼寺改建成佛寺之事。在此阶段，西州的佛教势力已经与摩尼教势力展开激烈的资源争夺。另一批出土文献则反映了这一时期西州回鹘佛教徒新建佛寺的情况。成于983年的德藏第二木柱文书 III 7295 记载了回鹘佛教徒在新兴谷（今胜金口）中新建佛寺之事②。第三木柱文书反映了回鹘佛教徒于1019年在高昌城中新建佛寺之事③。德藏回鹘文写本 *U 9193（原件今不存）为回鹘文《金光明经》题记，写于1022年，反映了回鹘佛教徒在交河城中新建佛寺之事④。笔者认为，安姓僧、土都木萨里修寺之举应当在这些活动之前。随着西州回鹘佛教势力的发展，他们可能先重修以前的废寺，再与摩尼教争夺大型寺庙建筑，或新建寺庙。充分利用西州各地弃置的寺庙可能是回鹘佛教徒修建佛寺的第一步。因此，笔者推断碑文所记回鹘统治者在位的时间为10世纪后半叶，年代应该置于（3）、（4）两位统治者之间。

---

① 9—11世纪西州地区宗教变迁史，参见 T. Moriyasu, "Chronology of West Uighur Buddhism: Re-examination of the Dating of the Wall-paintings in Grünwedel's Cave No.8 (New: No.18), Bezeklik", *Aspects of Reasearch into Central Asian Buddhism,* Brepols, 2008, pp.191-228; 森安孝夫《東西ウイグルと中央ユーラシア》，第645—677页。

② 森安孝夫《西ウイグル王国史の根本史料としての棒杭文書》，第683、708—709页。

③ 森安孝夫《西ウイグル王国史の根本史料としての棒杭文書》，第684、689页。

④ Y. Kasai, *Die uigurischen buddhistischen Kolophone,* pp. 76-80.

（20）…qutluɣ arslan bilgä tängri elig

在柏孜克里克千佛洞格伦威德尔（A. Grünwedel）编号第10窟壁上有供养人画像和榜题，勒柯克将其切割后带回柏林。其中一条回鹘文题记以红字分两行书写，仅左边一行可读。据勒柯克转写知，题记残留回鹘统治者称号的一部分，作：qutluɣ arslan bilgä tängri elig[1]。可惜该题记的图片未曾刊布。据德国探险队的调查，该窟的年代可断在9—12世纪间。而该称号中又有"Arslan"这一因素，可大致推测其年代在933年—12世纪之间。

（21）Yegädmiš bilgä tängri elig

德藏U3890文书为一封回鹘语书状，其背面空白后被利用抄写叙利亚文回鹘语景教文献。文书原始编号T III B显示其出土地点正是吐鲁番葡萄沟西旁景教遗址。书状由一名叫作火失·可瓦苏那（Qoš Qav'asuna）的景教僧（suqvar）呈给回鹘统治者，收信方被尊称为"特勤殿下"（tegin tängrim qutï），应是西州回鹘的一位亲王。书状第8行还提到了一位回鹘可汗，称其作：yegädmiš bilgä tängri elig[2]，可惜此行以后内容残破。此称号应当是这位可汗的简称，其中yegädmiš意为"优胜的、最好的"，不见于回鹘统治者的正式称号中。

（22）Qadïr bilgä tängri elig

德藏回鹘语文书U 5317是一件寺院免税令，第2行保留一位回鹘统治者的称号：qadïr bilgä tängri elig[3]。森安孝夫据文书字体、内容和原

---

[1] A. von Le Coq, *Die buddhistische Spätantike in Mittelasien III: Die Wandmalereien*, Berlin, 1924, p. 44.

[2] 文书内容据森安孝夫的释读，参见 T. Moriyasu, *Corpus of the Old Uighur Letters from the Eastern Silk Road*, Turnhout: Brepols, 2019, pp. 23–26。

[3] P. Zieme, "Uigurisches Steuerbefreiungsurkunden für buddhistische Klöster", *Altorientalische Forschungen* 8, 1981, p. 244.

始编号判断，其应与U5319同为西州回鹘官方颁与木头沟阿兰若的免税令。① 此称号应是一位西州回鹘可汗的简称或俗称，其中qadïr意为"凶暴"，不见于回鹘统治者的正式称号中。

（23）Köl bilgä tängri boquq uyɣur xaɣan

目前出土的回鹘钱币有三种，均为汉式圆形方孔钱。第一种有一面铸有汉文"日月光金"字样②，第二种则在单面铸有回鹘文"ïduq yarlïɣ yorïzun"（愿圣意通达）字样③，而第三种则在双面都铸有回鹘文，其中含有回鹘统治者称号。在此钱币两面所铸的回鹘文可连贯读作④：

köl bilgä tängri boquq uyɣur xaɣan el tutmïš yarlïɣïnga
阙毗伽登里卜古回鹘可汗持国的圣旨里

此称号中出现回鹘建国传说中的卜古可汗的名字"boquq"。从其他两种钱币上的文字可知，回鹘钱币未必显示其发行时代统治者的称号或年号。笔者推测这种钱币上所铸并非某一位具体的回鹘可汗称

---

① 森安孝夫《ウイグル＝マニ教史の研究》，第134—135页，脚注17、18；T. Moriyasu, Die Geschichte des Uigurischen Manichäismus an der Seidenstraße, pp. 158-159, fn. 17, 18.

② 这种钱币因此被称作"日月光金"钱，其另一面铸有民族文字，但对于文字的性质和内容，学界迄今没有一致的意见。对其释读的不同方案，参见：努尔兰·肯加哈买提《日月光金钱胡书考》，《中国钱币》2007年第1期，第41—46页；白玉冬《"日月光金"钱考——唐代摩尼教文化交流的真实写照》，《唐史论丛》第36辑，2023年，第398—416页。

③ 参见伊斯拉非尔·玉苏甫、安尼瓦尔·哈斯木《新疆博物馆馆藏古钱币》，侯世新主编《西域历史文化宝藏探研——新疆维吾尔自治区博物馆论文集》第2辑，乌鲁木齐，2009年，第147页。

④ 前人的释读参见：F. Thierry, "Les Monnaies de Boquq Qaghan des Ouighours", Turcica 30, 1998, p. 269；伊斯拉非尔·玉苏甫、安尼瓦尔·哈斯木《新疆博物馆馆藏古钱币》，第149页。笔者的转写、汉译与前人略有不同。

号，而是传说中统治家族的始祖之名号，则文字可意译作："海〔一般〕智慧的、神〔一般的〕卜古回鹘可汗持国的圣旨里。"

（24）喝里可汗 =*Qarï xaγan（—1127—）

《金史·太宗本纪》记载，天会五年（1127）正月，"回鹘喝里可汗遣使入贡"①。"喝里"，晚期中古音可以复原作/xatli/，元代音作/xəli/②。据读音可将其复原为古突厥语"qarï"，意为"老"，其在回鹘人名和称号中时有出现。西安出土的汉文、如尼文突厥语双语《回鹘葛啜王子墓志》主人公的突厥语称号正是 Qarï čor tegin③，汉文音、义混译作"葛啜王子"。但遍检各支回鹘政权统治者的正式称号，皆未见此词，此称号应是可汗的简称或俗称。

此外，《辽史·天祚皇帝纪》附《西辽事迹》还记有一位活跃在12世纪上半叶的西州回鹘可汗，作"回鹘王毕勒哥"④。"毕勒哥"应是突厥语"bilgä"的汉文音写，为回鹘可汗称号中的常见因素，凭这一成分无法判断这位回鹘王与喝里可汗是否为同一人。

经过上文的讨论，有一些西州回鹘统治者的称号可以确定大致的年代，或与传世文献的记载相印证。笔者现将这些统治者的称号、年代以表格形式呈现，是为重构西州回鹘统治者年代体系的初步尝试。

---

① 《金史》卷三，中华书局点校本修订本，2020年，第62—63页。
② 本书所用汉语中古音和元朝音的复原方案皆采蒲立本（E. G. Pulleyblank）之说，参见氏著 *Lexicon of Reconstructed Pronunciation in Early Middle Chinese, Late Middle Chinese, and early Mandarin*, Vancouver: UBC Press, 1991。下文不再逐一注出。
③ 见于墓志如尼文部分第11、12行，参见：芮跋辞、吴国圣《西安新发现唐代葛啜王子古突厥鲁尼文墓志之解读研究》，荣新江主编《唐研究》第19卷，北京大学出版社，2013年，第436页；成吉思《〈葛啜墓志〉突厥文铭文的释读》，荣新江主编《唐研究》第19卷，北京大学出版社，2013年，第443—445页。
④ 《辽史》卷三〇，第402页。

表1 西州回鹘统治者年代体系重构

序列①	称号（古突厥语/回鹘语）	称号（汉文）	性质	年代	史料
1（1）	*Boquq tängri elig	仆固俊 仆固天王	名简称	—866—876—	汉文史籍、BD11287、Pelliot chinois 5007
2（2）	* Uyɣur ay tängridä qut bulmïš külüg köl bilgä [ ] ïduq tängri xaɣan	回鹘爱登葛哩阿那骨牟里弥施俱录阙蜜伽□□圣[天]可汗	全称	933年以前	回鹘时代汉文文书《造佛塔功德记》
3（15）	Kün tängridä qut bulmïš ärdämin el tutmïš alp qutluɣ uluɣ bilgä uyɣur tängri uyɣur xan		全称	10世纪初叶—933年间	Pelliot chinois 3049
4（3）	Törtünč el bilgä tängri elig		俗称	—954—	M112v
5（19）	Bögülüg uluɣ ïduq qut		俗称	10世纪后半	《土都木萨里修寺碑》
6（4）	Törtünč arslan bilgä tängri elig süngülüg xaɣan	西州外生师子王阿厮兰汉	俗称	—981—984—	汉文史籍 M112v
7（5）	Bögü bilgä tängri elig	禄胜	简称	966—1003—	黄文弼历日文书、汉文史籍
8（6、7）	Köl bilgä tängri elig	可汗狮子王智海	简称	1007—1024—	第一木柱、第三木柱、汉文史籍、《突厥语大词典》
	Kün ay tängridä qut bulmïš uluɣ qut ornanmïš alpïn ärdämin el tutmïš alp arslan qutluɣ köl bilgä tängri elig on uyɣur xan		全称		

① 括号内数字为其在前文中出现的次序，后表同。

（续表）

序列	称号（古突厥语/回鹘语）	称号（汉文）	性质	年代	史料
9（17）	Tängri bögü el bilgä arslan tängri uyɣur tärkän		俗称	—1067—	哈密本《弥勒会见记》题记
10（18）	Kün ay tängrilärtä qut b[u]lm[ï]š [buya]n ornanmïš alpïn [ä]rdämin el tutmïš üčünč arslan bilgä xan		全称	11世纪—12世纪初	北庭西大寺正殿入口东壁题记
11（24）	*Qarï xaɣan	喝里可汗	简称	—1127—	汉文史籍
12	*Äsän temür ïduq qut	月仙帖木儿亦都护	简称	12世纪后半	汉文史籍

三、西州回鹘统治者称号的结构与特征

（一）正式称号的结构

学界根据传世汉文文献以及《九姓回鹘可汗碑》等石刻材料，已将漠北回鹘汗国历代可汗的称号复原（表2）。芮跋辞将其正式称号在结构上划分为三部分[①]：1. 称号来源（intitulation）；2. 定性特征（definite attribute）；3. 固定的头衔"毗伽可汗"（bilgä xaɣan）。其中，"称号来源"的格式大致可分为两类：一是 tängridä bolmïš（"从天而生的"）；二是 tängridä（ay tängridä /kün tängridä）qut（ülüg）bulmïš["从神（月神/日神）处获得福佑（运势）的"]。

在上文中，笔者枚举了传世文献和各种语文出土文书所见的西

---

① 参见：V. Rybatzki, "Türk and Uigur rulers in the Old Turkic inscriptions", pp. 244–251；对游牧部族可汗号的整体研究，参见：罗新《内亚渊源：中古北族名号研究》，北京：社会科学文献出版社，2023年，第1—25页。

表2 漠北回鹘汗国可汗称号

序列	在位年代	称号来源	全称		头衔	唐朝赐号	俗称	名号
			定性特征	全称				
1	744—747		köl bilgä 阙毗伽		xayan 可汗	怀仁		骨力裴罗
2	747—759	tängridä bolmïš 登里啰没蜜施	el etmïš bilgä 颉翳德蜜施毗伽		xayan 可汗	英武威远	葛勒可汗	磨延啜
3	759—779	tängridä qut bulmïš 登里啰没蜜施	el tutmïš alp külüg bilgä 颉咄登蜜施合俱录毗伽		xayan 可汗	英义建功	牟羽可汗	移地健
4	779—789		alp qutluγ bilgä 合骨咄禄毗伽		xayan 可汗	武义成功长寿天亲		顿莫贺达干
5	789—790	tängridä bolmïš 登里啰没蜜施	külüg bilgä 俱录毗伽		xayan 可汗	忠贞		多逻斯 判官特勤
6	790—795		qutluγ bilgä 骨咄禄毗伽		xayan 可汗	奉诚		阿啜
7	795—808	tängridä ülüg bulmïš 登里啰羽没录蜜施	alp qutluγ uluγ bilgä 合骨咄禄胡禄毗伽		xayan 可汗	怀信		
8	808—821	ay tängridä qut bulmïš 爱登里啰汨没密施	alp bilgä 合毗伽		xayan 可汗	保义		
9	821—824	*kün tängridä ülüg bulmïš 君登里逻 羽没蜜施	küčlüg bilgä 句主录毗伽		xayan 可汗	崇德		
10	824—832	*ay tängridä qut bulmïš 爱登里啰汨没密施	alp bilgä 合毗伽		xayan 可汗	昭礼		曷萨特勤
11	832—839	*ay tängridä qut bulmïš 爱登里啰汨没密施	alp külüg bilgä 合句录 毗伽		xayan 可汗	彰信		胡特勤

州回鹘统治者称号，分析其性质，并尝试对其中一些人物进行断代。这些散见称号的性质不尽相同，大致可以归为全称、简称（及俗称）和泛称三大类。其中保存比较完整并可以大致断代的全称有四个：

（2）*Uyɣur ay tängridä qut bulmïš külüg köl bilgä […] ïduq tängri xaɣan（866—933）

（15）Kün tängridä qut bulmïš ärdämin el tutmïš alp qutluɣ uluɣ bilgä uyɣur tängri uyɣur xan（900—933）

（7）Kün ay tängridä qut bulmïš uluɣ qut ornanmïš alpïn ärdämin el tutmïš alp arslan qutluɣ köl bilgä tängri elig on uyɣur xan（1007—1024—）

（18）Kün ay tängrilärtä qut b[u]lm[ï]š [buya]n ornanmïš alpïn [ä]rdämin el tutmïš üčünč arslan bilgä xan（11世纪—12世纪初）

比较这些全称可知，漠北回鹘可汗正式称号中的三部分都被继承沿用。1. 称号的起首为相对固定的形式"ay/kün tängridä qut bulmïš"，沿用漠北时代即已形成的传统，即芮跋辞所谓"称号来源"。2. 称号的中间部分有标志这位可汗独特身份的"定性特征"。这位可汗的简称应当由这一部分中的若干因素构成。譬如，西州回鹘可汗（7）在回鹘文第一木柱文书中被记作"köl bilgä tängri elig"，在伊斯兰文献《突厥语大辞典》中被称为"köl bilgä xan"，在汉文史籍中则被称为"可汗师子王智海"（*arslan köl bilgä xaɣan）。这些简称中所反映的因素"Arslan""köl bilgä"都出现在其全称（7）的"定性特征"中。3. 称号的最后是头衔"可汗"（xaɣan）或"汗"（xan）。

与漠北回鹘可汗的称号相比，西州回鹘可汗的全称中最明显的特征是"alpïn ärdämin el tutmïš"（以威、德持国的）和"qut/buyan ornanmïš"（福报所在的）这两组固定形式的形动词短语。在漠北回鹘可汗中，只有第三代可汗牟羽可汗的全称中出现"el tutmïš"（持国的）这一因素，但其前面并无修饰成分"alpïn"或"ärdämin"。除此之外，仅有第二代可汗磨延啜的全称中出现类似的形动词因素"el etmiš"（建国的）。在漠北汗国时代，这类形动词因素显然应当置于称号的"定性特征"这一范畴中。它们只见于个别可汗的称号中，是标识具体可汗身份的特定因素。以前在材料不够充分的情况下，有学者也将它们看作"定性特征"用以判断西州回鹘可汗称号的属性①。但从本章所枚举的情况看，这两种形动词因素其实在西州回鹘可汗称号中已经频繁出现。在上引的四个可以大致断代的称号中，除（2）外，都含有这两组形动词因素（之一）。还有一些保存不完整和不能确定年代的称号也属于可汗的全称，都含有上述形动词因素（之一），现列举如下：

（12）Ay tängridä qut bulmïš qut ornanmïš alp[ïn ärdämin el t]utmïš[…]

（13）[…] tängridä qut [bulmïš qut o]rnan[mïš…]

（14）[kün(?)] ay tängridä qut bulmï[š] [qut/buyan ornanmïš(?)] alpïn ärdämin el tu[tmïš …] uluɣ bilgä t[ängri…]

此外，称号（8）虽然仅保留后半部分[…]qut ornanmïš alp qutluɣ köl bilgä tängri xan，应当也是一个由"称号来源"+"定性特征"+头衔三部分构成的完整称号。它同样含有"qut ornanmïš"这一形动词修饰成分。

元代文人欧阳玄所撰《高昌偰氏家传》中记有：

---

① 参见 P. Zieme, "Manichäische Kolophone und Könige", p. 325。

> 高昌王有印，曰"诸天敬护护国第四王印"，即唐所赐回鹘印也。言"诸天敬护"者，其国俗素重佛氏，因为梵言以祝之也"。①

基于前节对各种材料所见西州回鹘可汗称号的讨论，笔者将印文中出现的汉文称号"诸天敬护护国第四王"复原作古突厥语：

*Tängrilärtä qut bulmïš el tutmïš törtünč xan

称号中出现的因素皆可见于前文所列的西州回鹘可汗称号中。此称号也具备"称号来源""定性特征"和头衔三部分，应是一个全称，并具有"el tutmïš"这一因素。

除了上述列举的可汗称号外，在可汗以下的贵族高官的称号中也具有这类因素，足见其在西州回鹘时代统治阶层称号中的流行程度。柏孜克里克千佛洞格伦威德尔编号第19窟的回鹘佛教供养人画像旁有红字榜题作②：

Tängrikän el tutmïš alp arslan toqul③ to[nga] tegin ögä tärkän tegin el toɣrïl bäg

其头衔作"tärkän tegin"，应是西州回鹘的太子，其称号中也有"el tutmïš"这一修饰成分。此外，1041年向宋朝遣使的"沙州镇国王子"④被森安孝夫考为西州回鹘的王子，其称号中的"镇国"即被推

---

① 《欧阳玄全集》，汤锐校点，成都：四川大学出版社，2010年，第322页。
② A. von Le Coq, *Die buddhistische Spätantike in Mittelasien III: Die Wandmalereien*, p. 47, Pl. 18.
③ 森安孝夫读作qutluɣ，参见氏著《沙州ウイグル集団と西ウイグル王国》，《内陸アジア史研究》第15号，2000年；此据氏著《東西ウイグルと中央ユーラシア》，第366页。
④ 《续资治通鉴长编》卷一三一，北京：中华书局点校本，2004年，第3115页。

定为"el tutmïš"①。

综上,在已知的西州回鹘统治者全称中,其"称号来源"之后大都带有以"qut ornanmïš"和(或)"el tutmïš"为中心构成的形动词因素。显然,这种因素已经从漠北回鹘可汗称号中的一种"定性特征",演化成为一种固定的结构性因素。上述两类形动词短语所修饰的对象是位于全称最后的头衔"汗"或"可汗",笔者将其称之为"固定修饰成分",则西州回鹘可汗全称的结构可归纳如下:

称号来源 ＋ 固定修饰成分 ＋ 定性特征 ＋ 头衔

(uluγ) qut (buyan) ornanmïš

"〔大〕福(福报)所在的"

(alpïn) (ärdämin) el tutmïš

"〔以威〕〔以德〕持国的"

表3 西州回鹘统治者全称一览及结构分析

序列	称号来源	固定修饰成分	定性特征	头衔	年代
1(2)	*ay tängridä qut bulmïš	无	külüg köl bilgä [ ] ïduq tängri	xaγan	866—933
2(15)	kün tängridä qut bulmïš	ärdämin el tutmïš	alp qutluγ uluγ bilgä uyγur tängri	xan	900—933
3(8)	缺	qut ornanmïš	alp qutluγ köl bilgä tängri	xan	11世纪前
4(12)	ay tängridä qut bulmïš	qut ornanmïš alp[ïn ärdämin el t]utmïš	缺	缺	11世纪前
5(13)	[…] tängridä qut [bulmïš]	qut o]rnan[mïš…	缺	缺	11世纪前

---

① 森安孝夫《沙州ウイグル集団と西ウイグル王国》,第362页。

（续表）

序列	称号来源	固定修饰成分	定性特征	头衔	年代
6（14）	ay tängridä qut bulmï[š]	[qut/buyan ornanmïš] alpïn ärdämin el tu[tmïš …	…] uluγ bilgä t[ängri	缺	11世纪前
7（7）	kün ay tängridä qut bulmïš	uluγ qut ornanmïš alpïn ärdämin el tutmïš	alp arslan qutluγ köl bilgä tängri elig on uyγur	xan	1007—1021—
8（18）	kün ay tängrilärtä qut b[u]lm[ï]š	[buya]n ornanmïš alpïn [ä]rdämin el tutmïš	üčünč arslan bilgä	xan	11世纪—12世纪初
9	*tängrilärtä qut bulmïš	el tutmïš	törtünč	xan	13世纪以前

在目前已知的西州回鹘可汗全称中（见表3），唯一的例外是可汗称号（2）。其年代应在933年以前，是现存属于西州回鹘时代最早的可汗全称之一。此称号的结构几乎与漠北时代的回鹘可汗称号一致，这反映了西州回鹘在建国初期仍然沿用着漠北时代的传统，尚未在可汗全称中使用"固定修饰成分"。与其类似的情况还可举出安西回鹘可汗庞特勤的全称。在西州回鹘政权建立之前，东部天山地区统一在安西回鹘庞特勤的麾下[①]。唐朝在大中十年（856）遣使王端章入安西册封庞特勤为"嗢禄登里罗汨没密施合具录毗伽怀建可汗"。但王端章一行在伊州一带被劫掠，不至而还[②]。值得注意的是，在唐朝册封庞特勤之前，他已经自立为可汗，并遣使唐朝

---

① 关于9世纪后半叶东部天山地区从安西回鹘政权过渡到西州回鹘政权的历史，参见森安孝夫《ウィグルの西遷について》，第276—298页；付马《西州回鹘王国建立初期的对外扩张——中国文化遗产研究院藏xj 222-0661.09号回鹘文书的历史学研究》，第145—162页。

② 上述唐朝通使安西回鹘、册封庞特勤的过程，参见荣新江《大中十年唐朝遣使册立回鹘史事新证》，《敦煌研究》2013年第3期，第128—132页。

要求册封。因此，其称号"嗢禄登里罗汨没密施合俱录毗伽怀建可汗"中的"怀建"二字应为唐朝所赐，而"嗢禄登里罗汨没密施合俱录毗伽"则应为庞特勤自立时所采用的称号。这个称号最早由哈密屯还原为 *Uluɣ tängridä qut bulmïš alp külüg bilgä xaɣan①。与可汗号（2）一样，庞特勤的称号也完全符合漠北时代的称号结构，在"称号来源"之后并没有出现"固定修饰成分"。漠北回鹘汗国崩溃以后，在东部天山地区相继建立的回鹘政权沿用着漠北回鹘可汗的称号体系，没有变化。这种情况从安西回鹘时代持续到西州回鹘时代早期。

（二）"称号来源"的历史流变

11 世纪以前西州回鹘可汗全称（见表 3）的第一部分"称号来源"沿用了漠北回鹘时代的传统，皆以"ay/kün tängridä qut bulmïš"（从月神/日神处获得福佑的）的形式出现。关于漠北回鹘时代形成的这种传统，学界已普遍认为是回鹘统治者皈依摩尼教以后受其影响而形成②。据摩尼教教义，日、月为光明宫殿（"二大明船"），分别为拯救光明的神祇所居之地。日宫为"第三使"（Third messnger）、"净风"（Living spirit）等所居，月宫则为"夷数光明者"（Jesus the light one，即耶稣）、"惠明使"（Maiden of light）和"初人"（First

---

① J. Hamilton, *Les ouighours à l'époque des Cinq Dynasties*, Paris, 1955, p. 142.
② 日本学者田坂兴道最早提出这一观点，参见氏作《回纥に於ける摩尼教迫害运动》，《东方学报》第 11 卷第 1 号，1940 年，第 229—231 页；参见森安孝夫《東西ウイグルと中央ユーラシア》，第 551 页。西方学界中，庞巴奇（A. Bombaci）最早讨论这一现象，参见氏作："Qutluɣ Bolzun! A Contribution to the History of the Concept of 'Fortune' among the Turks(Part 2)", *Ural-Altaische Jahrbücher* 38, 1966, pp. 13–15；参见 H–J. Klimkeit, "Mani-chaean Kingship: Gnosis at Home in the World", *Numen* 29, 1982；此据：M. Heuser and H–J. Klimkeit, *Studies in Manichaean Literature and Art*, Brill, 1998, pp. 220–222。

man）等所居。克林凯特指出，古突厥语摩尼教文献中的月神（ay tängri）就指"夷数"，而日神（kün tängri）则特指"净风"①。漠北回鹘可汗称号以"ay/kün tängridä qut bulmïš"形式作"称号来源"者中，大多数取月神，只有少数取日神②。11世纪以前的西州回鹘可汗称号延续了这种传统。不论是从月神还是从日神处获得福佑，其称号的来源都只是一位神祇。

然而，这种形式在11世纪以后发生了改变。可以准确断代在11世纪初的称号（7）的"称号来源"作"kün ay tängridä qut bulmïš"，首次出现了日、月并举的情况。克林凯特依然将其中的"kün ay tängri"解作一个神祇，比定为"夷数"。其依据是，摩尼教也有观念认为夷数居住的宫殿是日、月两宫，故在古突厥语文献中夷数也被称为"日月神"（kün ay tängri）③。克氏的意见解释此案尚可圆通，但却无法解释定年在11世纪—12世纪初的称号（18）。该称号以"kün ay tängrilärtä qut bulmïš"（从日、月诸神处获得福佑）起首。"tängri"（神）一词明确使用复数，意指"日、月诸神"。如此一来，克氏对称号（7）的解读则令人怀疑。在古突厥语中，复数词缀的使用并非必要，不带有复数附加成分的名词也可以表达复数含义④。因此，称号（7）的"称号来源"部分完全可以读作"从日神、月神处获得福佑"。另外，克氏的解说在逻辑上也存在疑问：如果从漠北时代一直到11世纪前，回鹘可汗都以月神作"夷数"，且在称号中形成数百年的固定传统，何以在11世纪初突然改用"日月神"替

---

① H-J. Klimkeit, "Manichaean Kingship: Gnosis at Home in the World", p. 220.
② 参见森安孝夫《ウイグル＝マニ教史の研究》，第182—183页；T. Moriyasu, *Die Geschichte des Uigurischen Manichäismus an der Seidenstraße*, pp. 221-222。
③ H-J. Klimkeit, "Manichaean Kingship: Gnosis at Home in the World", pp. 220-221.
④ 参见 M. Erdal, *A Grammar of Old Turkic*, Leiden: Brill, 2004, pp. 158-159；马塞尔·厄达尔《古突厥语语法》，刘钊译，北京：民族出版社，2017年，第163—165页。

代"月神"指夷数呢？因此，笔者认为称号（7）的"称号来源"也应当解作"从日、月诸神处获得福佑"，表现的是多个神祇，含义与（18）相同。

10世纪末叶起，大批西州回鹘人开始改宗佛教，佛教取代摩尼教成为国教①。而上述称号中的变化正发生在这种时代背景之下。在回鹘佛教语境中，用"tängri"表示六趣中天趣内的天神。回鹘佛教徒对于天神的崇拜明显地体现在回鹘佛经功德主题记中。功德通常首先回向梵天、帝释天、四大天王等天界诸神，以增强诸神神力，求其护佑国家和世人。而在回鹘佛教语境中，"kün tängri"和"ay tängri"也曾出现，却已不再像摩尼教语境中表示一位具体的神祇，而仅仅用以指称日、月。德藏*U 9193是回鹘文《金光明经》抄经题记，写于1022年，正好处于称号（6）、（7）所代表的智海可汗在位期间。题记包含对此经的长篇赞颂之词，第29—32行写道：②

> sansarlïɣ taloy ügüzüg käčürdäči [ta]r kemisi ol [sä]kiz törlüg ämgäklig öyükdin üntürdäči [a]m[ra]q [äd]gü öglisi ol biligsiz biliglig qararïɣïɣ yoqadturdačï [tarqardačï k]ün tängri ol nizvanilig čonmaqïɣ tarqardačï sö[ntürdäč]i ay tängri ol
>
> 它（《金光明经》）是横渡轮回之江海的舟筏；它是引领走出"八苦"的善友；它是消灭、驱散无知的黑暗的太阳（kün tängri）；它是熄灭烦恼的火焰的月亮（ay tängri）。

作者先后以舟筏、善友、太阳、月亮比喻此经，极尽赞颂之词。其中，太阳、月亮分别用"kün tängri"和"ay tängri"表达，可知这

---

① 参见 T. Moriyasu, "Chronology of West Uighur Buddhism: Re-examination of the Dating of the Wall-paintings in Grünwedel's Cave No.8(New: No.18), Bezeklik", pp.191-193; 森安孝夫《東西ウイグルと中央ユーラシア》，第645—647页。

② 参见 Y. Kasai, Die uigurischen buddhistischen Kolophone, pp. 77-79.

两词在 11 世纪初的回鹘佛教语境中就指日、月。德藏 U1934 回鹘文《维摩诘所说经》残片背面第 3、第 9 行两次出现"kün tängri"字样，对译其汉文原本中的"日"字，意指太阳[①]。回鹘佛教语境中的这种观念直到 17 世纪都没有变化。现存年代最晚的回鹘文献——抄写于 1688 年的回鹘文《金光明经》酒泉文殊沟本的题记部分记有：burxan nomïlïγ kün tängri üzä alqu bulung yïngaqlarnïng yarumaqï bolzun "愿通过佛法之日（光）使所有的角落和方向发光"[②]。足见回鹘佛教语境中的"kün tängri"始终指太阳，而非代指某一神祇。

在回鹘摩尼教语境中有着重要意义的"ay tängri"（月神，指夷数）和"kün tängri"（日神，指净风）在回鹘佛教语境中已然失去了其原有意义。当西州回鹘统治阶级及其民众在 10 世纪末、11 世纪初改宗佛教之后，其统治者称号中的"称号来源"部分应当被重新解读。笔者认为，在西州回鹘统治者改宗佛教之初，他们继承了摩尼教时代"ay/kün tängridä qut bulmïš"这种"称号来源"的传统，但随着摩尼教话语被佛教话语取代，某位可汗具体是从月神（夷数）处还是从日神（净风）处获得王权这种特指的解释体系也随之消失。因此，在称号中区分和单列日、月这两个因素已经没有意义，于是出现了日、月并举的现象。如前所述，在回鹘佛教观念中，守护俗世王国的最高力量来自天界诸神，日、月对此并无特殊意义。因此，在 11 世纪以后，回鹘可汗称号"称号来源"部分"kün ay tängri(lär)dä qut bulmïš"在佛教话语体系下更应当理解作"从日、月和诸神处获得福佑"，其重点在"诸神"上。上引元人欧阳玄的记载则可进一步印证这种解释。他记载的称号为"诸天敬护护国第四王"

---

① P. Zieme, *Vimalakīrtinirdeśasūtra: Edition alttürkischer Übersetzungen nach Handschriftfragmenten von Berlin und Kyoto*, Brepols, 2000, p. 130.

② Y. Kasai, *Die uigurischen buddhistischen Kolophone*, pp. 101–102, 107.

（ *Tängrilärtä qut bulmïš el tutmïš törtünč xan ），其"称号来源"部分已经剔除了在佛教语境中并无特殊含义的"日""月"，而留下了在佛教语境中最为重要的天界守护诸神"诸天"。欧阳玄记载了畏兀儿人对此称号的解释，道："言诸天敬护者，其国俗素重佛氏。因为梵言以祝之也。"显然，这种"称号来源"后来已经有了佛教语境下可以自圆其说的解释。

表4 回鹘可汗称号"称号来源"部分的流变

次序	年代	形式	释义	来源	解释体系
1	漠北时代	(uluɣ) tängridä qut/ ülüg bulmïš①	天上得果报	草原传统	草原传统
2	漠北时代	tängridä bolmïš	从天而生的	草原传统	草原传统
3	漠北时代—11世纪以前	ay tängridä qut bulmïš kün tängridä qut bulmïš	从月神（夷数）处获得福佑的 从日神（净风）处获得福佑的	草原传统+摩尼教因素	摩尼教话语
4	11—12世纪	kün ay tängri(lär)dä qut bulmïš	从日、月和诸神处获得福佑的	摩尼教传统+佛教因素	佛教话语
5	12世纪后？	*tängrilärtä qut bulmïš	"诸天敬护"	佛教传统	佛教话语

（三）"阿萨兰"（arslan）：借自同时代突厥语族政权的称号因素

如前所述，在10世纪上半叶已有西州回鹘统治者在称号中加入"阿萨兰"（arslan，狮子）这一因素。该因素后来频繁地出现在西州

---

① 在目前已知的回鹘可汗称号中，这种形式出现的时间较2、3为晚，但早在突厥汗国时代，这种形式已被采用。参见 A. Bombaci, "Qutluɣ Bolzun! A Contribution to the History of the Concept of 'Fortune' among the Turks（Part 1）", *Ural-Altaische Jahrbücher* 36, 1965, pp. 285–290。

回鹘统治者的称号中，他们甚至因此被辽朝称为"阿萨兰回鹘"。这种传统一直延续到14世纪：在察合台汗国所立畏兀儿亦都护的称号中，也可见到"Arslan"这一因素[1]。然而，这种称号因素并非漠北游牧政权固有之传统。不但在10世纪以前西州回鹘统治者的称号中不见其出现，在更早的回鹘汗国时代，甚至突厥汗国时代的统治者称号中也未尝得见[2]。与西州回鹘同时代的甘州回鹘的统治者称号中也不见有"狮子"这一因素[3]。狮子并非产于北亚草原地区的动物，也不分布在东部天山地区。那么，这一因素如何进入到了西州回鹘统治者的称号中呢？

种种迹象表明，该因素应当来自位于西州回鹘西方的其他突厥语族政权。钱币和文献资料显示，黑汗王朝在11世纪分裂成东、西两汗国之前一直实行双王制，汗国东部的大汗称"阿萨兰汗"（Arslan xan，即狮子王），为汗国最高统治者；西部的小汗称"博格拉汗"（Buγra xan，即公驼王）[4]。在可汗以下的统治阶层的头衔之前，也都带有这两种因素，表示同一头衔下的阶次[5]。《突厥语大词典》"Arslan"词条记："此词被用作诸汗之名。"[6]实际上，这种现象

---

[1] 参见 V. Rybatzki, "Türk and Uigur rulers in the Old Turkic inscriptions", p. 255。

[2] 回鹘汗国可汗称号参见森安孝夫《ウイグル＝マニ教史の研究》，第182—183页；T. Moriyasu, *Die Geschichte des Uigurischen Manichäismus an der Seidenstraße*, pp. 221-222。突厥第一、第二汗国的可汗称号参见 V. Rybatzki, "Türk and Uigur rulers in the Old Turkic inscriptions", p. 255。

[3] 甘州回鹘可汗称号参见 J. R. Hamilton, *Les ouighours à l'époque des Cinq Dynasties*, pp. 143-144。

[4] 参见 M. Biran, "Ilak-khanids", *Encyclopædia Iranica* XII; 此据在线版本 http://www.iranicaonline.org/articles/ilak-khanids。

[5] O. Pritsak, "Die Karachaniden", *Der Islam*, 31 (1), 1955, p. 23; P. Golden, *An Introduction to the History of the Turkic Peoples*, Wiesbaden, 1992, p. 215.

[6] R. Dankoff (ed. and tr.), *Compendium of the Turkic Dialects*, vol. 2, Harvard University, 1984, p. 361.

早在10世纪中叶黑汗王朝统治者皈依伊斯兰教以前就已经出现。在传世的《苏拉赫词典补编》(*Mulhaqat al-Surah*) 中可以辑出黑汗王朝文献《可石哈儿史》(*Ta'rikh Kashghar*) 的片段，记有王朝首位皈依伊斯兰教的萨图克汗的事迹①。萨图克汗卒于955年，他本身已经带有"博格拉汗"的称号。其父被称为巴兹尔阿萨兰汗，称号中已带有"阿萨兰"。可知黑汗王朝统治家族至迟在巴兹尔汗时代已经称最高统治者为"阿萨兰汗"。巴兹尔汗统治的时代大致与西州回鹘首次以"阿萨兰回鹘"之名出现在史册中的时代（933年）相仿。而黑汗王朝的这种传统甚至还可能向上追溯到炽俟 (Čigil) 部，因为炽俟部的图腾正是狮子②。狮子在历史上的分布范围可达河中地区，在伊朗语族的传统中可见对于狮子的崇尚。西州回鹘政权与狮子分布的北界并不接壤，而黑汗王朝、炽俟等部的势力范围正处于西州回鹘的西方，他们应是狮子崇拜传入西州回鹘的直接媒介。

西州回鹘统治者为何会在10世纪上半叶效法其他突厥语族政权，将"狮子"用于统治者称号呢？此问题的答案应当从西州回鹘当时所处的发展环境中寻找。据中国文化遗产研究院藏回鹘文历史文献 xj 222-0661.09记载，西州回鹘曾向中亚地区进军，向西至少攻克怛逻斯（Talaz）等地，震动西方的伊斯兰世界③。此事的年代可

---

① 据华涛汉译文，参见氏作《贾玛尔·喀尔施和〈苏拉赫词典补编〉（上）》，《元史及北方民族史研究集刊》第10期，1986年，第64—66页。

② 参见 O. Pritsak, "Die Karachaniden", p. 23。

③ 内容见文献第22—31行，参见付马《西州回鹘王国建立初期的对外扩张——中国文化遗产研究院藏 xj 222-0661.09号回鹘文书的历史学研究》，第146—147页；付马《丝绸之路上的西州回鹘王朝——9~13世纪中亚东部历史研究》，第118—120页。

被考证在893年到10世纪初①。此后，西州回鹘虽然没有将上述地区纳入版图，但当地操突厥语各部均对西州回鹘保持臣服关系，相关证据见于英藏敦煌文书S.6551《佛说阿弥陀经讲经文》。文书记："遂得葛禄、药摩、异貌、达怛，竞来归服，争献珠宝；独西乃纳驼马，吐蕃送宝送金；拔悉密则元是家生，黠戛斯则本来奴婢。诸蕃部落，如雀怕鹰，责（侧）近州城，如羊见虎，实称本国，不是虚言。"张广达、荣新江二位先生据文书中其他线索已将其年代确定在930年前后②。文书中提到的葛禄（Qarluq，即葛逻禄）、药摩（Yaɣma，即样磨）、异貌（Yemäk，即咽灭）、独西（Tuxsi）等均是分布在回鹘西部的突厥部族。他们当时要向西州回鹘称臣纳贡，显然是前述西州回鹘远征中亚西部的直接影响。在10世纪初期，西州回鹘在中亚突厥语族诸部中处于主导地位。可能在其征服诸部的过程中，回鹘统治者接触到在各部中流行的狮子崇拜，遂将其加入到自身的称号中，以标榜其卓越地位。

小　结

回鹘时代出土文字资料呈现出一批不见于传世文献的西州回鹘可汗称号，为重构西州回鹘的统治者年代和谱系提供了新的材料。通过比较分析现存的可汗称号，可以将其笼统分为正式称号（全称）、俗称（含简称）和泛称三大类。与漠北汗国时代相比较，西

---

① 付马《西州回鹘王国建立初期的对外扩张——中国文化遗产研究院藏xj 222-0661.09号回鹘文书的历史学研究》，第156、161页；付马《丝绸之路上的西州回鹘王朝——9~13世纪中亚东部历史研究》，第133—138页。
② 参见张广达、荣新江《有关西州回鹘的一篇敦煌汉文文献——S6551讲经文的历史学研究》，《北京大学学报》1989年第2期，第24、27页。

州回鹘时代最直观的变化是普遍在正式称号中增加了固定修饰成分"福报所在的""以威、德持国的",这成为西州回鹘可汗称号的显著特征。

漠北汗国时代形成的称号来源部分最初被西州回鹘继承,但在唐元之间逐渐发生微妙的变化。在漠北汗国改尊摩尼教为国教之后,其可汗的称号即以"从月神/日神处获得福佑的"开头,表示统治者之合法性来自摩尼教观念中拯救光明世界之神祇,并由此成为定式。到10—11世纪之际,西州回鹘统治者受到当地民众的影响改宗佛教,其可汗称号传统中的摩尼教观念逐渐淡漠,日神、月神实际不再有摩尼教神祇的象征意义,而被在佛教语境下解读作天界的象征。因此,称号来源部分开始出现日神、月神并举的情况。

漠北汗国时代出现在定性特征部分的因素大都见于西州回鹘可汗称号中,而引人瞩目的新变化则是在10世纪之后出现的"Arslan(狮子)"这一因素。此因素向不见于漠北时代的回鹘称号中,其在10世纪的出现很可能与西方突厥语族政权的狮子崇拜有关,应是政治竞争引起的文化传播。当然,本章对于西州回鹘可汗称号的分析及其年代的考订,在很多方面仍嫌证据不足。尤其是对西州回鹘统治者世系的重构,还亟待新材料的出土和刊布。

第二章

回鹘统治家族起源传说中的二元因素钩沉

一、"卜古"还是"兀单卜古"？

在蒙元时代，回鹘王族始祖的树生传说以相似的文本分别见载于汉文《亦都护高昌王世勋碑》（下称"世勋碑"）和波斯文《世界征服者史》（*Tarīkh-i Jahān-gushā*）等传世文献中，为时人和后人所熟知。尤其是元朝官方为回鹘统治家族所造"世勋碑"记载的版本可被视作当时回鹘统治家族愿意对外宣示的历史记忆。此外，《马可·波罗寰宇记》的Z抄本记载，畏兀儿地的居民称其统治家族始祖为树生[①]，这说明树生传说也是在13世纪被西州回鹘当地民众广泛接受的王族起源传说。

---

① A. C. Moule and P. Pelliot, *Marco Polo: the Description of the World*, vol.1, London: G. Routledge & Sons Limited, 1938; reprinted by New York: AMS Press INC., 1976, p. 156. 参见党宝海《〈马可·波罗行纪〉畏兀儿君主树生传说补证》，《国际汉学研究通讯》第6期，北京大学出版社，2013年；此据氏著《元代丝绸之路史论稿》，第3—4页。

"世勋碑"汉文碑文为元朝著名文士虞集所撰,后收入其文集而广为流传(下称"集本")①。集本记此传说作②:

> 盖畏吾而之地,有和林山,二水出焉,曰秃忽剌,曰薛灵哥。一夕,有天光降于树,在两河之间。国人即而候之,树生瘿,若人妊身然。自是光恒见者,越九月又十日,而瘿裂得婴儿五,收养之。其最稚者,曰卜古可罕,既壮,遂能有其民人、土田,而为之君长。

自树瘿所生的回鹘王族始祖被记作"卜古可罕",即卜古可汗。《元史·巴而朮阿而忒的斤传》所记传说与之雷同,当是取材于集本③。传文记其名作"不可罕",当是"卜古可罕"脱、讹所致④。此名在波斯文史书《世界征服者史》中作"buqu"⑤,在欧阳玄所撰《高昌偰氏家传》中作"普鞠",皆是此名不同形式的表现,为其回鹘语形式"boquq"的音写。学界对"卜古"(boquq)之名的语源、该传说的母题以及卜古可汗事迹的原型等问题已有较多研究,并产生不同观点⑥,但较为一致的是,大家都将传说中回鹘王族的始祖目为卜古可汗一人,似已不言自明。

---

① 此文先后收入《道园学古录》(卷二四)、《道园类编》(卷三九)两种虞集文集,并被收入苏天爵编《元文类》(卷二六)。
② 《虞集全集》,王颋点校,天津古籍出版社,2007年,第1015页。
③ 黄文弼《亦都护高昌王世勋碑复原并校记》,《文物》1964年第2期,第34页;党宝海《〈马可·波罗行纪〉畏兀儿君主树生传说补证》,7页。
④ 《元史》卷一二二,第2999、3016页。
⑤ 志费尼《世界征服者史》,何高济译,商务印书馆,2016年,第57页。
⑥ 较晚近的研究参见:田卫疆《"卜古可汗传说"史实解析——一把打开高昌回鹘史研究之门的钥匙》,《民族研究》2000年第3期;苏航《回鹘卜古可汗传说新论》,《民族研究》2015年第6期,第78—87页;党宝海《〈马可·波罗行纪〉畏兀儿君主树生传说补证》,第3—16页。

然而，实际刻写在"世勋碑"碑石之上的汉文碑文（下称"碑本"）在相同位置却保留着一个与其他文献不尽相同的名号，作"兀单卜古可罕"（图1）。①黄文弼在复原校注碑本时已指出，"卜古可罕上加'兀单'二字，语义不明"，"究竟是何义，尚待进一步研究"②。但囿于材料的缺乏，学界迄今未有讨论此问题的研究成果出现。

图1 "世勋碑"碑本所记"兀单卜古可罕"

另一方面，志费尼在记录卜古可汗树生传说后写道："我们记录的这些迷信事，仅仅是许多传说中的几个，可以讲述的百分之一。"③说明回鹘人可能还有其他的起源传说。这就涉及两个层次的问题：首先，碑本中多出的"兀单"是否来自另外一种起源传说？如果这样的话，为何志费尼、虞集等人都只记录了卜古可汗树生传

---

① 清乾隆刊本《武威县志》保留与集本不同的内容，应系照抄自原碑。1933年，石碑下半截残碑在今武威市凉州区永昌镇石碑村石碑沟出土。黄文弼据残碑校读出下半截碑文，并据《武威县志》补全上半截碑文，提供了对碑本的复原，参见黄文弼《亦都护高昌王世勋碑复原并校记》，第34—39页。

② 黄文弼《亦都护高昌王世勋碑复原并校记》，第36页。

③ 志费尼《世界征服者史》，第61页。

说，而没有记录属于"兀单"的传说呢？

近年来，随着吐鲁番出土的回鹘文书陆续被刊布、释读，学者在其中读出"udan"一词，可与"兀单"的元代汉语音勘同，使学界开始关注"兀单"这一称号①。笔者下面将在"世勋碑"回鹘文碑文中指出一处前人未解之词，将其读作"udan"，并据其语境与汉文碑本的"兀单"勘同。在综合讨论这些新出回鹘文资料的基础上，笔者尝试探索碑本所记"兀单"的源流，钩沉出不见于载籍的另一种回鹘王族起源传说，并分析其在不同历史阶段的流变过程。

二、在回鹘文碑文中发现"兀单"

"世勋碑"的下半截残碑现收藏于武威市文庙，其背面所存半部回鹘文碑文由黄文弼拓印并刊布图版。耿世民据黄文弼所制拓片首次给出残碑全文的释读②。他后来又与法国学者哈密屯合作给出了碑文的法文修订读本③。其后，卡哈尔·巴拉提赴武威调查残碑后，据原碑实物与刘迎胜合作发表新读本④。上述学者的解读成果显示，残碑第2栏第30行写有"boquq tözlüg pundarik čäčäk"，可译作"卜古种类的莲花"，用以修饰回鹘亦都护火赤哈儿之女也立亦黑迷失别

---

① 如森安孝夫就据回鹘文书所见有关记载提出，"udan"应是回鹘王族的氏族或种族名称，参见氏著《東西ウイグルと中央ユーラシア》，第556页，注释39。
② 耿世民《回鹘文〈亦都护高昌王世勋碑〉研究》，《考古学报》1980年第4期，第233—245页。
③ Geng Shimin and J. R. Hamilton, "L'inscription ouïgoure de la Stèle Commemorative des Iduq qut de Qočo", *Turcica* 13, 1981, pp. 10–54.
④ 卡哈尔·巴拉提、刘迎胜《亦都护高昌王世勋碑回鹘文碑文之校勘与研究》，《元史及北方民族史研究集刊》第8期，1984年，第57—106页。

吉①。"boquq tözlüg"（卜古种类的）字样让人很自然地将其与阳面汉文碑文中的回鹘王族始祖名号"卜古"联系起来。

由于石碑曾遭人为破坏、掩埋，残碑在出土后又为了方便运输而被凿断，因此其表面历经磨损，文字保存状况不佳。虽然学界已经先后发表上述三种不同读本，但碑文中仍有一些词句尚未能得到圆满释读。笔者曾对照拓片和原碑两种资料研读碑文，释读出若干前人未能准确释读的词句，其中较为重要一例是残碑第4栏第24行的首词。耿世民、哈密屯将此词读作"andïn"②，意为"从此"。卡哈尔·巴拉提、刘迎胜则将其读作"odan"③，推测其意为"真正的"④。在对读黄文弼旧藏拓片和原碑实物（图2）后，可确定此词拼写作"'wd'n"，笔者将其转写作"udan"，其读音恰可与汉文碑本所记回鹘王族始祖名号中多出的"兀单"勘同，正是此名的回鹘语原型。其与后文可连读作"udan xan uruγï t(ä)mür buqa teg[in]"，解作"兀单汗之种族帖睦儿补化的斤"，文句通顺无碍。帖睦儿补化为高昌王亦都护纽林的斤之子，后继立为高昌王，称其为"兀单汗之种族"，说明阳面汉文碑本所记"兀单"也是其先祖名号。"世勋碑"回鹘文碑文的不同位置分别出现了单独用"boquq"（卜古）和"udan"（兀单）指称回鹘王族祖先的情况，足以说明蒙元时代回鹘统治者家族历史记忆中的先祖名号中确实含有"兀单"和"卜古"两个因素，绝不只是"卜古"而已。

---

① 参见：Geng Shimin and J. R. Hamilton, "L'inscription ouïgoure de la Stèle Commemorative des Iduq qut de Qočo", p. 18；卡哈尔·巴拉提、刘迎胜《亦都护高昌王世勋碑回鹘文碑文之校勘与研究》，第64页。耿世民、哈密屯读本作第二栏第29行。

② Geng Shimin and J. R. Hamilton, "L'inscription ouïgoure de la Stèle Commemorative des Iduq qut de Qočo", p. 20. 耿世民在其1980年发表的读本中将其读作"anda"，意为"在此，从此"，参见耿世民《回鹘文〈亦都护高昌王世勋碑〉研究》，第518页。

③ 卡哈尔·巴拉提、刘迎胜《亦都护高昌王世勋碑回鹘文碑文之校勘与研究》，第68页。

④ 卡哈尔·巴拉提、刘迎胜《亦都护高昌王世勋碑回鹘文碑文之校勘与研究》，第78、97页。

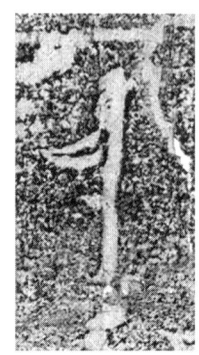 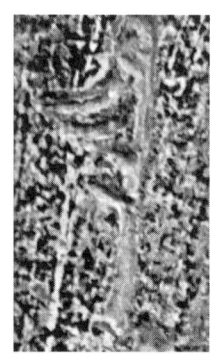

图 2　"世勋碑"回鹘文碑文第 4 栏第 24 行首词拓片及原碑照片

在吐鲁番出土的回鹘文献残片中也有分别使用"udan""boquq"两种名号表示回鹘统治家族祖先的现象，可与上述"世勋碑"汉文、回鹘文碑文所见现象相印证。笠井幸代曾在德藏回鹘文书中检出一件含有"boquq"（卜古）名号的译经供养人题记残片（编号U971），发表对其全文的释读，该成果也引起我国学者的关注①。后来她又在德藏文书中找到可与之缀合的残片U2105，给出此题记的完整读本②。题记第15—16行记排名第一位的供养人之名号作"tängrikän taqïn qïz tängrim"（圣天塔忻·黑思殿下）。③名号中的"tängrikän"（圣天）字样标示其贵族地位。"qïz"（黑思）本义为"姑娘"，显示其应为一位女性贵族。排在其后面的一位供养人则带有"elögäsi"（颉于迦思）之头衔④，意指回鹘国之宰相。可知，"圣天塔忻·黑思殿下"是一位地位高于宰相的女性回鹘贵族，应是回鹘王族公主。文献第14—

---

① Y. Kasai, "Ein Kolophon um die Legende von Bokug Kagan",《内陆アジア言語の研究》第 19 辑，2004 年，第 1—27 页。笠井幸代《卜古可汗（Bokug Kagan）传说题记》，陆烨译，《元史及民族与边疆研究集刊》第 18 辑，2006 年，第 181—199 页。

② Y. Kasai, *Die uigurischen buddhistischen Kolophone*, pp. 203–205.

③ Y. Kasai, *Die uigurischen buddhistischen Kolophone*, p. 204.

④ Y. Kasai, *Die uigurischen buddhistischen Kolophone*, p. 204.

15行有对这位王族公主供养人的修饰之词，笠井幸代读作"'wd// uγušnung udumbar lenxuasï boquq töznüng pundarik čäčäki"，翻译作"（如同）优昙婆罗花、有卜古起源的、属于'wd//苗裔的莲花"[①]。克拉克（L. Clark）敏锐地指出，其未能读出的首词"'wd//"或许可以复原作"udan（'wd'n）"，即"世勋碑"汉文碑本所记"兀单"的回鹘语原词[②]。核对在线刊布的文书图版（图3）[③]，笔者认为克拉克的复原可以成立。那么，此句就可以理解作一组对偶的修饰成分，可汉译作："兀单种类中的优昙婆罗、莲花，卜古种族中的莲花。"表达对供养人"圣天塔忻·黑思殿下"极致的赞美，将其比作回鹘王族之花。

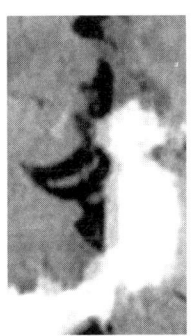

图3　U971残片所见'wd'n

上述两例已经足够说明，在西州回鹘本族的历史记忆中，其王族祖先的名号确实含有"兀单"和"卜古"两个因素。接下来要讨论的问题则是，"兀单"和"卜古"究竟是同一个人物名号中的两个

---

① Y. Kasai, *Die uigurischen buddhistischen Kolophone*, p. 204.

② L. Clark, "Manichaeism among the Uygurs", in: J. D. BeDuhn (ed.), *New Light on Manichaeism: Papers from the Sixth International Congress on Manichaeism Organized by the International Association of Manichaean Studies*, Leiden/Boston: Brill, 2009, p. 64.

③ U971残片第一面第14行，见：https://turfan.bbaw.de/dta/u/images/u0971seite1.jpg，浏览时间：2024年9月8日。

组成因素，还是来自不同传说系统的两个人物？如果是后者的话，"兀单"传说的叙事背景又是什么呢？

三、兀单可汗传说背后的佛教语境与高昌本位意识

中国文化遗产研究院藏 xj 222-0661.09 号回鹘文写本是一部历史文献的第22叶①，为我们提供了有关兀单（udan）可汗的宝贵记载。张铁山、茨默释读其全文，知其所记为"十姓回鹘国"（on uyɣur eli）建国初期之事②。该文献的刊布立即引起相关领域学者重视，先后对其所记事件的历史背景发表己见。虽然对事件发生的年代仍有争议，但多数学者都认为文献所记应反映西州回鹘史事③。笔者曾撰文详细论证其所记事件原型发生在9世纪后半至10世纪初，反映了西州回鹘人对其建国初期在西域地区开疆拓土、发展壮大的历史之记忆④。笔者在此扼要列举其中的关键证据和结论。十姓回鹘国在该

---

① 文献图版刊布于赫俊红主编《中国文化遗产研究院藏西域文献遗珍》，北京：中华书局，2011年，第276—277页。

② Zhang Tieshan and P. Zieme, "A Memorandum about the King of the On Uygur and his Realm", *Acta Orientalia Academiae Scientiarum Hungaricae*, Vol. 64 (2), 2011, pp. 129–159.

③ 张铁山、茨默首先指出文献所记时代背景当在西州回鹘时代早期，所记事件发生的年代在10—11世纪，见：Zhang Tieshan and P. Zieme, "A Memorandum About the King of the On Uygur and his Realm", p. 129。白玉冬同样认为多数事件的年代发生在10—11世纪，参见氏作《有关高昌回鹘的一篇回鹘文文献——xj 222-0661.9 文书的历史学考释》，《中国边疆史地研究》2014年第3期，第146页。杨富学、葛启航则认为文献所记史事发生在11世纪中叶至1125年之前，参见杨富学、葛启航《回鹘文 xj 222-0661.09 文书若干问题新探》，《文献》2020年第5期，第41页；林梅村最近主张将相关事件的年代定在11世纪初，参见氏作《11世纪初西域文明的变迁——中国文化遗产研究院藏回鹘文写本〈高昌回鹘史残卷〉史地疏证》，《西域研究》2025年第2期，第24—30页。

④ 付马《西州回鹘王国建立初期的对外扩张——中国文化遗产研究院藏 xj 222-0661.09 号回鹘文书的历史学研究》，第148—152页；付马《丝绸之路上的西州回鹘王朝：9~13世纪中亚东部历史研究》，第125—138页。

文献中又被称为"有福的高昌国"（qutluɣ qočo uluš），显示故事的背景应是回鹘西迁之后。文献记叙了西州回鹘父子两代可汗的武功事迹，可分为两部分。第一部分（A-Q节）记叙少可汗时代在西域地区向外扩张之事，第二部分（R-Z节）则追述父可汗时代发生之事。其中，父可汗的名号正是"udan"（兀单），在文献中他又被十姓回鹘国的民众称为"我们的父亲"（qangïmïz），暗示其应为西州回鹘开国之君主。文献R节开头作："自十姓回鹘立国以降，其威名远扬（on uyɣur eli turɣalïrtïn bärü ïraqtïn adï ešidilür）。"随后便记叙草原族群迁徙至东部天山地区投奔兀单可汗之事，进一步说明其应是西州回鹘的开国君主。文献所记事件的空间背景是以高昌为中心的西域，与蒙古高原并无关系，显然与以蒙古高原为背景的卜古可汗树生传说分属不同的叙事系统。

2013年，同样藏于中国文化遗产研究院的该文献的第18叶（xj 221—0661.08）被张铁山、茨默二位解读、刊布，其内容系佛教早期发展史[①]。根据他们的释读结果，写本内容可以划分作如下五部分：（1）佛陀说法；（2）概说依靠教团和世俗统治者支持的两种传法途径；（3）佛涅槃后，阿阇世王支持传法之事；（4）阿阇世王身后，其子优陀夷王支持传法之事；（5）优陀夷王身后，其第三子阿育王支持传法之事。在历史上，阿育王的生活年代比优陀夷王晚两个世纪，且二人分属于摩揭陀国不同朝代的王统。而写本第（5）部分径将阿育王称为优陀夷王的第三子[②]，在二者之间臆造出联系，从而将佛教初传时期大力支持其发展的几位著名的印度君主纳入到同一连续的王统中，得以在连贯的时间线索中叙述其事迹。显

---

① Zhang Tieshan and P. Zieme, "A Further Fragment of Old Uigur Annals", *Acta Orientalia Academiae Scientiarum Hungaricae*, vol. 66 (4), 2013, pp. 397–410.

② Zhang Tieshan and P. Zieme, "A Further Fragment of Old Uigur Annals", pp. 402, 406.

然，这是被回鹘佛教社会接受和改造过的历史书写。虽然文献的其他叶尚未被发现，但第18叶的成功释读为我们理解兀单可汗传说的语境提供了新的线索。第22叶所记兀单可汗事迹所处的叙事框架应当是被西州回鹘佛教徒所接受和改写的佛教史，他们将西州回鹘的历史镶嵌进了佛教发展史的脉络中叙述。

上述文献现存的两叶都没有保留关于"兀单"（udan）可汗出身的信息，但笔者在俄藏 Kr II 2/39 回鹘文写本中找到了一条线索。此写本内容属于回鹘佛教文献《十业道譬喻鬘》的序品，其正面第13—18行写道："天命所在的兀单家族升起在东山（udayagir）的峰巅之上，在十姓回鹘国这天空的表面以大胜利和光芒闪耀（uluγ qut ornanmïš udan uγuš udayagir taγ töpösintä yoqaru örläyü kälip on uyγur eliliġ kök qalïqnïng yüüzintä uluγ törlüg utmaqïn yegädmäkin čoγïn yalïnïn yaltrïyu yašuyu yarlïqap）。"①山名"udayagir"显然源自梵语"udayagiri"，由"udaya"（升起、日出）与"giri"（山）两成分构成，汉译为"东山"，为佛教传说中日出之处。此句显然是将兀单家族比作太阳，升起在佛教传说中的东山之后。而弥勒也通常被比作太阳，或许这暗示了兀单可汗家族的出身与弥勒信仰有关②。无论如何，兀单的出身显然存在于一种佛教叙事的语境，与卜古可汗及其在漠北树生的传说毫无关涉。对于"兀单"（udan）一名的语源，前

---

① J. Wilkens, *Buddhistische Erzählungen aus dem alten Zentralasien. Edition der altuigurischen Daśakarmapathāvadānamālā*, Turnhout: Brepols, 2016, p. 210.

② 茨默首先指出此文献所用日出之比喻可能与弥勒有关，但未明言兀单家族出身与之有关，参见 P. Zieme, "The West Uigur Kingdom: Views from Inside", *Horizons*, vol. 5（1），2014, p. 21。

人虽然提出猜想,但尚未能给出圆满的解答①。这条材料则让笔者倾向于将其与传说中其家族所出现的"东山"之名"udaya"相联系。在西迁至东部天山地区之初,回鹘统治者还沿袭着漠北汗国时代的摩尼教信仰,与当地土著的汉、焉耆、龟兹等族群皆信仰佛教的情况格格不入。在与当地族群长期共生的过程中,他们逐渐受其影响浸染佛教。这导致其统治阶级在10世纪后半至11世纪初最终放弃摩尼教信仰,尊佛教为国教,是为西迁回鹘人与西域当地族群主体最终融合的重要标志。虽然包括王族树生传说在内的、属于漠北时代的历史记忆依然被回鹘人传承,但新的族群认同势必要通过另一种叙事确立。改宗佛教的回鹘人显然难以接受将支持摩尼教的早期统治者目为开国始祖,可能以其开国事迹为蓝本,塑造了一位有佛教神圣起源的兀单可汗作为其建国传说中的始祖②。

西州回鹘族群共同历史记忆的另一个要素是高昌本位意识,因为高昌既是族群融合发生的地方,更是回鹘统治者接受佛教的地方。除了将以高昌为中心建国的史事记入族群传说外,我们还可以在回鹘文献中找到一些将高昌神圣化的例子。在传统佛教观念中,佛诞生在中印度,该地被称为"中央之国"（madhyadeśa）,是人类所居之瞻部洲的中心。而"世勋碑"回鹘文碑文则显示,回鹘佛教徒已经将佛出生之地改到了高昌。碑文第2栏第32行记有"佛出生

---

① 耿世民、哈密屯推测"世勋碑"碑本所记"兀单"可能源自蒙古语"uda"（柳树）,但没有提供直接的证据,参见：Geng Shimin and J. R. Hamilton, "L'inscription ouïgoure de la Stèle Commemorative des Iduq qut de Qočo", p. 35。

② 成书于11世纪的波斯语文献《记述的装饰》保留有关西州回鹘开国事迹的记载,记其开国君主菊儿特勤（Kūr Tigīn）曾受摩尼教僧人救助,后来击败位于焉耆的安西回鹘势力开国（参见付马《丝绸之路上的西州回鹘王朝：9~13世纪中亚东部历史研究》,第104—105页）。这显然是摩尼教为国教时西州回鹘建国叙事的版本。而在后来的佛教回鹘文献中,无论是菊儿特勤之名还是其受摩尼教僧人求助之事,皆不见载。

的高昌国"(burxan tuɣmïš qočo eli)字样①，虽然其后残，但已足见高昌在回鹘佛教徒心中的神圣地位。可与此呼应的例子则是一首回鹘文禅诗，作者径称回鹘国为"中央之国"（ortun uluš）。其上下文作②：

> ozaqï ol anï täg ögrätigi abiyaz bulup uyɣur elilig ortun ulušta tuɣup bälgürüp
>
> 做到如前这般修习，得生在回鹘国这中央之国。

这显然是以成佛之果劝引佛教信徒修习之语，可知此"中央之国"所指就是佛所生的"中央之国"（madhyadeśa）。但是，其具体地点则已经被转移到了西州回鹘国。在回鹘佛教徒的概念中，西州回鹘的中心高昌就是人类所居之瞻部洲的中心，即佛所降生的"中央之国"。

综上，兀单可汗的传说应是回鹘人皈依佛教之后，据西州回鹘建国史事为原型创造出的建国传说，其中心人物兀单可汗具有佛教天人的出身，而其建国事迹则被纳入到佛教史的框架中流传，成为在西州回鹘佛教徒历史记忆中占据重要地位的事件。兀单可汗传说的产生和流传应被视作以高昌为地域本位、以佛教为共同信仰的西州回鹘族群凝聚的伴生品，与漠北时代产生的树生传说有着完全不同来源和背景。

---

① Geng Shimin and J. R. Hamilton, "L'inscription ouïgoure de la Stèle Commemorative des Iduq qut de Qočo", p. 18；卡哈尔·巴拉提、刘迎胜《亦都护高昌王世勋碑回鹘文碑文之校勘与研究》，第 64 页。

② 此禅诗所在写本为格伦威德尔在第一次德国吐鲁番探险中所获，但原件今不存。茨默借助文书照片释读其全文，此据：P. Zieme, *Buddhistische Stabreimdichtungen der Uiguren*, Berlin: Akademie Verlag, 1985, p. 183。

四、西州回鹘对卜古可汗树生传说的改造

卜古可汗树生传说起源于漠北时代,保留着回鹘民族在蒙古高原形成、生存和发展的历史记忆。据拉施特在《史集》中记载,生活在蒙古高原西部的乃蛮部曾有一位首领叫亦难赤·必勒格·不古汗,其名号中的"不古"即来自于回鹘王族的始祖卜古可汗。他随后记道①:

> 不古汗是古代一个伟大的君主,畏兀儿人和许多其他部落都带着高度的敬意怀念他,并说他是从一棵树中诞生的。

据此可知,回鹘王族始祖卜古可汗树生传说在蒙古高原的其他部族中也广为流传,在回鹘人西迁离开之后依然根植在各部的记忆中。此外,元人阎复所撰《驸马高唐忠献王碑》记汪古部高唐王家族始祖为"卜国",亦可与"卜古"勘同。②现有史料无法让我们窥见此传说最初版本的面貌,但其在后世的流传过程中曾受摩尼教的影响,这点已为学者所指出。③德藏吐鲁番文书U1是一部回鹘语摩尼教教会史书册的残叶,其中记有④:

> [a]m[ti] tängrikän uyɣur boquq xan qočoɣaru kälipän qoyn yïlqa üč mahistag olurmaq üčün možakkä kengäti

---

① 拉施特《史集》第一卷第一分册,余大钧、周建奇译,北京:商务印书馆,2014年,第232页。
② 参见周清澍《汪古的族源——汪古部事辑之二》,《文史》第10辑,1981年,第111页。
③ 对相关研究的概括参见:Y. Kasai, "Ein Kolophon um die Legende von Bokug Kagan",第10—14页;笠井幸代《卜古可汗(Bokug Kagan)传说题记》,第187页。
④ L. Clark, *Uygur Manichaean Texts, Volume III: Ecclesiastical Texts, Texts, Translations, Commentary*, pp. 128–129.

> 今圣天回鹘卜古汗来到高昌，为羊年请三拂多诞驻锡事会见慕阇。

这条记载长期受学界瞩目，但大多数研究着眼于考证这位可汗的原型和事件的年代。①笔者无意加入对此问题的讨论，只是要强调这条记载的另一层意义，即传说中回鹘王族的始祖在摩尼教教会史中被赋予了开教者的地位。随着《九姓回鹘可汗碑》等多语文出土文字资料的陆续解读，学界已经可以结合汉文传世文献重构回鹘汗国历代可汗的名号，其中并无带有"卜古"（boquq）这一因素者。②显然，这是摩尼教徒在书写教会史时，有意将开摩尼教于回鹘汗国的事迹嫁接到王族始祖卜古可汗身上，试图将摩尼教开教与回鹘族群的形成联系到一起。

随着西州回鹘在10世纪后半开始改宗佛教，回鹘人不但形成了佛教语境下反映高昌本位意识的兀单可汗建国传说，其本族传统中的古老传说也被佛教徒加工改造。在保留有卜古可汗树生传说的文献中，现存年代最早者为俄藏回鹘文献残片 SI D/17。这正是一件有佛教背景的文献，展现了该传说在西州回鹘佛教语境下的形态。传说虽然保留了见于其他版本的基本因素，却明显可见佛教徒的改造和加工。关于树生的地点，第5—7行记作："在此瞻部洲世界之背面的八薛灵哥河、九秃忽剌河之东（bu čambudivip yertinčü yer

---

① 参见：Y. Kasai, "Ein Kolophon um die Legende von Bokug Kagan", 第10–11页；笠井幸代《卜古可汗（Bokug Kagan）传说题记》，第187—188页；L. Clark, "Manichaeism among the Uygurs", pp. 68–70。

② 参见森安孝夫《ウイグル＝マニ教史の研究》，第182–183页；T. Moriyasu, *Die Geschichte des Uigurischen Manichäismus an der Seidenstraße*, pp. 221–222; V. Rybatzki, "Türk and Uigur rulers in the Old Turkic inscriptions", pp. 230–247, 249–251。

suvnung arqasïnta säkiz sänglä toquz toγla öngtünintä)."①是以佛教语境中的人居之地瞻部洲为坐标描述漠北的色楞格河与土拉河之方位。如前所论,西州回鹘佛教徒在塑造族群共同记忆的过程中将高昌神圣化,甚至视其为瞻部洲之中心"中央之国"。称漠北的树生之地为"瞻部洲世界之背面",不但反映了回鹘佛教徒高昌本位的视角,亦可见他们将漠北视作化外之地的含义。

关于回鹘王族的起源,SI D/17除了称其"源出神圣的卜古族"(ïduq boquq uγušta törüyü yarlïqamïš,第13、14行)外,同时还称其"有菩提性、是菩萨种族"(bodi tözlüg bodistv uγušluγ,第15行)。尤其是,文书开头记其舍弃了在兜率天的两种极乐降生。笠井幸代据此提出,经佛教徒的改编后,回鹘王族始祖已经成为弥勒。②此说颇值得重视,因为在"世勋碑"回鹘文碑文中亦可找到类似的表达。碑文第4栏第20—21行有残文句可读作"ärtürü tükätip ašnuqï orunï tušitqa",可汉译作"……死后,往其原来之处兜率天〔转生?〕"。③虽然此句上残,但因为随后的第22—26行构成一节,记叙帖睦儿补化继其父位被封为亦都护之事,可知此句应写其父之死,主语当为其父纽林的斤。可证当时回鹘人自认其统治家族皆自兜率天下生,与SI D/17的表达完全一致。如上节所示,俄藏Kr II 2/39文书亦显示

---

① 文书最早由俄国学者吐谷舍娃(Л. Тугушева)刊布、释读,参见:L. Tugusheva, "Ein Fragment eines frühmittelalterlichen uigurischen Textes", in: R. Emmerick et al. eds., *Turfan, Khotan und Dunhuang*, pp. 356—357。此据笠井幸代的修订读本,参见:Y. Kasai, "Ein Kolophon um die Legende von Bokug Kagan",第15页;笠井幸代《卜古可汗(Bokug Kagan)传说题记》,第189—190页。

② Y. Kasai, "Ein Kolophon um die Legende von Bokug Kagan",第16—17页;笠井幸代《卜古可汗(Bokug Kagan)传说题记》,第190—191页。

③ Geng Shimin and J. R. Hamilton, "L'inscription ouïgoure de la Stèle Commemorative des Iduq qut de Qočo", p. 20;卡哈尔·巴拉提、刘迎胜《亦都护高昌王世勋碑回鹘文碑文之校勘与研究》,第68页。

兀单可汗家族的出身可能与弥勒有关。笔者暂不敢断言回鹘佛教徒已径将其统治家族视作弥勒转生，但至少可确信他们受弥勒信仰影响，将之视作从兜率天降生的天人。

漠北时代产生的树生传说被回鹘佛教徒添加了佛教的源头，则传说中原本居于核心的王族始祖卜古可汗的重要性显然会被淡化。在佛教性质的回鹘文献中迄今未见任何有关卜古可汗事迹的记载。举凡提及树生传说或"卜古"的文献，亦未有一例明确提及人格化的卜古可汗，而都仅用含义笼统的"卜古种类"（boquq töz）或"卜古种族"（boquq uγuš）。众所周知，突厥语"boquq"一词本就有"树瘿"之意，卜古可汗显然因此得名。那么西州回鹘时代佛教语境中频见的"卜古种类"或"卜古种族"究竟意指卜古可汗的后代还是树瘿的后代呢？笔者认为很可能是后者，回鹘文献中有例为证。

德藏吐鲁番文书Ch/U 8188背面写有一段回鹘文佛教愿文，称其统治者作"Ur种族的、兀单氏族的、值得被称为回鹘国的……如意摩尼宝的我们的圣天"（ur uγušluγ udan baγlïγ uyγur elning … čindamani ärdinisi tegli tägimlig bolmïš tängrikänimiz）。①这里与"兀单"并列出现、共同指示回鹘统治者出身的名词不再是"卜古"，而是一个稀见名词"ur"。学界此前暂将其释作族名，但无法追溯其来源和含义。②笔者认为，此词或应解作"坑、穴"，可视作蒙古语"uur"（坑、穴）借入回鹘语后的简化形式。在回鹘统治者前面的这一对并列的修饰成分"ur uγušluγ udan baγlïγ"则可释作"穴〔生〕种族

---

① P. Zieme, "'Toyın körklüg': An Old Uigur Buddha Poem",《内陸アジア言語の研究》第28辑，2013年，第26页。

② P. Zieme, "'Toyın körklüg': An Old Uigur Buddha Poem", 第26页；P. Zieme, "The West Uigur Kingdom: Views from Inside", p. 14；森安孝夫《東西ウイグルと中央ユーラシア》，第556页，注释39。

的、兀单氏族的"。苏航曾对比研究回鹘部始祖树瘿生人传说与《史集》所记钦察部始祖空心树生人传说，认为两者所承载的其实是相同的母题，只是前者在描述上强调了作为母体外部形态的"瘿"，而后者则强调了作为母体内部形态的"洞"。① 其说颇具启发性。《世界征服者史》在记载树生传说之后，还记有回鹘人在两树之间挖洞藏子假冒神迹之事，② 但是只提到"洞"而未提"树瘿"，说明此传说在回鹘人中亦可以被理解为树洞生人。那么，上引文献称回鹘统治者为"穴〔生〕种族的"，很可能就指树生传说，与在其他回鹘文献所见的"卜古种类"或"卜古种族"这类修饰回鹘统治者出身的词组表达一样的意思。"穴〔生〕种族的、兀单氏族的"这一对修饰成分分别代表了佛教化的西州回鹘人记忆中的树生始祖和兀单可汗两大起源传说。"世勋碑"回鹘文碑文亦有一条与之类似的表达，为先学所忽视。第3栏第12行首词写作 "'wwr"（见图4）。先学一致将此词读作"ür"（很久以前），从而将整句释作"很久以前出现的五位的斤中的一位"（ürtin ünmiš beš tegitlärtä birägüsi）③。卡哈尔·巴拉提、刘迎胜不明此"五位的斤"所指。④ 而耿世民、哈密屯则敏锐地将其与汉文碑文中所记树瘿所生五子相联系。⑤ 此说甚是。尤其是，《世界征服者史》还记载了树生五子的名号，皆带有"的斤"的称号，⑥

---

① 苏航《回鹘卜古可汗传说新论》，第81—82页。
② 志费尼《世界征服者史》，第61页。
③ Geng Shimin and J. R. Hamilton, "L'inscription ouïgoure de la Stèle Commemorative des Iduq qut de Qočo", p. 19；卡哈尔·巴拉提、刘迎胜《亦都护高昌王世勋碑回鹘文碑文之校勘与研究》，第66页。
④ 卡哈尔·巴拉提、刘迎胜《亦都护高昌王世勋碑回鹘文碑文之校勘与研究》，第85页。
⑤ Geng Shimin and J. R. Hamilton, "L'inscription ouïgoure de la Stèle Commemorative des Iduq qut de Qočo", p. 37.
⑥ 志费尼《世界征服者史》，第58页。

可佐证此说。在遵从耿世民、哈密屯理解思路的基础上,笔者对其释读作一修正:此词实应拼读作"uur",作"坑、穴"解,则整句可释作"从穴中所出的五位的斤中的一位"(uurtïn ünmiš beš tegitlärtä birägüsi)①,同样是用"穴生"指代树生传说。

图4 "世勋碑"回鹘文碑文第3栏第12行首词

上述例子显示,在西州回鹘佛教徒的表述中,树生传说亦可用"〔树〕穴生"来指代,其统治者可被称为"穴〔生〕种族的"。与之类似的表达"卜古(boquq)种族(类)"更可能的含义是"树瘿种族",而非"卜古可汗种族"。在西州回鹘佛教徒的叙事中,原本在树生传说中占核心地位的人格化始祖卜古可汗的形象被淡化,而只以树瘿生或树穴生来指代漠北时代的起源传说。

五、蒙元时代的对外表达策略

在蒙古汗国崛起之初,西州回鹘亦都护巴而术阿而忒的斤即举

---

① 魏京思(J. Wilkens)最先指出了此词的正确读法,参见:J. Wilkens, *Uigurisches Wörterbuch: Sprachmaterial der vorislamischen türkischen Texte aus Zentralasien, III: Fremdelemente, Bd.1: eč – bodis(a)v(a)tv*. Stuttgart: Franz Steiner Verlag, 2021, p. 69。

国归顺，受到成吉思汗的优待，获封为第五子。西州回鹘受蒙古统治者之优待冠绝西北诸部，其统治家族累世与黄金家族通婚，其精英中"有一材一艺者，必效于朝"，成为色目人中最重要的一部。"世勋碑"汉文碑文、波斯文《世界征服者史》等蒙元时代非回鹘文文献所记回鹘王族起源传说代表了蒙古汗国统治下回鹘人对外部族群所表达的族群历史记忆。其中，早在漠北时代即已经形成的卜古可汗树生传说占据着其中心位置，而在西迁之后逐渐形成的以佛教信仰为基础、以高昌为本位、以兀单可汗为中心的建国传说却被故意隐去。笔者认为，这种强调草原因素、淡化西域因素的对外表达方式可被视作回鹘人彰显与蒙古统治者之间的历史渊源、区别于西域出身的其他色目族群的政治策略。

除了隐去代表着西州回鹘佛教族群凝聚的兀单可汗传说之外，回鹘统治者对卜古可汗树生传说的表达形式也有进一步的改造。一方面，回鹘人将西迁以后添加到传说中的佛教因素剔除，使其回归到蒙古等草原民族所熟悉的表述形态。①另一方面，他们在表述上还做出与蒙古统治中心更加贴近的改编。在蒙元时代以前，回鹘人通常用"于都斤"（ötükän）这一地名指称其在漠北汗国时代统治蒙古高原的中心区域。而在现存蒙元时代非回鹘文材料中，叙述的坐标都被改作蒙古在漠北的统治中心"和林（哈剌和林）"一名。

回鹘原属铁勒诸部之一，在唐以前分布在土拉河北，后迁徙至色楞格河流域。在突厥第二汗国败亡后，回鹘成为蒙古高原的霸主，南迁至漠北的中心地区鄂尔浑河谷地建立都城。上述回鹘部族

---

① 笠井幸代还提出另一种解释：佛教回鹘人不敢对外部声称其始祖可汗卜古为兜率天下生之天人，因为此身份高于被称为佛教转轮王的蒙古大汗，参见：Y. Kasai, "Ein Kolophon um die Legende von Bokug Kagan", 第17页；笠井幸代《卜古可汗（Bokug Kagan）传说题记》，第191页。

活动中心的迁移过程在传世汉文文献中有较为明确的记载。土拉河与色楞格河都留存在回鹘统治者始祖树生传说中，成为其诞生之地的地理坐标，承载着回鹘汗国时代对本部历史上两大活动中心的历史记忆。前引俄藏 SI D/17 回鹘文献记有树生传说迄今最早的版本，虽然经历了西州回鹘佛教徒的改造，但仍然保留了上述历史过程的印记，在叙事中先记土拉河与色楞格河，再记于都斤。文献第5—11行记叙树生的过程，作："在此瞻部洲世界之背面的八薛灵哥河、九秃忽剌河之东名叫合木阑准（qamlančuin）的森林中的树上生出，在于都斤之地出现，在王位上五人一起长大。"①"合木阑准"这一地名也出现在蒙元时代波斯语史书《世界征服者史》所记的版本中，拼写作"qamlanču"，其地理坐标依然是土拉河与色楞格河这两河，但其空间背景却已经被与蒙古汗国的中心哈剌和林联系到了一起。志费尼在此传说的开头写道："当时哈剌和林有两条河，一名秃忽剌，一名薛灵哥，汇流于合木阑朮之地。"②实际上，从哈剌和林流过的是鄂尔浑河。其流经著名的鄂尔浑河谷地后接受塔米尔河汇入，其后转东北流，再接受土拉河汇入。最后，在今苏赫巴托尔西汇入色楞格河。而土拉河、色楞格河两河的干流则都与哈剌和林没有任何关联。显然，志费尼所记的版本已被当时的回鹘人所加工过，强调了其起源之地与蒙古都城和林的联系。志费尼声称此传说出自回鹘牙帐城故址废井中的石碑上，即使其消息属实，其所记内容也必定是经回鹘人转述。

虞集所撰"世勋碑"汉文碑文中也显示了与志费尼所记版本雷

---

① L. Tugusheva, "Ein Fragment eines frühmittelalterlichen uigurischen Textes", pp. 356–357; Y. Kasai, "Ein Kolophon um die Legende von Bokug Kagan", 第15页；笠井幸代《卜古可汗（Bokug Kagan）传说题记》, 第189—190页。

② 志费尼《世界征服者史》, 第58页。

同的叙述方式。碑文记:"盖畏吾而之地,有和林山,二水出焉,曰秃忽剌,曰薛灵哥。一夕,有天光降于树,在两河之间。"原本故事发生在土拉河与色楞格河两水交汇之地,而这里则改作两水出于同源,并将源头转移到和林,由此直接将回鹘人起源之故地与蒙古人的都城联系起来。考虑其与志费尼所记版本的相似之处,我们可以推测此传说在蒙元时代被回鹘精英阶层系统改造过,并有意识地向外部族群传播。

  这种系统性改造还可以在回鹘偰氏家族的表述中得到证实。欧阳玄作《偰氏家传》记载回鹘人先世事迹作:"其地本在哈剌和林,即今之和宁路也。有三水焉,一并城南山东北流,曰斡耳汗。一经城西北流,曰和林河。一发西北东流,曰忽尔斑达弥尔。三水距城北三十里合流,曰偰辇杰河。回纥有普鞠可汗者,实始居之,后徙居北庭。"①为了将回鹘起源之地向和林靠拢,传文将土拉河与色楞格河相会之处改成了距离哈剌和林最近的大河交汇之处,即和林城北方塔米尔河汇入鄂尔浑河之处。所谓"三水距城北三十里合流"亦不属实,实际合流之处距和林城的直线距离在60公里以上。传文记偰氏姓氏来源作:"又尝从其主居偰辇〔杰〕河上……因以偰为氏焉,以河名也。"②可知色楞格(偰辇杰)河是构成其家族和族群历史记忆的核心信息,无法在对外表达中隐去,因此其家传将塔米尔、鄂尔浑两河交汇后的河段径称为色楞格河,以拉近其与和林的距离。

---

① 《欧阳玄全集》,第322页。
② 《欧阳玄全集》,第322页。

小　结

蒙元时代见于汉文、波斯文等多种语文文献的回鹘统治家族始祖卜古可汗树生传说实际上已经被回鹘人多次改造。其最初应产生于漠北回鹘汗国时代，反映了回鹘部在建立汗国前，先后在土拉河和色楞格河流域发展壮大的历史记忆。回鹘汗国尊摩尼教为国教后，树生传说被加入摩尼教因素，树生始祖卜古可汗亦被摩尼教徒视作开教君主，使摩尼教融入回鹘族群建构的叙事中。

回鹘西迁东部天山之后，逐渐与当地族群融合，在文化上亦渐受其影响而改宗佛教。卜古可汗树生传说被回鹘佛教徒加上佛教的起源，原本在摩尼教叙事中占重要地位的人格化祖先卜古可汗的形象则被淡化。另一方面，随着西州回鹘佛教族群的形成，一种以高昌为本位、以兀单可汗为中心人物的建国传说在佛教叙事的框架下产生。在新的叙事框架中，西州回鹘的历史被置于佛教史的框架中叙述，高昌被神化作世界的中心。以高昌为中心建立西州回鹘国和在高昌皈依佛教这两件对于凝聚西州回鹘佛教社会最重要的事件被赋予一位新塑造的统治者兀单，使其成为改宗佛教的西州回鹘人共同的"父亲"。回鹘统治家族的祖先在佛教叙事下被看作天人（甚至可能是弥勒）转生。一种统一在佛教叙事框架下，以树生作为部族起源，以兀单可汗作为建国始祖的历史记忆在西州回鹘时代形成。

进入蒙古汗国之后，为了与统治部族蒙古相关联、与西域出身的其他色目部族相区别，西州回鹘统治阶层在对外部族群的表达中，刻意强调其漠北汗国时代即已形成的、广为草原诸部熟知的漠北树生传说，而隐去其以高昌为本位的兀单建国传说。在树生传说的表达方式上，他们不但剥离了在西迁之后加入的佛教因素，还刻意将卜古可汗树生的地点向蒙古的统治中心哈剌和林靠拢，暗示回鹘与蒙古在起源上有着历史渊源。

　　蒙元时代的汉文、波斯文等非回鹘文文献所记回鹘统治家族始祖卜古可汗树生传说是一种经回鹘人选择和改造的对外部表达版本，独见于"世勋碑"汉文碑本中的"兀单卜古"之名则透露了其族群历史记忆中不对外部表达的兀单可汗建国传说，让我们得以钩沉蒙元时代回鹘人历史记忆中向来不为外部所知的一节。其产生的背景是回鹘西迁后与西域当地信仰佛教的土著族群融合、建立新政权的族群凝聚过程，而后来其在对外表达中消隐，则可能反映了回鹘人在受蒙古汗国统治后与统治阶层建立历史联系的政治需求。从漠北汗国到西州回鹘再到蒙元时代，回鹘人的族群历史记忆及其对外表达方式经历了不同层次的改造，其本质是该族群面对政治、社会环境变革的反应和调整。

第二编

道 路

第一章

唐元之间丝绸之路干道的沿革

在658年擒获阿史那贺鲁后,唐朝彻底平定西突厥,将西域的广大地区纳入其统治下,"开通道路,别置馆驿",开始主导西域地区的东西交通。到8世纪初,唐朝先后设立安西、北庭两节度使,屯重兵驻守西域,在交通道路沿线列置军镇戍堡,护卫道路安全。据《新唐书·地理志》所录贾耽《皇华四达记》的记载,唐朝由塔里木盆地通往中亚西部的交通干道是所谓"安西入西域道"。这条道路从安西都护府治所龟兹出发,向西沿天山南路行进至乌什,从勃达岭(今别迭里山口)翻越天山,经热海至碎叶,由此前往中亚西部。可知唐代经行塔里木盆地的干道是天山南道,其西端的出口在乌什西北的勃达岭。此外,《新唐书·地理志》"北庭"条下记有从庭州出发沿天山北麓进入碎叶的道路,可称为"北庭入西域道",应是当时另一条干道。这两条道路在西方汇于碎叶,通往中亚西部;在东方则汇于伊州,由此进入河西走廊。

上述两条唐朝的官道在7世纪后半至8世纪前半是丝绸之路的干道。但在安史之乱以后，唐朝陇右、河西各州被吐蕃鲸吞蚕食，安西、北庭经河西走廊与中原联系的道路断绝，只能借道回鹘汗国经蒙古高原进入中原。从此之后直到13世纪初蒙古汗国崛起之前，中原王朝再未能将河西至西域的广大地区纳入直接统治之下，因此传世文献对途经西域的东西交通线路再无系统记载。根据不同时期、不同语言文献的零散记载，西域南道、天山南道和天山北道在这一时段内都曾被行人使用，但这并不意味着它们在这一时段内的不同时期都具有相同的重要性。笔者在本章将综合各种文献的记载，考察各条道路在这一时段内的沿革兴衰，厘清丝绸之路交通干道的变迁，并尝试说明其历史背景。

一、漠北回鹘汗国主导下的丝绸之路

在经河西走廊与中原联系的道路被吐蕃断绝之后，安西、北庭两地的唐朝驻军需要借道漠北回鹘汗国进入中原，所谓"回鹘路"由此兴起。其西段从唐北庭东之蒲类县向东北趋近回鹘牙帐，而其东段则从回鹘牙帐南下至河套，由此前往长安。关于这条"回鹘路"的具体路线和作用，学界已有专门研究[①]，笔者要强调的是，"回鹘路"只是回鹘汗国所控制的丝绸之路交通道路之一，唯因其维系了安西、北庭两地与中原的交通，才在唐代汉文文献中留下记载，而为后人所知。

在789年吐蕃进攻北庭之后，回鹘始与其在北庭、安西等地展

---

① 参见长泽和俊《丝绸之路史研究》，钟美珠译，天津古籍出版社，1990年，第263—270页。他进一步指出，回鹘路的使用延续到蒙元时代。

开直接争夺，于9世纪初占领原唐朝北庭全境和安西的大部分地区，将天山南北两路都纳入版图。据《九姓回鹘可汗碑》记载，回鹘汗国的兵锋直抵珍珠河（今锡尔河）和拔贺那（今费尔干纳），击退吐蕃势力，降服葛逻禄部，使其西境可与黑衣大食在中亚的势力范围接壤。820年前后，黑衣大食遣使至蒙古高原回鹘汗廷，使臣塔米姆·伊本·巴赫尔留下了从伊斯兰世界前往回鹘汗国中心的一手记载。其行纪记其进入回鹘汗国境内之后的行程作①：

> 他（塔米姆）说，他乘托古兹古思（即回鹘）可汗所派的驿马前往回鹘汗国，他全速赶路，每一昼夜走3日程。他在只有水、草的草原中行进20日，沿途不见村落或城邑，惟见住在帐篷中的站户。他随身带20日的口粮，因为他知道此国的情况，知道有20日穿行只有水、草的草原的距离。

塔米姆的报告说明两点问题。其一，他在前往回鹘汗廷时所走的应是一条草原之路，没有经过有城邑和村落的定居地区。其二，这应是当时回鹘汗国的一条官道，沿途置站户，通行驿马。显然，这条道路不是此前由唐朝安西、北庭节度使经营的由天山南道或北道出北庭蒲类县进入草原的"回鹘路"，而是较天山北道更加迤北的一条草原之路。关于这条驿路的起点，虽然其行纪中没有说明，但却在第7小节提到②：

> 他（塔米姆）还报称：在上拔塞干与柘石（今塔什干）之间，途经怛逻斯，商队行走需40日程。而他独自一人骑行，用一月即走完。

---

① 参见：V. Minorsky (ed., tr., and comm.), "Tamīm ibn Baḥr's Journey to the Uyghurs", *Bulletin of the School of Oriental and African Studies*, vol. 12, 1948, p. 283。

② V. Minorsky (ed., tr., and comm.), "Tamīm ibn Baḥr's Journey to the Uyghurs", p. 283.

柘石即今之塔什干，当时在黑衣大食呼罗珊总督治下，而怛逻斯则是伊斯兰世界的边界。可知，塔米姆应是从柘石前往怛逻斯，由此出伊斯兰世界，到达上拔塞干。位于伊塞克湖南岸的上拔塞干就是其进入回鹘汗国驿路的起点。

胡尔达兹比赫在《道里邦国志》中明确记载，前往回鹘汗国都城之路始于上拔塞干[①]，这条记载的来源很可能就是塔米姆的出使报告。从此地出发，向东南过勃达岭可进入天山南道，向东北经伊犁河谷则可进入天山北道。这两条路线都曾由唐朝经营，沿途皆有城市或军镇等定居区域。则塔米姆所走道路应是从天山北麓继续北行，沿准噶尔盆地西缘北上至乌伦古湖一带，由此折东，溯乌伦古河或额尔齐斯河向东至阿尔泰山东部，自此进入蒙古高原。这条路线所经之地此前未受唐朝直接统治，一直为游牧民族所占据，沿途没有唐朝所建城镇设施，完全符合塔米姆的描述。在吐鲁番出土的一件回鹘文书可以证明这条路线正是当时回鹘汗国通往中亚西部的一条官道。

1980年吐鲁番柏孜克里克石窟出土一件有关摩尼教开教回鹘汗国的回鹘文献残片，记有回鹘汗国牟羽可汗皈依摩尼教后，从西域延请摩尼教僧侣前往鄂尔浑河畔的牙帐城之史事，透露了这些摩尼僧一行所取道路。该残片第3—9行记有[②]：

anta [el] orxunta yangï nomqa kigürmišin iki […q]ayu üč

---

① 伊本·胡尔达兹比赫《道里邦国志》，宋岘译注，北京：华文出版社，2017年，第30页。宋岘译本仍将该地译作"上努舍疆"。实际上，学界早已指出，伊斯兰地理书所记"努舍疆"实为"拔塞干"之讹误，参见：V. Minorsky (ed., tr., and comm.), "Tamīm ibn Baḥr's Journey to the Uyghurs", p. 290。

② 参见茨默《有关摩尼教开教回鹘的一件新史料》，《敦煌学辑刊》2009年第3期，第3—4页。笔者对转写、汉译文皆有修改。

možak-ni el orxunqa ötünü ïdtïlar […] kälgäli uyuradï ärdi kerü-ki dentar nom-uγ törüg kim […] d[e]ntar iki yüz nom ming san t(a)var bäkläp iki […]U-lAr bular toxurïstan qara qanglï yolïn kälip ardïš [...]lAr bügü xan özi bašlayu uṭuru barïp uluγ ayamaqïn ordu[qa] kälürdi-lär

嗣后，为将新教法 引入 亦力嗢昆（el orxun）城，两 ⬜ 遣人延请三慕阇到亦力嗢昆城……他们决计前来。西域的诸电达（dentar，摩尼僧）将 ⬜ 教法，诸电达遂将经书二百、绢匹一千缚紧，两 ⬜ 。他们取道吐火罗国、qara qanglï 之路，傍?（涉?）曳咥（ardïš）〔水〕。牟羽汗亲自出迎，仪式备极隆重，将之迎 入 牙帐。

虽然此句后缺，但其中的"曳咥"（ardïš）一词给我们提供了至关重要的信息。Ardïš 即今"额尔齐斯"，实指该河上游的喀拉额尔齐斯河①。这说明，这批摩尼僧从吐火罗国前往蒙古高原所取路线经过额尔齐斯河上游。他们的行走路线应当是从准噶尔盆地西缘北上至乌伦古湖一带折东，溯额尔齐斯河上游东走，过喀拉额尔齐斯河前往阿尔泰山南，由此进入蒙古高原。笔者前文已论说，大食使者塔米姆入回鹘汗国所走官道正是此路。"牟羽汗亲自出迎，仪式备极隆重"，说明这些来自吐火罗国的摩尼僧是回鹘可汗的贵宾，他们所走的道路一定是当时回鹘汗国治下的官道。

这条在回鹘汗国治下的官道名称为何呢？前引文书中记此路作"qara qanglï 之路"。茨默指出此名按突厥语字面意思为"黑车之路"。王丁提出将"qara qanglï"（黑车）与古藏文文献所见部族名 ga

---

① 茨默《有关摩尼教开教回鹘的一件新史料》，第6页。

ra gaṅ lig 勘同，皆指汉文文献所见的"黑车子"。① 白玉冬、车娟娟支持此说，并进一步提出此道路名源自分布在附近的黑车子部②。但这一类观点实难成立。虽然黑车子部的具体分布区域尚存争议，但文献中没有任何证据显示该部曾分布在吐火罗地至额尔齐斯河之间的区域，遑论将这条道路冠以此部族之名。更为重要的是，汉文文献所记"黑车子"部的本族名称可通过藏文文献的音写还原作突厥语"*qara qanglïlïγ"，意为"有黑车者"③，与上引文书所见道路名"qara qanglï"（黑车）显然不同。笔者认为，这条所谓"黑车"之路与黑车子部无关，而应当释作"大众车乘之路"，意指"大路"。"qara"在古突厥语中，除其基本含义"黑色"外，还常用以表达"大众"之意④。结合前文所论，这条路线是回鹘汗国引导使臣和贵宾所走之路，应是回鹘汗国通往西方最为便捷易行的官方驿路，其名称在回鹘语中作"qara qanglï yolï"，亦即"大众车乘之路"。

综上可知，在8世纪后半叶，回鹘汗国一方面利用所谓"回鹘路"控制了东部天山地区进出中原的交通，将传统上的西域交通干道天山南、北道都导向回鹘汗国的统治中心蒙古高原；另一方面，还利用准噶尔盆地西北缘的草原之路与中亚西部建立直接联系。从8世纪后半叶直至840年回鹘汗国崩溃的近百年时间内，丝绸之路东

---

① 茨默《有关摩尼教开教回鹘的一件新史料》，第6页，脚注1。
② 白玉冬、车娟娟《唐代西北部族"黑车子"考》，《中国历史地理论丛》第38卷第2辑，2023年，第152页。
③ 森安孝夫《東西ウイグルと中央ユーラシア》，第58页，脚注26。白玉冬、车娟娟进一步指出其在古藏语中发生音节缩合，导致突厥语 qara qanglïlïγ 在藏文中被记作 ga ra gaṅ lig，减少了词中音节 li，参见白玉冬、车娟娟《唐代西北部族"黑车子"考》，第149页。
④ 参见：В. Наделяев, Древнетюркский словарь, Ленинград, 1969, p. 423; G. Clauson, An Etymological Dictionary of pre-Thirteenth-Century Turkish, pp. 643–644; J. Wilkens, Handwörterbuch des Altuigurischen, Akademie der Wissenschaften zu Göttingen, 2021, p. 333。

部的交通主要受回鹘汗国掌控，这时的东西交通干道皆经过蒙古高原，交汇于回鹘汗国的统治中心牙帐城。

二、回鹘在西迁后对丝绸之路干道的控制

漠北回鹘汗国崩溃以后，丝绸之路东段自8世纪中叶以来形成的以回鹘牙帐城为中心的交通体系随之瓦解。回鹘余部主要向南、西两个方向迁徙。南迁部众的主体后来被唐朝及契丹、室韦等部族击破、吸收，而西迁的部众则分散进入西域和河西的广大地区，最终在东部天山地区建立起以高昌和北庭为中心的西州回鹘政权，在河西走廊建立起以甘州（今甘肃张掖）为中心的甘州回鹘政权。而几乎在同一时期，吐蕃帝国因为内部动乱而崩溃，从陇右、河西直至西域南道各地原本属于其治下的各部族纷纷独立，建立地方政权。控制东部天山和河西走廊的两支回鹘政权在人口、疆域和军事实力方面都相当强大，成为这一区域的强国。如此，途经上述地区的丝绸之路交通道路自8世纪中叶逐渐断绝之后，于9世纪后半叶开始复兴，再度成为东西交通的干道。

（一）西州回鹘商人在东部天山的商业交通网络

晚唐、五代、北宋时期西北地区各地方政权和部族通过河西走廊进入中原朝贡之事见于传世文献和敦煌文书的记载[①]。而在河西走廊以西，行旅在这一时期主要通过西州回鹘控制下的天山廊道，即天山南道和北道进出西域。其主要原因应是西州回鹘政权对整个东部天山地区的控制以及回鹘商人网络对东西交通的主导。回鹘商人

---

① 参见：荣新江《敦煌文献所见公元10世纪的丝绸之路》，荣新江、党宝海编《马可·波罗与10—14世纪的丝绸之路》，北京大学出版社，2019年，第190—205页。

在河西及中原地区的分布网络散见于传世汉文文献的记载，并得到出土文书的佐证，笔者下面将利用吐鲁番出土的回鹘文书揭示出西州回鹘商人在西域地区形成的商业交通网络。

德藏吐鲁番文书 Ch/U 3917 为汉文《妙法莲华经》残卷。佛经废弃后，被回鹘书手利用，在卷子背面和佛经行间的空白处书写回鹘文书状草稿。据原始编号 T II T 3097 可知，其为德国探险队在第二次吐鲁番探险中于吐鲁番吐峪沟遗址获得。文书最早由茨默刊布、解读①，森安孝夫近年给出了更新的读本，对茨默的释读作出一些修正②。为便于展开讨论，笔者下面据图版给出文书全文的转写和汉译③，并对其中的关键信息展开讨论。

拉丁转写

(1) [   ]//[   ]

(2) [   ]{l'r}//// sw[   ]

(3) qamaγ t////[   ]

(4) yinčä ögä/// y(a)rl(ï)γ bolzun esiz ärsär

(5) ädgü ögä/// y(a)rl(ï)qazun tusul t(ä)ngrim qutï ärür

(6) ol ming irk talas-qa sürḍür-düm ärdi [   ]

(7) [tala]s y(a)γmada alγum bar tep tu/[   ]

(8) [   ]ta mar yigi bulaq ïnalï satïγqa k(ä)lti

---

① P. Zieme, "Drei neue uigurische Sklavendokumente", *Altorientalische Forschungen* 5, 1977, pp. 156–160.

② 森安孝夫《ウイグル゠マニ教史関係史料集成》，《平成 26 年度近畿大学国際人文科学研究所紀要》，东大阪：近畿大学国際人文科学研究所，2015 年，第 111—113 页。T. Moriyasu, *Corpus of the Old Uighur Letters from the Eastern Silk Road*, Turnhout: Brepols, 2019, pp. 171–174.

③ 文书图版见：http://turfan.bbaw.de/dta/ch_u/images/chu3917versototal.jpg。

(9) ärdi tutdum ävdä yatur bo muntaγ išim bolur

(10) [anï] üčün t(ä)ngri ///mAd(I)m t(ä)ngrim qutï küsäntä

(11) [är]kän arslan-qa inčä y(a)rl(ï)γ bolmïš bir

(12) baγčï-l(ï)q q(a)rabaš bergäy s(ä)n tep kü[sä]nkä

(13) ba[r]ap barmadï amtï t(ä)ngrim qutï bir baγ-taq[ï?]

(14) tarïγ tarïγu täg ädgü är q(a)rabaš el buγrad[a]

(15) y(a)rl(ï)γ bolzun är q(a)rabaš yoq ärsär b[aγ] ičint[ä]

(16) tapïnγu täg qïz q(a)rabaš-qa tägäyin t(ä)ngrim

(17) t(ä)ngrim qutï y(a)rl(ï)qasar on uyγur elintä

(18) t(ä)ngrim qutïnta adïn yoqum yoq t(ä)ngrim

(19) t(ä)ngrim qutïγ kün t(ä)ngri-čä saq(ï)nu täg(i)nür män

(20) on uyγur elintä ölgüm bar ärsär tirilgäy

(21) tep saq(ï)nur män öčgüm bar ärsär tamïtγay

(22) tep saq(ï)nur män t(ä)ngrim t(ä)ngrim qutï-nga

(23) ärkidä öt(ü)nü ögränmiš üčün ötünü täg(i)nür

(24) män un ča q(a)ra kiš-kä tägäyin özüm m(ä)n

（下转接正面佛经行间）

(25) bölöklüg yaγlaγ täg bolzun t(ä)ngrim

(26) qutï öt(ü)nür tep yazuqqa täginmäyin

(27) ärkidä t(ä)ngrim qutï-nga öt(ü)nü täg(i)nür

(28) üčün öt(ü)nü täg(i)nür-män t(ä)ngrim

(29) el buγra tašγaru barmaqï yoq

(30) bor opuγ ičürmäzün ačïnu y(a)rl(ï)γ

(31) bolzun bäčkäm t(e)gin-tä 'w[ ]/qyn/

(32) y(a)rl(ï)γ bolmazun t(ä)ngrim

汉译

（1—5）……全体……下令〔给〕Yinčä Ögä……若不佳，愿他下令好的……这是都尊大人阁下（Tusul tängrim qutï）

（6—7）那个明·乙（Ming Irk）已被我遣往怛逻斯（Talas）。……〔大人〕说"……我在怛逻斯样磨（Yaγma）尚有待索款"。

（8—10）在……的大德（mar）移计·谋落（Yigi Bulaq）的心腹（ïnal）为买卖之事而来。我接待了他。他正在〔我的〕家中躺着。我有这样的事情，因此我没能……。

（10—16）当大人阁下在曲先（Küsän）时，听说曾给阿萨兰（Arslan）下这样一道命令，作："你交一个能充园丁的奴婢。"〔但〕他没有去曲先。现在，大人阁下，有一个能在园子里耕种的优良男奴在颉·布格拉（El Buγra）处。请下令吧！若没有男奴，就让我找一个能在园子中侍弄的女婢。"

（16—22）大人，若大人阁下有令，在十姓回鹘国（On Uyγur Eli）中，除大人阁下以外，我一无其他所缺。大人，我谨将大人阁下当作日神一般的人物。我想，若我在十姓回鹘国身死，将会被复活；我想，若我在十姓回鹘国熄灭，将会被复燃。

（22—24）大人，因为我曾在焉耆向大人阁下请求过，我〔兹〕请求：我愿意亲身前往 Unča 和哈剌佉沙（Qara Kiš）。

（下接正面佛经行间）

（25—26）我说："大人阁下请求，愿它慈悲友善"，但愿不要让我获罪！"

（27—31）为了向在焉耆的大人阁下请求，我〔兹〕请求：

大人，颉·布格拉不能外出。一口葡萄酒都不要让他喝。请下令照顾〔他〕吧。

（31—32）对白志剑·特勤（Bäčkäm tegin）……没有命令。

由于文书前缺且多有残破之处，更兼是一件草稿，因此内容有颇多不能读通之处。写信方尊称收件方为"大人"（tängrim）或"大人阁下"（tängrim qutï），说明是一封下属呈报上级的书状。写信人在第6—7行报称，他曾派遣明·乙前往怛逻斯，可能为"索款"之事。又在第8行报称，"在……的大德移计·谋落的心腹为买卖事而来"。这些记载说明，通信双方属于同一个组织，他们从事跨地区的商贸活动。文书显示，写信人为其上级"大人"打理着涉及多地的经济事务，包括资金、贸易、奴婢输送等内容。森安孝夫据上引第8行出现的称号"mar"（大德），断定此书状相关人物属于摩尼教群体，① 可知文书年代应当在摩尼教尚流行的9—11世纪。本文书透露的重要历史信息是，该商人组织行商的目的地和据点遍布西域的多个地区，既有位于西州回鹘境内者，亦有位于其境外者。笔者下面逐一讨论。

1.焉耆（Arki）、曲先（Küsän）

文书第27—28行有"为了向在焉耆的大人阁下请求"，可知收信人"大人"当时驻在焉耆。焉耆在回鹘语中多作"solmï"（唆里迷）②，而在本文书中写作arki('rky)，应是直接借自粟特语形式"'rk"，亦可说明文书年代较早。文书第10—13行记，收信人"大人"在曲先（Küsän）时曾要求一个可充园丁的奴婢。曲先为回鹘语对龟兹

---

① T. Moriyasu, *Corpus of the Old Uighur Letters from the Eastern Silk Road*, pp. 171–172.
② 参见付马《丝绸之路上的西州回鹘王朝：9~13世纪中亚东部历史研究》，第240—242页。

之称谓①，可知这位"大人"在龟兹也有驻地和地产。笔者曾利用传世文献和出土文书资料讨论西州回鹘西部疆域的变化，论证龟兹在10世纪初至11世纪70年代的多数时间内属于西州回鹘治下②。

2. 怛逻斯（Talas）、怛逻斯样磨（Talas Yaγma）

值得注意的是，文书还提到多处西州回鹘境外的西域地名，显示书状相关人物的商业网络向西分布到远至塔拉斯地区。发信人派遣明·乙前往怛逻斯，为去"怛逻斯样磨"（[tala]s yaγma）索款。森安孝夫首次读出"yaγma"一词，认为可能是人名、部族名或者地名，但未作深究。③而笔者认为，这里的"yaγma"应指地名。

Yaγma本为10—11世纪分布在西部天山地区的部族名，在汉文文献中被音写作"药摩"或"样磨"。波斯语文献《世界境域志》的第13节"样磨之国及其诸城"记有④：

> 样磨之国的东边是西州回鹘（作"托古兹古思"）……其（样磨）国王出自回鹘王族……其国中有一些城市（作"村子"）：一、喀什噶尔……二、阿图什（Artuj）……

该文献完成于回历372年（982/983年），可知在此之前，样磨部的领地位于西州回鹘西侧，在今喀什一带。大约成于930年前后的英藏敦煌文书S.6551《佛说阿弥陀经讲经文》记"药摩"为当时归附

---

① 付马《丝绸之路上的西州回鹘王朝：9~13世纪中亚东部历史研究》，第242—245页。
② 付马《丝绸之路上的西州回鹘王朝：9~13世纪中亚东部历史研究》，第138—154页。
③ 森安孝夫《ウイグル＝マニ教史関係史料集成》，第112页。T. Moriyasu, *Corpus of the Old Uighur Letters from the Eastern Silk Road*, p. 172.
④ V. Minorsky, *Ḥudūd al-'Ālam—The Regions of the World*, London, 1970, pp. 95–96.

西州回鹘的诸部之一①。北宋使者王延德在982年出访高昌时，了解到当时西州回鹘所统部族中有"样磨"②。这些记载印证了《世界境域志》所记样磨部的分布及其与西州回鹘的关系。

在成书于11世纪70年代的《突厥语大词典》中有"样磨"（Yaγma）词条，记有：

> 样磨，突厥人的一部。他们被称为"哈剌样磨"（Qara Yaγma）。样磨也是一个"村子（城市）"的名称，地在塔拉兹（Tarāz）旁近。其地因样磨部落得名。③

其中，"塔拉兹"（Tarāz）正是怛逻斯（Talas）在阿拉伯语中的形式④。说明至迟在11世纪70年代，在怛逻斯附近有一城名作"样磨"。怛逻斯地在今哈萨克斯坦江布尔州，位于塔拉斯河下游，与文献所记样磨部落分布的核心地区喀什并不在一地。发信人派明·乙前往怛逻斯，为取在样磨的钱款，显示此样磨就在怛逻斯附近，应即《突厥语大词典》所记的位于怛逻斯附近的样磨城。文书第7行"样磨"前一词残缺，只留最后一个字母的残笔。笔者认为这应是字母s的残笔，而此词则可据语境补全作"talas"（怛逻斯）。

根据中国文化遗产研究院藏xj 222-0661.09号回鹘文书记载，西州回鹘在建国初期曾向西攻入怛逻斯一带。该文书E节记道："他（回鹘可汗）行军到怛逻斯（Talaz）西城，他使以伯古察将军为首的十余城主在他面前，他占领了这叫作怛逻斯的城市和国家。"⑤上述

---

① 张广达、荣新江《有关西州回鹘的一篇敦煌汉文文献——S6551讲经文的历史学研究》，第24、32页。
② 《宋史》卷四九〇，第14112页。
③ R. Dankoff (ed. and tr.), *Compendium of the Turkic Dialects*, vol. 2, p. 165.
④ R. Dankoff (ed. and tr.), *Compendium of the Turkic Dialects*, vol. 1, p. 282.
⑤ 参见付马《丝绸之路上的西州回鹘王朝：9~13世纪中亚东部历史研究》，第118页。

位于怛逻斯附近的样磨城应当就在这里提到的"十余城"中。笔者曾考证此事发生的年代范围在893年至10世纪初。①但西州回鹘此后并未长期占据这一区域,而是退至焉耆一带。及至10世纪中叶,穆斯林黑汗王朝崛起,怛逻斯一直是其治下的重镇。虽然黑汗王朝的突厥穆斯林与西州回鹘人有不同的宗教信仰和族群认同,且两政权在边境常有战争冲突,但本文书却显示西州回鹘的商人与黑汗王朝治下的怛逻斯地区有着密切的商业联系。

3.哈剌佉沙（Qara Kiš）

发信人在文书第22—24行向收信人"大人"请求,"愿意亲身前往Unča和哈剌佉沙（Qara Kiš）"。回鹘语译本《慈恩传》第五卷显示,回鹘语以käš对译汉文地名"佉沙",用以指称今喀什地区。②本文书将佉沙拼写作kiš（kyš）,应是一种变体,而在其前加上"qara"一词,则未见于其他文献。前引《世界境域志》显示,今喀什地区在10世纪以前为样磨人所占据,而根据前引《突厥语大词典》记载,样磨又称"哈剌样磨"（qara yaɣma）,其族名前有"qara"一词。伊本·阿西尔（Ali ibn al-Athir）在其所编的《全史》（al-Kāmil fit-Tārīkh）中记载,黑汗王朝统治者在萨图克汗时代已被称为"哈剌汗",在可汗称号前加带"qara"一词。③萨图克称汗在10世纪上半叶,而在其前代统治者奥古尔恰克时代,喀什就已经是黑汗王朝的统治中心了④。无论是黑汗王朝的统治者,还是样磨部,都在其名号

---

① 付马《丝绸之路上的西州回鹘王朝：9~13世纪中亚东部历史研究》,第134—138页。
② S. Dietz, M. Ölmez, and K. Röhrborn, *Die alttürkische Xuanzang-Biographie V : Nach der Handschrift von Paris und St. Petersburg sowie nach dem Transkript von Annemarie v. Gabain ediert, übersetzt und kommentiert*, Wiesbaden：Harrassowitz Verlag, 2015, p. 202；参见付马《丝绸之路上的西州回鹘王朝：9~13世纪中亚东部历史研究》,第257页。
③ 转引自华涛《西域历史研究（八至十世纪）》,第157页。
④ 华涛《贾玛尔·喀尔施和他的〈苏拉赫词典补编〉（上）》,第65页。

前带有"qara"一词,这或许与文书所见佉沙地名前带有"qara"一词的用法有所关联。

在"哈剌佉沙"之前出现的地名Unča不见于其他回鹘文材料,目前尚无法与已知的西域地名勘同。考虑其与"哈剌佉沙"并列,同是发信人要前往之地,则其地望可能在喀什附近。有一种可能是指乌恰,该地东距喀什约100公里路程,是喀什向西进的下一站。唐玄奘从印度回程后由揭盘陀国(今塔什库尔干)进入塔里木盆地后,先经过"乌铩国"(即乌恰),再到佉沙(即喀什)①。回鹘语译本《慈恩传》以回鹘语"učar"对译"乌铩",则本文书所见unča有可能是učar的讹写,就指"乌铩"。当然,在缺乏其他证据的情况下,这只是一种推测。

综上,这件文书反映,在西州回鹘王国早期(9—11世纪),回鹘商人组织能够在西域地区建立起覆盖西州回鹘境内外多个地区的商业网络。文书记录的商业据点由东向西依次包括高昌(今吐鲁番)、焉耆、曲先(今库车)、佉沙(今喀什)、乌铩(今乌恰?)、怛逻斯(今塔拉斯)及其附近的怛逻斯样磨,恰好沿丝绸之路天山南道一路向西分布,直至西部天山的西端。其中,高昌、焉耆一直是西州回鹘治下的城市,曲先在9—11世纪的大部分时间内也处于西州回鹘的治下。佉沙、乌铩和怛逻斯等地则不在西州回鹘的治下,而是穆斯林黑汗王朝治下的重要城市。身处高昌的发信人不但可以为居于焉耆、曲先一带的上级处理事务并汇报情况,还直接遣人前往怛逻斯一带,并打算亲自前往喀什一带,这显示回鹘商人的势力范围在当时至少可以向西延伸至黑汗王朝治下的西部天山地

---

① 慧立、彦悰《大慈恩寺三藏法师传》,孙毓棠、谢方点校,北京:中华书局,2000年,第118—120页。

区。在陆上丝绸之路交通中，商队无疑是最常规的旅行方式，其他人员、物品或信息的交通往往依靠商队，譬如唐玄奘在行经西域时就是与商队偕行①。因商人常常充当使者，古突厥语（回鹘语）中表示"商队"的词"arqïš"同时也用以表示"使者"②，两者在回鹘人的意识中融为一体。回鹘商人沿天山南道开拓商业网点，一直延伸到黑汗王朝境内的怛逻斯地区，说明这条路线应是当时东西交通的干道。

（二）西州回鹘对西域南道交通的控制

英藏敦煌文书S.383《西天路竟》记录10世纪从中原经河西走廊、西域前往印度佛教圣地巡礼之道里，与北宋乾德四年（966）奉诏赴印度求法的僧人行勤、继业等一行所取路线近似，学界推断其应是这批僧人留在敦煌的行纪抄本③，可视为当时从中原到印度求法、巡礼僧人所取的常规路线。文献记从沙州（敦煌）到西北印度的路线如下：

> 又西行三十里入鬼魅碛。行八日出碛至伊州。又西行一日至高昌国，又西行一千里至月氏国，又西行一千里至龟兹国，又西行三日入割鹿国，又西南行十日至于阗国，又西行十五日至疏勒国，又西南行二十余日至布路沙国，又西行二十余日至迦湿迷罗国，又西南行二十日至左兰那罗国。此国出雪山更无

---

① 参见慧立、彦悰《大慈恩寺三藏法师传》，第25页。
② G. Clauson, *An Etymological Dictionary of pre-Thirteenth-Century Turkish*, pp. 216–217; K. Röhrborn, *Uigurisches Wörterbuch: Sprachmaterial der vorislamischen türkischen Texte aus Zentralasien* (Neubearbeitung), II: Nomina-Pronomina-Partikeln, Band 1: a–asvık, Stuttgart: Franz Steiner Verlag, 2017, pp. 254–255.
③ 参见黄盛璋《〈西天路竟〉笺证》，《敦煌学辑刊》1984年第2期，第1页；荣新江《敦煌文献所见公元10世纪的丝绸之路》，第276—277页。

山也，此是北印土也。"①

行人先从沙州前往伊州（哈密），进入天山南道西州回鹘境内。在西州回鹘都城高昌之后，下一站经过"月氏"国，学者已按照道里判断出此为焉耆②。而龟兹之后的割鹿国，则指位于今阿克苏绿洲的拨换，当时在葛逻禄部的治下。③从此以后，折向西南行，进入西域南道的于阗，再向西北行前往位于今喀什绿洲的疏勒，从疏勒前往布路沙（今白沙瓦），由此进入西北印度。从喀什进入布路沙的详细道里虽然不见载于《西天路竟》抄本，但在英藏敦煌于阗语写本《往迦湿弥罗国行程》中有详细记录④，说明这条路线也是于阗人从当地进入西北印度的固定路线。当时前往印度求法的僧人在通过西域时，首先要到达西域大乘佛教的重镇于阗巡礼，再循于阗入西北印度。值得注意的是，这条经西域进入西北印度的路线虽然最终取道位于西域南道的于阗、喀什，但其在离开河西之初却并不取道西域南道，而是先从西州回鹘控制下的天山南路行进，再折入西域南道。

同一时期的其他史料也显示，于阗等位于西域南道的政权向东方的交通受到西州回鹘的影响。11 世纪哥疾宁王朝的伽尔迪齐以波斯语编纂成历史地理著作《记述的装饰》，该书第 17 章记述伊斯兰世界以东诸部族的情况。他在记述由喀什沿西域南道经于阗前往中原

---

① 文书图版参见：http://idp.bl.uk/database/oo_scroll_h.a4d?uid=1251884149;recnum=383;index=1。录文据荣新江《敦煌文献所见公元 10 世纪的丝绸之路》，第 197 页。
② 黄盛璋《〈西天路竟〉笺证》，第 5 页。
③ 参见付马《丝绸之路上的西州回鹘王朝：9~13 世纪中亚东部历史研究》，第 91—92 页。
④ 参见荣新江《敦煌文献所见公元 10 世纪的丝绸之路》，第 195—196 页。

的路线时提及①:

> 从于阗城到*Kiya城需15日程。*Kiya是属于"秦"(中原)边境的一座大城,但托古兹古思占有它。

Kiya,在抄本中拼写作KY,曾被学者推测是"苦叉"(Kuča,即龟兹)的讹误②;从拼写和方位判断,它也可能指位于于阗以东的"克里雅"。但无论是苦叉还是克里雅,其地与于阗的距离都远达不到15日程。但无论此城所指究竟为何,它都是当时自于阗经西域南道前往中原的必经之路,且为"托古兹古思"(即西州回鹘)所控制。那么伽尔迪齐所记反映的是什么时代的情况呢?在下文对于阗的记述中,他首先介绍了当地的宗教状况,写道③:

> 在于阗城中有许多佛像。〔实际〕在那〔城〕中有许多佛寺。民众的宗教信仰是佛教,〔但〕有两座基督教堂。

可知当时于阗本土仍是一方佛国,尚不见有伊斯兰教的存在,则伽尔迪齐所记情况的年代下限应在穆斯林黑汗王朝攻灭于阗佛国之前,即1007年之前。他在前文还记到,在于阗佛国西境的一座村庄有穆斯林墓地④,联系于阗佛国的历史,这很可能是于阗国晚期与黑汗王朝穆斯林军队作战过程中,穆斯林阵亡者的圣墓,因此被穆斯林作家专门记录下来。那么上述情形反映的很可能就是黑汗王朝与于阗佛国作战的时期,即10世纪的后半叶。

由于西域南道进出中原的道路被西州回鹘直接占领,于阗等位

---

① A. Martinez, "Gardīzī's Two Chapters on the Turks", p. 140.
② A. Martinez, "Gardīzī's Two Chapters on the Turks", p. 140.
③ A. Martinez, "Gardīzī's Two Chapters on the Turks", p. 141.
④ 伽尔迪齐记该村名作 SYMWBM 或 SMYWBM,但尚未被学界比定,参见 A. Martinez, "Gardīzī's Two Chapters on the Turks", p. 140。

于西域南道的政权在与东方的交往中有时也要依靠回鹘人。法藏敦煌卷子P. 2998为汉文《大般若波罗蜜多经》卷五四一，其包首及第一纸纸背的空白被回鹘人利用，写回鹘文18行。其中，前9行为午年五月于阗国赴沙州迎亲使者所留题记①。作者在第3行自称为"金国使者"（altun el yalavač），此"金国"为于阗国曾用国号，其行用的年代范围在886—938年间②。哈密屯将这次迎亲活动与归义军节度使曹议金嫁女与于阗王李圣天之事勘同，由此将此午年确定在934年③。这次联姻是史乘所见沙州归义军首领唯一一次嫁女与于阗王，标志这两个政权的关系达到顶峰。而就在这次重要的出使活动中，于阗国派遣迎亲的使者竟然是回鹘人，足见当时从于阗国经西域南道到河西走廊之间的交通受回鹘人的影响。这或许因为当时西州回鹘已经占据了西域南道的东端，抑或因为当时在西域南道的交通需要依靠回鹘人的商业交通网络。与其他从事朝贡贸易或跨境贸易的回鹘商人一样，这位于阗国的回鹘使者也被归义军官方安顿在莫高窟的佛寺中，因此在寺中的佛经卷子上留下了题记。

汉文传世文献的记载亦可证明回鹘控制着西域南道至中原的商路。于阗国最为著名的特产是于阗玉，在历史上向来为中原王朝所偏爱。从晚唐至宋初，于阗等西北地区政权进贡中原王朝的贡物中往往有于阗玉石及玉器④。然而，实际进入中原的于阗玉石大多数要经过回鹘商人之手。后周广顺元年（951），周太祖解除民间与回鹘

---

① 对文书全文的转写和翻译，参见 J. R. Hamilton, *Manuscrits ouïgours du IXe–Xe siècle de Touen-houang*, pp. 93–95.
② 张广达、荣新江《于阗史丛考（增订新版）》，上海书店出版社，2021年，第17—21页。
③ J. R. Hamilton, "On the dating of Old Turkish manuscripts from Tunhuang", in: R. E. Emmerick et al(eds.), *Turfan, Khotan und Dunhuang*, p. 142. 参见荣新江、朱丽双《于阗与敦煌》，兰州：甘肃教育出版社，2013年，第154—155页。
④ 参见荣新江、朱丽双《于阗与敦煌》，第194—216页。

商人私易之禁，结果便是"玉之价值，十损七八"①，可见回鹘商人所贩玉石数量之巨。

一些迹象表明，回鹘人对西域南道交通的影响甚至一直延续到11世纪初叶黑汗王朝攻灭于阗佛国之后。北宋真宗大中祥符二年（1009）三月，"于阗国主黑韩王遣回鹘罗厮温等以方物来贡"②，这是黑汗王朝攻占于阗佛国之后，首次以于阗之名遣使入贡中原王朝。而其国主派出的使者明确记为一名回鹘人，名作罗厮温，其中的"厮温"即回鹘人常见名号sängün的音写。黑汗王朝的文献明确显示，其将回鹘视作异教徒③，绝不可能以"回鹘"自称。这位罗厮温应当就是一名熟悉西域南道至河西的回鹘人。在黑汗王朝攻占于阗和西域南道的初期，他们需依赖熟悉东方道路的回鹘人作为使臣和中介前往东方开展朝贡贸易。罗厮温见到宋真宗时报称，"昔时道路常苦剽劫，今自瓜、沙抵于阗，道路清谧，行旅如流，愿遣使安抚远俗"④。其称自沙州到于阗的西域南道今日行旅如流，当然是表达当地在黑汗王朝治下的安定繁荣，以吸引宋朝遣使册封。但其称"昔时道路常苦剽劫"，或可说明11世纪之前西域南道的情形。

三、穆斯林商人与西域南道的兴起

虽然在黑汗王朝攻灭于阗佛国后的一段时期内，其商队仍需要

---

① 《五代会要》卷二八，上海古籍出版社点校本，2006年，第450页；《旧五代史》卷一三八，北京：中华书局点校本修订本，2015年，第2148页；《新五代史》卷七三，中华书局点校本修订本，2015年，第1037页。
② 《续资治通鉴长编》卷七一，第1598页；《宋史》卷四九〇，第14107页。
③ 参见付马《丝绸之路上的西州回鹘王朝：9~13世纪中亚东部历史研究》，第171—172页。
④ 《续资治通鉴长编》卷七一，第1598页。参见《宋史》卷二四九，第14107页。

借助回鹘商人的引领经过回鹘势力控制下的西域、河西商路方能进入中原朝贡，但来自其治下乃至西方更远地区的穆斯林商人开始大量经西域南道前往中原，开启了西域南道的复兴。

塞尔柱王朝宫廷御医马卫集用阿拉伯语撰写的《动物之自然属性》一书记载了大量关于中亚和东亚的信息。20世纪初在印度发现此书的抄本后，米诺尔斯基摘取其中与中国、突厥、印度等族群有关的部分英译、注释，为学界所用，并被简称作"马卫集书"。该书第8章"论中国人"的第19小节记载了由中亚前往"秦"（北宋）、契丹（辽）和回鹘的道路，作①：

> 若打算为商贸或其他事务前往这些国家（"秦"、契丹和回鹘），他将从可石哈儿行至鸭儿看（Yarkand），经4日程；再至于阗，经10日程；再至克里雅，经5日程；再至沙州，经50日程。在那里（沙州）前往"秦"、契丹和回鹘的道路分开。前往Y.NJŪR者，即"秦"之君王桃花石汗的都城，由向东行转向南行，右转，到达甘州，然后到L.ksīn……

这条道路从可石哈儿（今喀什）出发，经鸭儿看（今莎车）、于阗（今和田）、克里雅（今于田）至沙州（今敦煌），正是沿塔里木盆地南缘行走的西域南道，被马卫集记为当时从中亚前往中原和契丹的干道。诚如周一良先生所言，马卫集"未尝东游，所记皆采自前人著作及时人口传，来源不一，故年代地望颇有混淆"②。那么这条记载反映的是什么时代的状况呢？紧接此段之后，马卫集记录从沙州

---

① V. Minorsky (ed., tr., and comm.), *Sharaf al-Zamān Ṭāhir Marvazī on China, the Turks, and India: Arabic text (circa A.D. 1120)*, London: Royal Asiatic Society, 1942, p. 18.

② 周一良《新发现十二世纪初阿拉伯人关于中国之记载》，氏著《魏晋南北朝史论集》，北京：中华书局，1963年，第406页。

往契丹之路，虽然其反映的具体道里在学界有颇多争议①，但可据此判定此节内容的大致年代范围在辽朝称雄北中国的10—12世纪。笔者进一步推断，其反映的应是1007年黑汗王朝攻灭于阗以后至1028年西夏灭甘州回鹘之间的情况，主要有如下两点理由：

首先，在早期的伊斯兰地理书中，于阗佛国被认为是"秦"的一部分，但是马卫集仅将于阗视作前往"秦"的道路上的一个节点。据此推测，这时的于阗应当已经被纳入伊斯兰世界，则时代应在黑汗王朝灭于阗佛国之后。

其次，在记录沙州、甘州等河西走廊沿途的重要城市时，马卫集没有提及西夏，则其反映的时代应在1028年西夏攻灭甘州回鹘之前。

同章第22—25小节记载了1027年西州回鹘、契丹与哥疾宁王朝的通使之事并保留了两通国书的内容。②自米诺尔斯基以降，学界普遍直接将此次通使视作马卫集上文所记道路的信息来源③，或不确。第23节收录回鹘可汗致哥疾宁马合茂苏丹的国书，写道④：

契丹派出一名作Qal tonga的使者。我们也派出一使者相

---

① 参见钟焓《辽代东西交通路线的走向——以可敦墓地望研究为中心》，《历史研究》2014年第4期，第34—49页；康鹏《马卫集书中的契丹"都城"——兼谈辽代东西交通路线》，《民族研究》2017年第2期，第88—97页；白玉冬《"可敦墓"考——兼论十一世纪初期契丹与中亚之交通》，《历史研究》2017年第4期，第158—170页。

② V. Minorsky, ed., tr., and comm., *Sharaf al-Zamān Ṭāhir Marvazī on China, the Turks, and India*, pp. 19-21.

③ 参见V. Minorsky, ed., tr., and comm., *Sharaf al-Zamān Ṭāhir Marvazī on China, the Turks, and India*, p. 68；白玉冬《九姓达靼游牧王国史研究（8—11世纪）》，北京：中国社会科学出版社，2017年，第140—141页；罗帅《丝绸之路南道的历史变迁——塔里木盆地南缘绿洲史地考察》，第208页。

④ V. Minorsky, ed., tr., and comm., *Sharaf al-Zamān Ṭāhir Marvazī on China, the Turks, and India*, p. 21.

随。无论何时有人向我们遣使，他可相随。契丹使回程之路途经此地。

可知，契丹使应当经西州回鹘境内往返中亚南部的哥疾宁王朝，而不是经沙州走西域南道过于阗、可石哈儿进入中亚南部。第22小节收录契丹君主所致国书则记有："我们已令卡迪尔汗为我们与马合茂苏丹双方的使臣开放道路。"①此卡迪尔汗正是当时黑汗王朝大汗卡迪尔汗玉素甫，其子册割特勤曾在1021年娶辽朝公主联姻，辽朝得以取道其国遣使。这恰恰说明，契丹、西州回鹘与黑汗王朝之间的边境在平时可能并不允许行人随意通行。第21小节详细记录了此事②：

> 尽管他们的国家皆远离伊斯兰诸国，前往他们国家的道路皆被封闭，但契丹、回鹘的君主仍对其与伊斯兰诸王和军队接壤的地区感到担心，因为他们听闻并见证过这种信仰的崛起和壮大，以及其信众对敌时的力量。因此，他们通过封闭道路和驻扎兵士的方式保护他们自己及其国家。

所谓与契丹、回鹘接壤的"伊斯兰诸王和军队"应指黑汗王朝的大小可汗及其辖下的突厥穆斯林部族。辽朝统治中心距黑汗王朝遥远，但其西北路招讨司辖下的西北部落有与黑汗王朝接壤者。而西州回鹘的西部边疆则直接与黑汗王朝接壤。所谓契丹、回鹘的君主对伊斯兰势力的担忧，可与其他文献所记当时天山地区的政治形势相吻合。11世纪初，西州回鹘与黑汗王朝在天山南北两路的边境时

---

① V. Minorsky, ed., tr., and comm., *Sharaf al-Zamān Ṭāhir Marvazī on China, the Turks, and India*, p. 21.

② V. Minorsky, ed., tr., and comm., *Sharaf al-Zamān Ṭāhir Marvazī on China, the Turks, and India*, p. 19.

有冲突，在天山南麓的乌什和天山北麓的拔塞干两地曾反复争夺①。而据前引《全史》记载，当时黑汗王朝大汗托干汗受到契丹等部的进攻。这些史实恰可为"马卫集书"所记作旁证。

综上可知，在黑汗王朝攻下于阗之后，西域的东西交通干道发生了一些变化。随着突厥穆斯林建立的黑汗王朝占据西域南道，其境内的穆斯林商人以及西方伊斯兰世界的商旅开始经黑汗王朝治下的西域南道前往河西，由此进入北宋和辽朝的境内。另一方面，原本作为中西交通干道的天山廊道，由于黑汗王朝在这一区域的扩张，与西州回鹘及辽朝治下的西北部族常发生战争和争夺，道路因此受到西州回鹘等政权的封锁，更兼这里是回鹘商人的传统势力范围，因此穆斯林商人很难由这里经过。因此，以"马卫集书"为代表的穆斯林文献记载西域南道是这时期由伊斯兰世界进入河西及中原的交通干道。

种种迹象表明，到11世纪30年代以后，西域南道更加兴盛，由此进入中原的穆斯林商人日益增多。推动这一变化的历史事件应是西夏在11世纪20—30年代间，先后攻灭西凉、甘州回鹘等地方政权，占领从凉州直到沙州的整个河西走廊地区。自此以后，回鹘商人在河西走廊的政治优势尽失，经西域南道黑汗王朝境内而来的穆斯林商人已经可以平等地与回鹘商人一起进入西夏治下的河西以及中原地区贸易。1082年，西夏南都统嵬名济在给北宋边将的约和书信中，为显示其战力充足，专门写道："兼夏国提封一万里，带甲数十万，西连于阗，作我欢邻，北有大燕，为我疆援。"②"于阗"，当指占据了西域南道的穆斯林黑汗王朝。嵬名济言及西夏的友邦

---

① 参见付马《丝绸之路上的西州回鹘王朝：9~13世纪中亚东部历史研究》，第154页。
② 《续资治通鉴长编》卷三三一，第7980页。

时，首先提及黑汗王朝，与被称为"大燕"的辽朝并列，足见其与西夏的密切联系。可想而知，经西域南道前往西夏治下河西的商旅应当不少。因为西夏与宋朝间的战争关系，想经过河西进入宋朝贸易的回鹘和穆斯林商人不得不另辟他径。在这种背景下，从南绕过河西走廊途经青海直抵北宋秦州的道路兴起，因其主要借道青唐羌政权，因此被称为"青唐道"。经这条道路，西域的商人可以直接抵达北宋境内贸易。相较于西州回鹘治下的天山南北两道，西域南道距离更近，可以经阿尔金山口进入柴达木盆地直接与此路联通，因此穆斯林商人反而比西州回鹘商人更容易借助此道前往北宋贸易。

四、唐元之间的天山北道

在漠北回鹘汗国崩溃之后，经天山以北草原地带进入蒙古高原的道路一度衰落。随着西迁回鹘在东部天山南北两麓建立稳定统治，天山北道再度繁荣起来。《辽史》记载，天赞三年（924）十月，辽太祖"军于霸离思山。遣兵逾流沙，拔浮图城，尽取西鄙诸部"①。此"浮图城"应指西州回鹘的夏都北庭，"霸离思山"则应指巴里坤山②。由此，西州回鹘成为辽朝藩属，向辽朝朝贡。不但在辽朝境内有大量回鹘商人聚集，甚至设置回鹘营专门安置回鹘商人。西州回鹘则成为辽朝联系西北诸部的前哨。《辽史·食货志》记载，"雄州、高昌、渤海亦立互市，以通南宋、西北诸部、高丽之货"③。大量西方部族可通过天山北道前往西州回鹘夏都北庭，甚至由此前往契丹的都城。

---

① 《辽史》卷二，第 22 页。
② 参见长泽和俊《丝绸之路史研究》，第 327–328 页。
③ 《辽史》卷六〇，第 1031 页。

辽开泰元年（1012），耶律化哥奉命经略辽朝西境，与边将进攻背叛的阻卜（达靼）部落。"闻蕃部逆命居翼只水，化哥徐以兵进。敌望风奔溃，获羊马及辎重。路由白拔烈，遇阿萨兰回鹘，掠之。"①翼只水，即唐之曳咥水，亦即前文提到的额尔齐斯河上游。化哥应当是从镇州出兵，由阿尔泰山山口进入准噶尔盆地北缘至额尔齐斯河上游。所谓"阿萨兰回鹘"即西州回鹘，其劫掠回鹘之地在白拔烈，应即西州回鹘的独山城，地在天山北麓、北庭以东（详见第三编第二章）。这显示，化哥在击溃背叛蕃部后，并未按照进军线路原路返回，而是南下至天山北道，循此路东归。可以想见，相较于进攻时所走的路线，这条路线应当是当时更为好走、更加常用的交通路线，亦即西北各部经西州回鹘境内进入辽朝西北重镇镇州的干道。

虽然9—12世纪间经天山北道的其他东西交通事件不见于传世文献和出土文书，但一批城市聚落沿天山北道兴起②，其中一些甚至达到大城的规模，足可从一侧面证明这条道路的繁荣。笔者将在下一编中详细揭示这一时期天山南北两麓城市兴起的过程。而13世纪初叶的文献则明确显示，天山北道再度成为东西交通的干道。其历史背景是包括天山北道在内的西域地区被纳入到蒙古汗国的直接统治下，东西交通干道再度汇聚到蒙古高原的中心地区，因此天山北道成为蒙古汗国治下的一条官道。

---

① 《辽史》卷九四，第1519—1520页。
② 参见付马《丝绸之路上的西州回鹘王朝：9~13世纪中亚东部历史研究》，第264—283页。

小　结

在唐元之间，西域长期不在中原王朝的直接统治之下，因此传世文献对于途经当地的东西交通事件缺乏系统记载。根据各种史料中的零星记载可知，所谓的丝绸之路西域南道、天山南道、天山北道等各条道路都曾被旅人采用，但它们在不同时期的重要性则颇有不同，反映了当地政治形势的变化。

自8世纪后半叶漠北回鹘汗国开始影响西域之后，天山北麓的草原之路崛起成为东西交通干道。除了经天山北道进入蒙古高原的"回鹘路"之外，另有一条循准噶尔盆地西缘经额尔齐斯河上游的道路被回鹘汗国启用为驿路，成为当时连通伊斯兰世界与回鹘汗国的交通干道，在回鹘语中被称为"qara qangli yoli"，即"大众车乘之路"。

在840年漠北回鹘汗国崩溃之后，回鹘部族西迁至东部天山和河西走廊建立多个政权和地方势力，控制由西域经河西走廊进入中原的道路沿途。回鹘商人随之登上历史舞台，开启他们垄断丝绸之路东段的时代。由此，丝绸之路的干道转为由回鹘政权控制的、经东部天山南北两麓汇入河西走廊的道路，回鹘商人沿此路建立的商业网络远达黑汗王朝治下的怛逻斯地区。此时由西域南道进入河西走廊的交通也在回鹘的把控之下。

11世纪初，突厥穆斯林政权黑汗王朝全面攻占西域南道，其治下及西方伊斯兰世界的穆斯林商人开始通过西域南道进入河西及中原王朝，标志着西域南道的复兴。在西夏攻占河西之后，回鹘商人在河西走廊的政治优势消失殆尽，自西域南道而来的穆斯林商人大量涌入河西等地，开始超越回鹘商人，成为丝绸之路东段的主要商人群体。西域南道成为西方世界进入中原地区的交通干道。至13世纪初,随着整个西域地区被纳入蒙古汗国的治下,其统治中心蒙古高原再度成为丝绸之路的焦点,位于天山北麓的草原之路再度成为东西交通的干道。

第二章

吐鲁番盆地内外的交通路线

在宏观论说唐元之间丝绸之路东段交通干道的变迁之后，本章将考证这一时段内西域地区的一些具体交通路线的走向。以《新唐书·地理志》为代表的传世文献保留了对唐代西域交通路线的全面记载，再结合出土文书和域外文献，可以在很大程度上还原当时西域的交通网络。但在唐朝退出西域之后，汉文传世文献对当地交通路线的记载也付之阙如。唐代的交通路线是否在回鹘时代得到沿用？道路沿线地区是否得到进一步的发展？囿于史料的限制，对唐以后西域各地交通路线的全面复原目前尚无法实现。鉴于回鹘时代的出土文书主要集中在其中心地区吐鲁番盆地，本章尝试重构回鹘时代以吐鲁番盆地为中心的交通网络，并在此基础上说明各条交通线路的沿革和发展情况。

一、吐鲁番盆地向东的交通路线

（一）向东通往伊州的路线

今哈密绿洲古称伊吾，唐朝在此置伊州，是由河西走廊进入西域的第一站。《新唐书·地理志》"伊州"条"纳职"下小注记①：

> 自县西经独泉、东华、西华驼泉，渡茨其水，过神泉，三百九十里有罗护守捉；又西南经达匪、草堆，百九十里至赤亭守捉，与伊西路合。

可知，除了"伊西路"之外，唐代从伊州前往西州还有一条官道。此路也从纳职县出发，向西一路循泉水行走，到天山脚下的罗护守捉城，再到达位于今吐鲁番鄯善县七克台镇的赤亭守捉城，与"伊西路"会合。唐代伊州西往西州的新、旧两道在东边必经纳职，在西边则合于赤亭。②

法藏敦煌文书 Pelliot chinois 2009《西州图经》记唐代西州"道十一达"，其所列第一条称"赤亭道"，"出蒲昌"。③此路所指正是由西州东面的蒲昌城出发，经过赤亭向东行进的道路。则唐代由西州向东通往伊州的道路分两段：第一段是从西州经蒲昌到赤亭，并由此东出的"赤亭道"；第二段则由赤亭向东到纳职，再由此进入伊州。后一段道路可取前述的两条路线。

在西州回鹘时代，由河西走廊经伊州前往西州仍是吐鲁番盆地

---

① 《新唐书》卷四〇，中华书局点校本，1975年，第1046页。"达匪"与"草堆"之间应断开，分别指"达匪驿"和"草堆驿"。
② 严耕望《唐代交通图考》第2卷，北京联合出版公司，2021年，第453—454页。
③ 参见唐耕耦、陆宏基《敦煌社会经济文献真迹释录》（一），北京：书目文献出版社，1986年，第54页。

与中原地区交往的主要道路。写成于11世纪的波斯语文献《记述的装饰》记有从托古兹古思（回鹘）国往中原之路，明确记其路线先后经过"秦城"（Čīnājkaθ，即高昌）、哈密（Qomūl）和沙州①。982年，北宋使臣王延德出使西州回鹘，即从伊州前往高昌。其所撰《西州使程记》记其进入高昌城之前途经的地点依次是：伊州、益都、纳职、泽田、宝庄、六种、高昌。②其中，"泽田""宝庄""六种"分别是延德用汉字所记回鹘人对"赤亭""蒲昌"和"柳中"的读音。可知，到10世纪西州回鹘时代，从东方进入吐鲁番盆地的常规路线仍是由伊州纳职县西行至赤亭绿洲，由此进入高昌境，再经过蒲昌（今鄯善县）、柳中（今鲁克沁镇）到达高昌城，完全沿袭了唐朝的路线。

（二）向东通往河西走廊的路线

从吐鲁番盆地东行经过哈密之后，可继续向东进入河西走廊。在唐代，连接河西走廊与哈密绿洲的官道有两条，在不同时期交替使用。其一为"稍竿道"，从沙州州城（今敦煌）出发往西北行，依次经过兴胡泊、河仓城（今大方盘城遗址）、玉门关（今小方盘城遗址），再北行过稍竿馆并稍竿戍，由此北出前往伊州州城。另一为"第五道"，从瓜州常乐县出发，往西北行，经过第五驿并第五烽，由此进入瓜、沙、伊三州交界之莫贺延碛，沿途经过三处馆驿，到达伊州柔远县。③

在唐代以后，经伊州往来河西走廊的行旅主要采取哪条路线呢？据文献记载，应是"稍竿道"。前引英藏敦煌文书S.383《西天

---

① A. P. Martinez, "Gardīzī's Two Chapters on the Turks", pp. 136–137.
② 《宋史》卷四九〇，第14111页。
③ 对上述两道具体路线的考证，参见严耕望《唐代交通图考》第2卷，第445–454页。

路竟》应是北宋乾德四年(966)僧人行勤、继业等一行往西域求法所留行纪的抄本。其中记录由河西至伊州的行程作①:

> 又西行二日至瓜州。又西行三日至沙州。又西行三十里入鬼魅碛,行八日出碛至伊州。

所谓"鬼魅碛"当指莫贺延碛②。文书显示,此路线先从瓜州往沙州,再从沙州过莫贺延碛,完全符合唐代"稍竿道"的路线。上引波斯语文献《记述的装饰》在记录从西州回鹘到中原的道路时,详细记载了由哈密进入河西走廊的道里,作③:

> 在〔从高昌启程后的〕第八日,可以到达哈密。从哈密取道一片荒原(sahrā),沿途惟有水、草,七日程。其后到达一座中原的城市名唤沙州。其后,又三日,到达常乐(Sanglāx)。

此路线在经过哈密之后所取道的"荒原"应当就是莫贺延碛。过莫贺延碛之后,先至沙州,说明此路同样取唐代的"稍竿道"路线。值得注意的是,沙州之后,此路又过常乐。常乐,在唐代为瓜州治下一县,该地实为唐代"第五道"过莫贺延碛的出发点。唐代以后往来西域与河西之间的行旅虽然途经此地,但不取"第五道"渡碛,而从其更西的沙州取"稍竿道"渡碛,反映了9世纪以后沙州(敦煌)在丝绸之路东西交通中的重要地位。

在唐代,除了上述途经伊州前往沙州的官道之外,还有一条从西州向东南直接穿越沙漠前往沙州的道路。《西州图经》称其为"大海道",记其状况如下④:

---

① 据荣新江《敦煌文献所见公元10世纪的丝绸之路》,第197页。
② 黄盛璋《〈西天路竟〉笺证》,第4页。
③ A. P. Martinez, "Gardīzī's Two Chapters on the Turks", pp. 136–137.
④ 参见唐耕耦、陆宏基《敦煌社会经济文献真迹释录》(一),第54页。

> 右道出柳中县界，东南向沙州一千三百六十里，常流沙，人行迷误，有泉井咸苦，无草，行旅负水担粮，履践沙石，往来困弊。

此即《太平寰宇记》所谓"柳中路"，更早在隋代就被裴矩准确记载[①]。因为此路穿越流沙，道路常常不能被确记，所以较少为商旅所取。这条条件艰苦的道路在回鹘时代应当没有被行人遗忘。德藏回鹘文书《西州回鹘征派驿马帖》（U5329）钤有朱色官印，为一件官文书，据其原始编号 T II B 28 可知，其为德国探险队在第二次吐鲁番探险中于葡萄沟西旁遗址所获。文书存回鹘文 3 行，作[②]：

> tonguz yïl üčünč ay bir yangïqa m(a)sed(a)rlarnïng bir yol atïn t'yq'ytaqï yolčïqa berzün
>
> 亥年三月初一，令诸位〔景教〕长老（masedar）为 t'yq'y 的向导（yolčï）出驿马（yol atï）一匹。

文书中出现的 masedar 直接借自粟特语 msyδ'r，指景教长老[③]。考虑到文书的出土地点是葡萄沟西旁景教修院遗址，可知被征收驿马的群体应是当地景教聚落。文书所钤朱印印文为汉文，应为四行，每行四字。西州回鹘时代官文书上所钤之朱印，多撰刻汉文。目前发现的西州回鹘时代的朱印中，有中央高级官员颉于迦思诸宰相之印、王族天特勤之印，以及僧团最高领袖都统之印等。虽然这方朱

---

① 参见严耕望《唐代交通图考》第 2 卷，第 477—478 页。
② 文书照片见：http://turfan.bbaw.de/dta/u/images/u5329.jpg。文书由拉德洛夫（W. Radloff）首先刊布，参见氏著 *Uigurische Sprachdenkmäler*, S. Malov (ed.), Leningrad, 1928, p. 93. 本文转写以松井太的最新读本为基础，略有改动，参见松井太《西ウイグル时代のウイグル文供出命令文書をめぐって》，《人文社會論叢》（人文科学篇）24，2010 年，第 26 页。
③ 松井太《西ウイグル时代のウイグル文供出命令文書をめぐって》，第 26 页。

印的印文漫漶，但其尺寸和形制与几种"颉于迦思诸宰相"之印相仿，显示其应为西州回鹘国宰相或类似级别的高级官员之印。①则这位行人"向导"应当是由西州回鹘中央政府所派的使臣。而文书中的t'yq'y一词则被松井太读作tayqay，他推测其为汉文"大海"之遗音，当指"大海道"，则文书所涉之事是为走大海道的向导提供驿马②。

大海道横贯库木塔格沙漠直达沙州，虽属捷径，但实为畏途。那么为何西州回鹘的官方使者出使要取道大海道呢？松井太认为在10世纪中后伊州可能处于半独立状态，西州使者要避免被伊州政权索税。③可备一说。在敦煌文书中，我们可以看到沙州的出使班次被伊州的盗贼打劫的例子。法藏P.3579号《雍熙五年戊子岁十一月吴保住牒》记其被"差着甘州奉使，当便去来，至……贼打破般次，驱拽直到伊州界内。……后到十一月，沙州使安都知般次……押衙曹闰成收赎……"此事发生在985年④。伊州一带时有盗贼，这可能是大海道在回鹘时代仍被作为官道使用的原因。

此外，从吐鲁番盆地出发，还可以取道天山北麓的巴里坤草原，由此绕过哈密直接前往敦煌。敦煌莫高窟北区出土的蒙古语文书B163:42系察合台汗国君主孛罗（Bolad）所下令旨，命高昌的长官护送往来汗国东境的佛僧。据松井太的释读，该令旨命高昌的长

---

① 参见松井太《西ウイグル時代のウイグル文供出命令文書をめぐって》，第35—37页。
② 松井太《西ウイグル時代のウイグル文供出命令文書をめぐって》，第26页。他还提出了另一种可能，即tayqay或为汉语"大街"之转音，指西州回鹘都城高昌城中的南北向主街。
③ 松井太《西ウイグル時代のウイグル文供出命令文書をめぐって》，第27—28页。
④ 荣新江《归义军史研究——唐宋时代敦煌历史考索》，上海古籍出版社，1996年，第371—372页。

官护送国师喇嘛与沙弥一行"通行于哈剌火州（Qara Qočo，即高昌）方面的八儿思阔（Bars Köl）、别失八里（Bis Baliγ）等"，"任何人不得制止"[①]。可知，在14世纪察合台汗国统治西域时代，行旅有可能从敦煌取道天山北麓，经巴里坤、北庭后，再前往高昌。但是，这条路线不见于13世纪以前的文献记载之中，因此不能断定其在蒙元时代以前就被使用。察合台汗国的统治阶层和主要军事力量是游牧人口，因此其统治重心在天山北麓的草原地区。很可能是在察合台汗国统治西域之后，这条途经草原地带的路线才兴起成为吐鲁番与敦煌之间的交通干道。

二、吐鲁番盆地内部的东西交通路线

在唐代，由赤亭进入吐鲁番盆地后，行人要先后经过蒲昌、柳中两处聚落，最后抵达高昌城，是为吐鲁番盆地内部东西交通的主要路线。据前所引王延德的行程可知，这条路线在回鹘时代早期得到沿用。在经历回鹘时代之后，吐鲁番盆地内部东西交通的路线有了新的变化。及至14世纪，土鲁番城成为这条路线上最重要一站。土鲁番城在蒙元时代已经崛起，后来逐渐取代高昌城，成为吐鲁番盆地的主要城市，因此取代高昌成为主要交通路线的必经之地。

2003年，松井太重新研究了6件德藏吐鲁番出土的回鹘文书，其年代皆属蒙古统治时代。通过比对其中出现的人物及其上的押

---

① 松井太《東西チャガタイ系諸王家とウイグル人チベット仏教徒——敦煌新発現モンゴル語文書の再検討から》，《内陸アジア史研究》第23辑，2008年，第26页；松井太《东西察合台系诸王家与回鹘人藏传佛教徒——敦煌新发现蒙古语文书的再讨论》，贺小萍译，彭金章主编《敦煌莫高窟北区石窟研究》下册，兰州：甘肃教育出版社，2011年，第548—549页。

印，他准确指出这批文书属于以雅林（Yalïn）为代表的吐鲁番某地基层官吏所接收的帖文。文书内容皆为供应往来使臣马匹与祗应事，具有相同的性质和历史背景①。其中两件文书的日期皆作"戌年闰五月"，被松井太比定作元至治二年（1322）壬戌闰五月，由此可知这组文书所反映的应是14世纪20年代察合台汗国统治吐鲁番时某地区的基层管理情况②。重检这组文书，我们可以进一步推断，雅林等官员很可能是负责管理驿道的站官，其所辖这条驿道经过高昌城北、火焰山南麓，东西向连接鲁古尘（柳中）城和土鲁番城，可被称为"鲁古尘土鲁番驿道"。

这组文书的第二件（德藏Ch/U7370背面）内容为戌年闰五月二十日帖雅林等人征收驿马、祗应等事。其第2—4行写明此次征收事由之一为："乞台·达鲁花、布仑古台诸使臣向驿路（站）行所需八匹驿马、一名乌剌赤人（qïtay daruγa bürüngüdäy elčilärkä yamqa barγu säkiz at ulaγ bir ulaγčï kiši）。"③回鹘语"yam"借自蒙古语"jam"，表驿站④。这说明雅林等人供应的对象是察合台汗国走驿路的使臣。陶宗仪《南村辍耕录》卷一〇"马判"条记："乌剌赤，站之

---

① 松井太《ヤリン文書——14世紀初頭のウイグル文供出命令文書6件》，《人文社會論叢》（人文科学篇）10，2003年，第51—53页。
② 松井太《ヤリン文書——14世紀初頭のウイグル文供出命令文書6件》，第53页。
③ 松井太《ヤリン文書——14世紀初頭のウイグル文供出命令文書6件》，第60页；M. Vér, *Old Uyghur Documents Concerning the Postal System of the Mongol Empire*, Turnhout: Brepols, 2019, pp. 59–60。
④ 学界普遍认为此词系由中古汉语直接借入早期蒙古语，参见 G. Clauson, *An Etymological Dictionary of Pre-Thirteenth-Century Turkish*, p. 933; J. Wilkens, *Handwörterbuch des Altuigurischen*, p. 859。党宝海据蒙元时期不同阶段此词在汉文中音写形式的变化指出，此词并非直接借自汉语"站"，参见党宝海《十六方元朝驿站官印集释》，《元史及民族与边疆研究集刊》第25辑，2013年，第67—70页。

牧马者。"①雅林等人负责提供乌剌赤，亦可说明他们应是管理驿站的站官。值得注意的是，这组文书的出土地点并不集中于某一地。据原始编号知，其中两件文书出土于高昌故城（U5283和III 6972），一件出土于吐峪沟石窟寺（Ch/U6954）②。吐峪沟石窟寺位于距高昌故城东北约13公里处的火焰山峡谷吐峪沟中，在回鹘时代有较大规模的佛教聚落。另外，吐峪沟一带在回鹘时代还有一座城，③因此当地民户不应与高昌城民户属同一行政区划，而这两地出土与同一群站官有关的站赤文书，说明在这两地之间应当有驿路经过并置有一处驿站。

除了松井太刊布的6件文书之外，笔者还在德藏回鹘文书中发现另有一件文书与这些站官有关。德藏吐鲁番文书Ch/U 8097背面为一件回鹘文出葡萄酒帐，费尔（M. Vér）曾将文书全文释读，但他仅将其年代笼统地定在蒙古统治时代④。本文书所记负责供应葡萄酒的人为"雅林"（Yalïn）和"恺儿新"（Kärsin），均多次在前述文书组中出现，是负责在高昌城和吐峪沟等地征收驿马、祗应的站官。而接受供给的则是名作'YDRYLY的那颜（noyin，即官人）一行。显然，这件文书也反映了1322年前后雅林等站官在高昌城北、火焰山南麓驿站供应驿传之事。而这件文书的独特价值则在于其揭示出了这条驿路的走向。文书第1行作：

'YDRYLY noyin kälmištä yalïn turpanqa bir qap bor [b(erdi)]
'YDRYLY那颜来时，雅林〔为那颜〕向土鲁番〔行〕交了1

---

① 陶宗仪《南村辍耕录》卷一〇，李梦生点校，上海古籍出版社，2012年，第112页。
② 松井太《ヤリン文書——14世紀初頭のウイグル文供出命令文書6件》，第53页。
③ 参见付马《丝绸之路上的西州回鹘王朝：9~13世纪中亚东部历史研究》，第213页。
④ M. Vér, *Old Uyghur Documents Concerning the Postal System of the Mongol Empire*, p. 195.

合葡萄酒。

而第5、6行则记有：

> 'YDRYLY noyin lükčüngtin yanarta iki qap bor b(erdi)
> 'YDRYLY那颜来从鲁古尘回来时，〔雅林或恺儿新〕交了2合葡萄酒①。

可知，这位'YDRYLY那颜取此驿道往返于鲁古尘和土鲁番之间，雅林、恺儿新等人负责管理的驿站位于东西走向的鲁古尘土鲁番驿道上。这条驿路应当经过高昌故城和吐峪沟之间，即经过高昌城北、火焰山南麓东西向连通土鲁番和鲁古尘。

除了高昌城和吐峪沟的民户、僧户要向鲁古尘土鲁番驿道供应马匹、祇应外，位于高昌城正北、今胜金口南口附近聚落的僧户、民户也负担着同样的义务。德国吐鲁番探险队曾在位于此地的胜金口石窟寺遗址发掘、收集一批回鹘文书，除佛教文献外，还有一些反映蒙元时代当地僧人聚落生活的世俗文书。德藏回鹘文书U5314为《卯年十月帖苏伐思第（Suvasdï）所领十户为供驿马事》。其原始编号T II S 19b显示，该文书应为德国第二次吐鲁番探险中于胜金口石窟寺遗址所获，则文书所记的征发对象"苏伐思第所领十户"应是在胜金口石窟寺附近生活的僧户或民户。帖文内容作②：

> tavïšɣan yïl onunč ay tört yegirmikä abïšqa bala tonga elčilärkä qïsïlqa [barɣ]u tört atta suvasdï onï bir at baš käzig berip lükčüng

---

① 费尔将此句解作"从鲁古尘返回后，'YDRYLY那颜交两合葡萄酒"（M. Vér, *Old Uyghur Documents Concerning the Postal System of the Mongol Empire*, p. 195），今不取。按：'YDRYLY带有"那颜"的头衔，是往来驿路受接待的使臣，应当是接受葡萄酒供应的一方。此处供出葡萄酒的主语显然是站官雅林和（或）恺儿新。

② D. Matsui, *Old Uigur Administrative Orders from Turfan*, Turnhout: Brepols, 2023, p. 105.

turpan atqa tutzun

卯年十月十四日，为阿必失呵、八剌、同阿诸使臣往谷中行〔所需〕四马中，苏伐思第所领十户出一匹〔作〕头番，抵鲁古尘土鲁番马（lükčüng turpan at）。

所谓"往谷中行"，显然应指向胜金口峡谷行走。此十户民户被临时摊派杂役，要为向胜金口行走的使臣供应一匹马，可以充抵他们的头番力役。而其常规上番的力役则应当是供应所谓的"鲁古尘土鲁番马"。由此可知，当时居住在胜金口沟口一带的民户平时有义务为往来鲁古尘土鲁番驿道的使者供应驿马，而他们所供的驿站很可能就是前述雅林、恺儿新等人所管之站。我们可据此推测，这个位于高昌城北、火焰山南麓之间的驿站的具体位置很可能在吐峪沟沟口和胜金口沟口之间。

除了位于高昌城北的这处驿站外，鲁古尘土鲁番驿道沿线应当还有一站位于土鲁番城附近。土鲁番城遗址即吐鲁番市东南之英沙古城。其历史可追溯到唐西州之安乐城。在西州回鹘时代，该城始有"Turpan"之名，后沿用至蒙元时代[1]。德藏吐鲁番回鹘语文书U5790《为明理帖木儿诸王使臣征食料祇应帖》第5—8行记有[2]：

yol azuqluq bergü üč tayaq ät altï küri mïntä turpanta qanïmdu bir tayaq ät iki küri min bütürüp b[erzü]n

供行路口粮肉3担、面6斗。其中，在土鲁番的观音奴应备齐交付肉1担、面2斗。

---

[1] 参见付马《丝绸之路上的西州回鹘王朝：9~13世纪中亚东部历史研究》，第214—215页。

[2] M. Vér, *Old Uyghur Documents Concerning the Postal System of the Mongol Empire*, pp. 77–78.

可知，观音奴应是在土鲁番城附近的站官，负责在当地民户或站户中征收"祗应"。但据现存资料尚无法判断这所驿站具体位于土鲁番城的什么方位。

三、吐鲁番盆地向西的交通路线

（一）向西通往焉耆等绿洲之路

《新唐书·地理志》"西州"条下小注记有从西州向西前往焉耆的道路，作①：

> 自州西南有南平、安昌两城，百二十里至天山西南入谷，经礌石碛，二百二十里至银山碛，又四十里至焉耆界吕光馆。

南平、安昌两城在唐代都属于天山县辖下，南平为乡，安昌则为城。南平城遗址在今吐鲁番市高昌区恰特喀勒乡公相村西北的拉木伯公相，而安昌城遗址则可能位于其西的帕克不拉克古城。②据《大慈恩寺三藏法师传》记载，玄奘在离开高昌城后，"从是西行，度无半城、笃进城后，入阿耆尼国"。③阿耆尼即焉耆，可知由高昌城西行往焉耆，还要经过无半、笃进两城。无半虽不见于唐代其他文献，但其名出现在10世纪的文献中，知其一直被沿用至回鹘时代④。其城址被定在安昌更西的布干土拉遗址⑤。笃进城入唐以后为天山县，

---

① 《新唐书》卷四〇，第1046页。
② 荣新江《从吐鲁番出土文书看古代高昌的地理信息》，《陕西师范大学学报》2016年第1期，第21页。
③ 慧立、彦悰《大慈恩寺三藏法师传》，第23页。
④ 参见付马《丝绸之路上的西州回鹘王朝：9~13世纪中亚东部历史研究》，第216页。
⑤ 荣新江《从吐鲁番出土文书看古代高昌的地理信息》，第22页。

在唐以后为回鹘人所用，以"toqsïn"称之，盖"笃进"之音，即今托克逊县[①]。综上，若在唐代从西州城出发前往焉耆等地，需要向西先后经过南平、安昌、无半和天山（笃进）四座城，再从天山县西南"入谷"，由此趋向焉耆。此谷当指位于今托克逊县西南的觉罗塔格山间的峡谷，此山为吐鲁番盆地西南的界限。这条道路在唐代被称作"银山道"，则此"银山"应当就指觉罗塔格山。过此山后到今库米什，此为维吾尔语地名kümüš之音译，意即"银"，或取自古之银山。在回鹘文书中有地名"kümüš taɣ"，正是"银山"的对译[②]，可知回鹘时代仍称觉罗塔格山为银山。

这条从高昌城西行进入焉耆的道路在唐朝以后依然是吐鲁番盆地向西的主要交通路线。位于高昌城西南方向的南平城自高昌国时代起便是吐鲁番盆地南部的主要聚落，此城一直被沿用到蒙元时代，在吐鲁番出土的回鹘文书中被称作"nampï~lampï"，正是对汉文"南平"的音写。[③]直到13世纪，南平城依然是由高昌城向西出吐鲁番盆地的必经之地。俄藏回鹘文书SI6544号下共计有4件蒙古统治时代某未年征驿马帖，松井太读出其中第3件（SI6544c）开头的下令者为阿里不哥，据此将这组文书的纪年"未年"定在阿里不哥有

[①] 参见付马《丝绸之路上的西州回鹘王朝：9~13世纪中亚东部历史研究》，第219—220页。

[②] 参见T. Moriyasu, *Corpus of the Old Uighur Letters from the Eastern Silk Road*, p. 75.

[③] D. Matsui, "Old Uigur Toponyms of the Turfan Oases", in: E. Ragagnin, J. Wilkens and G. Şilfeler (eds.), *Kutadgu Nom Bitig: Festschrift für Jens Peter Laut zum 60. Geburtstag*, Wiesbaden: Harrassowitz, pp. 288–292.

能力影响吐鲁番地区的1259年①。第2件帖文（SI6544b）的内容则直接反映了南平在当时的驿路交通中的重要作用，可转写、汉译作②：

> qoyn yïl säkzinč ay yeti yangï[qa] toqsïntaqï yeti yïlqï p'//[ ] käpäz alɣalï barɣučï yägänčükkä turmïšaqa nampïqa barɣu iki atta bačaɣa tarxan yüzintä bolmïš taz bir at ulaɣ berip üč baqïr kümüš qupčïrqa tutzun

> 未年八月初七，移健术、都鲁迷沙为取在他古新（toqsïn）的七年的□棉花税往南平去，需两匹马。八察答剌罕所领百户中的布鲁迷失·塔兹应供一马，以抵三钱银的忽卜赤儿税。

使者移健术、都鲁迷沙取税的目的地是他古新，即今托克逊，是吐鲁番盆地西面的门户。但为其所征驿马行进的目的地则是南平，这说明他们在前往托克逊的驿路上必经南平，当地也置有一站。这一组文书原编号为Uig14，应为罗伯罗夫斯基（V. I. Roborovsky）或克莱门茨（D. A. Klementz）所获，二人所获回鹘文书的出土地点皆是高昌故城①。则此二位使臣的出发地应是高昌城或前节所考高昌城北

---

① D. Matsui, "Dating of the Old Uigur Administrative Orders from Turfan", in: M. Özkan and E. Doğan (eds.), *VIII. Milletlerarası Türkoloji Kongresi (30 Eylül–04 Ekim 2013 - İstanbul) Bildiri Kitabı*, Vol. IV, İstanbul Üniversitesi, 2014, pp. 617–618；松井太《古ウイグル語行政命令文書に"みえない"ヤルリグ》，《人文社会論叢》（人文科学篇）33，2015年，第64—65页；参见 M. Vér, *Old Uyghur Documents Concerning the Postal System of the Mongol Empire*, p. 105。

② D. Matsui, *Old Uigur Administrative Orders from Turfan*, Turnhout: Brepols, 2023, pp. 69–70.

① O. Lundysheva, A. Turanskaya, and H. Umemura, *Catalogue of the Old Uyghur manuscripts and blockprints in the Serindia Collection of the Institute of Oriental Manuscripts*, RAS. Volume 1, pp. XXV, XXVIII. 这组文书也有可能出土于高昌城东北的吐峪沟，但松井认为其出土地点应当就是高昌故城，参见 D. Matsui, "Old Uigur Toponyms of the Turfan Oases", p. 290。

的驿站，从这里取驿路往吐鲁番盆地西南的门户托克逊，所经过的第一站就是南平。

（二）向西北通往天山北道之路

唐代从吐鲁番盆地往西北方向通往天山北道的道路被称作"白水涧道"，《西州图经》记其状况作：①

> 右道出交河县界，西北向处月已西诸蕃，足水草，通车马。

处月部分布在伊犁河谷地。这条路应是从吐鲁番盆地西北经白杨沟进入今乌鲁木齐，由此进入天山北道西行。在《西州图经》残卷所见的各条道路的目的地多为西州邻近的州县，唯独这条道路直通远方，盖因此路"足水草，通车马"，是东西交通的理想道路。正是唐代对天山北道的全面控制和大规模的基础设施建设，才使此路真正发挥作用，并成为盛唐时代西域最主要的一条交通干道②。唐代在白水涧道重要的建制轮台县（城）终西州回鹘王国一代都被保留沿用③，反映了这条道路在唐元之间的持续繁荣。

《西州图经》残卷仅仅记此道"出交河县界，西北向处月已西诸蕃"。而吐鲁番出土的回鹘文书进一步提供了有关这条道路在出吐鲁番盆地之前的具体走向。德藏回鹘文书*U 9241（TM 69）是一件征驿马帖文，其原件在二战中丢失，但土耳其突厥学家阿拉特将

---

① 唐耕耦、陆宏基《敦煌社会经济文献真迹释录》（一），第55页。
② 此路在唐代的重要意义早已由王炳华指出，参见氏著《唐置轮台县与丝绸之路北道交通》，《唐研究》第16卷，2010年，第151—168页；《唐轮台与丝路北道交通》，《国学学刊》2011年第3期，第66—73页。
③ 参见付马《丝绸之路上的西州回鹘王朝：9~13世纪中亚东部历史研究》，第270—271页。

其照片带回伊斯坦布尔保存至今，目前编号 Arat 199/50。文书字体为草体回鹘文，更兼其中有蒙古语借词出现，可确定其属于蒙元时代①。照片所示文书残存6行，其内容可转写、汉译如下②：

> ud yïl säkzinč ay toquz yangïqa yedär elčikä yürüngčïnqa barɣu tört at ulaɣta nampïta [tä]mirči buyan tükäl […]ung čaɣan q[u]lï bilä bir at berip yam at sanïnta tutzun
>
> 丑年八月初九，也迭儿使臣向白镇（yürüngčïn）行所需四匹驿马中，在南平的帖迷儿赤、普颜、都坚、……、查干库利共出一马，充站马（yam at）数。

松井太考证其中地名"白镇"（yürüngčïn）应指唐代的白水镇，后来又进一步演变为地名"乌鲁木齐"，其地应在经吐鲁番盆地西北出口白杨沟通往天山北麓的某地③。这件文书显示，蒙元时代从吐鲁番盆地西北行经白杨沟通往天山北道的道路是一条官方的驿道，反映出唐代的白水涧道经历西州回鹘时代之后仍然是在西北方向进出吐鲁番盆地的交通干道。

帖迷儿赤、普颜、都坚、查干库利等人是南平的民众，但却有义务为前往白水涧道的使臣提供驿马，说明南平正位于高昌城入白水涧道的途中。根据文书有"充站马数"字样可知，帖迷儿赤等可能就是南平当地的站户，他们常规的任务就包括为此站供应站马，而此次临时征发的一匹驿马可以充抵其常规征发的一匹站马。据这

---

① D. Matsui, "Ürümçi ve Eski Uygurca *Yürüngçın* üzerine", in: H. Ş. User and B. Gül (eds.), *Yalım Kaya Bitigi: Osman Fikri Sertkaya Armağanı*, Ankara: Türk Kültürünü Araştırma Enstitüsü, 2013, p. 428.

② M. Vér, *Old Uyghur Documents Concerning the Postal System of the Mongol Empire*, p. 82.

③ D. Matsui, "Ürümçi ve Eski Uygurca *Yürüngçın* üzerine", pp. 427–432.

件文书的信息可推断，从高昌取白水涧道入天山北道的具体路线是：高昌——南平——交河——白杨沟——天山北道。

（三）南平的衰落

及至蒙元时代，南平都是高昌城向西交通路线上的重要枢纽。到14世纪以后，在察合台汗国的统治下，土鲁番城取代高昌城成为吐鲁番盆地内最重要的城市，盆地内的交通干道随之开始向土鲁番城汇聚。向西行去往托克逊的干道转移到经过土鲁番城的线路上，而从高昌城向西行经南平往托克逊的道路则随之衰落。这种变化清楚地反映在成于15、16世纪的明代文献和地图中。1411年，陈诚等奉诏出使中亚帖木儿王朝，途经吐鲁番盆地。据其行纪记载，其一行先后取道鲁陈（鲁古尘）、火州（高昌）、土尔番（土鲁番）、崖儿（交河）和托逊（他古新）[1]，可知当时从吐鲁番盆地经托克逊向西南行的主要驿路已经不再从高昌城向西取道南平，而是要先到土鲁番城，再经过交河前往托克逊。在这条线路上还可以加上盐城一地。陈诚等所撰《西域番国志》在介绍土尔番、崖儿城之后还专门介绍了盐泽城（即盐城）[2]，说明其在从交河前往托克逊的途中应经过了盐城。

所谓《蒙古山水地图》则反映了16世纪西出嘉峪关经中亚前往西亚的路线，其关于吐鲁番盆地内的片段显示，在高昌城（火者）至托克逊（脱辛）的路段之间，共计绘画、标记有交河（牙儿）、土鲁番城、木头沟（母六秃）和盐城（掩失）四座城[3]，可知此时从高昌到托克逊的线路取道土鲁番城和盐城，与陈诚一行所取驿路相

---

[1] 陈诚、李暹《西域行程记》，周连宽校注，北京：中华书局，2000年，第36—37页。
[2] 陈诚、李暹《西域番国志》，周连宽校注，北京：中华书局，2000年，第109页。
[3] 林梅村《蒙古山水地图》，北京：文物出版社，2011年，第236—238页。

同，即首节所考鲁古尘土鲁番驿道向西南方向的延伸，亦即今日从吐鲁番市经托克逊西南行的交通线。此局部中不见南平城，可知高昌经南平往托克逊的驿路在此时已经衰落。《西域土地人物略》也反映了同样的情况，其记载鲁克沁（鲁珍）以西的道里如下[①]：

> 又西五十里为哈剌火者（高昌）。又西五十里为我苔剌城（阿斯塔那）。城西百里为土鲁番。土鲁番西二百里为掩石城儿（盐城）。又西五十里为苏巴失（苏贝希）。北有兔真城儿（托克逊）。

此时从吐鲁番盆地西南出的路线在经过高昌城后，同样要先过土鲁番城，然后再折向西南行。而这时交河和托克逊已不当其孔道，另有阿斯塔那和苏贝希两地出现在沿途。

小　结

从出土文书和传世文献中检出的零星记载让我们能够在一定程度上复原唐代以后以吐鲁番盆地为中心的交通路线。一个整体的印象是，唐代以吐鲁番盆地为中心联结河西与西域的官道在随后的回鹘时代大都得到了继承和沿用，但有一些具体路线在唐元之间发生了变化。在从吐鲁番盆地向东经过哈密绿洲之后，由瓜州进入河西走廊的唐"第五道"似乎不再被使用，而往往采用路由沙州的唐"稍竿道"，反映了敦煌自唐末以来在丝绸之路的枢纽地位。东西横贯吐鲁番盆地的交通路线在回鹘时代的很长一段时间内基本延续了唐代的走向，但至迟在元代，这条交通路线开始偏向土鲁番城。及

---

① 参见李之勤《西域史地三种资料校注》，乌鲁木齐：新疆人民出版社，2012年，第24—26页。林梅村《蒙古山水地图》，第195页。

至14世纪，土鲁番城取代高昌城，成为了盆地内交通干道的交汇点。这反映了吐鲁番盆地的中心城市从高昌向土鲁番转移的过程。同一时期与之密切相关的路线变化发生在由盆地西行的路线逐渐不经过南平。位于高昌城西南的南平城因高昌的衰落而不再占据吐鲁番盆地西南部的交通要道。

继上一章从宏观层面考察唐元之间西域交通干道的变迁之后，本章又从微观层面考察了以吐鲁番盆地为中心的交通路线及其沿革情况，但本编的研究尚不足以回答这样的问题：与此前的时代相比较，沿这些道路开展的交通和商贸，是发展还是衰落了？在下一编中，笔者将检出这一时段西域丝绸之路沿线城市发展的信息，揭示出上述道路沿线在唐元之间发生的城市化现象，从这一侧面论证丝绸之路交通商贸的发展和沿途经济的繁荣。

第三编

城 市

第一章

赤亭：一座丝绸之路绿洲城市的生成史

在今日吐鲁番鄯善县东端分布着一片东北—西南向延伸的狭长绿洲，其上坐落着吐鲁番地区最东部的乡镇一级行政区——七克台镇。从此再向东，则将离开吐鲁番盆地的绿洲，进入荒无人烟的百里风区，踏上前往哈密绿洲的必经之路。七克台，系维吾尔语地名"čiqtim"的音译，可上溯至回鹘语文书中出现的地名"čiqtïn"。而回鹘语地名"čiqtïn"则已被考证为唐代地名"赤亭"的遗音①。唐朝在此地所设置的军事据点赤亭，便是七克台绿洲最早见诸载籍的名称。今日的七克台镇有户籍人口1.68万人②，其农业贡献在吐鲁番地区的33个乡镇中名列前茅，已经成为一片得到充分开发、适宜农业生产的绿洲。森安孝夫曾搜集在赤亭出土的回鹘语文书，讨论蒙元时期赤亭当地聚落的情况，

---

① 参见 D. Matsui, "Old Uigur Toponyms of the Turfan Oases", p. 276；付马《丝绸之路上的西州回鹘王朝：9~13世纪中亚东部历史研究》，第218页。

② 国家统计局农村社会调查司编《中国县域统计年鉴（乡镇卷）2023年》，第636页。

但他未加证明地提出，赤亭的城市聚落在唐代就已经出现，并一直延续到蒙元时代①。那么，唐代的赤亭是否已经出现居民聚落？赤亭的城市聚落是如何形成的？笔者在本章将通检与赤亭有关的文字资料，分别讨论唐代和回鹘时代赤亭地方的社会环境，揭示唐元之间发生在七克台绿洲上的一段城市生成史。

一、唐代的赤亭镇及其社会环境

在唐朝以前，鄯善绿洲是吐鲁番地方政权的东方门户，由此地向东则为前往哈密的道路。该地被称为"白芳（力）"，而位于其东方的七克台绿洲则不见于载籍。吐鲁番出土属于十六国时期的文书中多次出现"守白力"字样，反映了当时白芳城作为盆地东方门户的地位②。在高昌国时代的出土文书中，白芳城又被称为"东镇城"③，亦是其地理位置的直接体现。直到7世纪初麴氏高昌国统治后期，当唐僧玄奘西行经过吐鲁番盆地时，今七克台绿洲一带尚不见有聚落人烟。《大慈恩寺三藏法师传》记，玄奘受高昌王麴文泰之邀，从伊吾出发，"于是遂行，涉南碛，经六日，至高昌界白力城"。④这暗示，玄奘从伊吾（今哈密）向西穿行没有人烟的沙碛之后，到达的第一站便是白芳城，即当时吐鲁番绿洲的东界。位于其东边的七

---

① T. Moriyasu, "On the Uighur Buddhist Society at Čiqtim in Turfan during the Mongol Period", in: M. Ölmez und S.-Ch. Raschmann (eds.), *Splitter aus der Gegend von Turfan: Festschrift für Peter Zieme anläßlich seines 60. Geburtstags*, Berlin/Istanbul, 2002, p. 169.
② 黄烈《中国古代民族史研究》，北京：人民出版社，1987年，第431—458页。
③ 王素《高昌史稿·交通编》，北京：文物出版社，2000年，第66页。
④ 慧立、彦悰《大慈恩寺三藏法师传》，第18页。

克台绿洲在当时则尚未形成①。

唐太宗贞观十四年（640），唐朝攻灭麹氏高昌国，在当地置西州，将吐鲁番盆地纳入版图。唐朝以高昌国的白艻城置蒲昌县，并在其东通往伊州的路途沿线列置烽燧。今七克台之地始置一烽燧，称赤亭烽，该地遂以赤亭闻名，成为唐朝扼守西州东方的一处军事据点。吐鲁番阿斯塔那78号墓出土残文书《唐西州蒲昌县下赤亭烽帖为镇兵粮事》（67TAM78:37）钤有蒲昌县之印，是蒲昌县帖令赤亭烽发放粮食的通知②。据同墓出土的文书资料推断，此件年代应在640年唐灭高昌后不久，最晚不过高宗时期③。

斯坦因（A. Stein）在吐鲁番阿斯塔那墓地所获文书中，有一件为《唐神龙元年（705）赤亭镇牒为长行马在镇界内困死事》，记载了当年在赤亭界内发生的两起长行马累死的事件④。文书明确记载赤亭为"镇"，可知赤亭烽至迟在神龙元年已经升级为镇，暗示当地驻兵的人数进一步增加。文书所记两起事故中的死马肉皆因为"碛内无人可卖"，而"弃置不收"。值得注意的是，其中一起事故发生在赤亭镇"东卅五里"，而另一起则就发生在"营内"，即赤亭镇治所周围。可见赤亭虽然有了驻军，但周围应当并无居民聚落，因此死马肉无人可卖。除了治所所在地，赤亭镇周边应仍是荒凉的沙碛，可供人居的绿洲面积想必不大。

---

① 王素对高昌国时代吐鲁番盆地行政地理的全面考察也显示，赤亭地方无行政建制，参见王素《高昌史稿·交通编》，第26—57页。
② 唐长孺主编《吐鲁番出土文书》（二），北京：文物出版社，1994年，第56页。
③ 参见程喜霖《论唐代西州镇戍——以吐鲁番唐代镇戍文书为中心》，《西域研究》2013年第2期，第12页；孟宪实《汉唐时代的丝绸之路：使者·绢马·体制》，北京：社会科学文献出版社，2024年，第449页。
④ 文书录文参见陈国灿《斯坦因所获吐鲁番文书研究（修订本）》，武汉大学出版社，1997年，第261—263页。

随着唐朝在当地设置军事据点和一系列驿传设施，长期有镇兵驻扎生活在赤亭，正是他们开始了对这一地区的开发。阿斯塔那226号墓出土文书《唐西州都督府上支度营田使牒为具报当州诸镇戍营田顷亩数事》（72TAM226:51）是西州都督府对辖区内各处镇戍屯田数量的报告，第三行记有赤亭镇的情况，作[①]：

> 赤亭镇兵肆拾贰人，营□□顷。

由于同墓还出土有纪年为开元十年（722）的官文书，知此文书年代当在开元十年前后[②]。赤亭地方的驻军数量在当时已经增加到42人，他们在当地屯田种粮。在驻地周围开荒屯田，是唐朝烽燧戍堡驻军的常规行为，可以减轻边州转运粮草的压力。这也从侧面说明，直至此时赤亭周边尚无农村聚落，驻屯的镇兵42人需要依靠自行屯田以补充供给。阿斯塔那墓地出土73TAM506：4/32—21号文书《唐天宝十四载（755）申神泉等馆支供〔封〕大夫帖马食醋历请处分牒》是神泉、罗获、赤亭、达匪四处馆驿向交河郡长行坊申报天宝十三载（754）为安西北庭节度使封常清一行供给帖马食料的文书[③]。这件文书说明直到唐天宝年间，途经赤亭的行人所用帖马食料都需要由远在西州的长行坊供给赤亭馆[④]，亦可知赤亭周围没有民户居住。

---

① 图版及录文据唐长孺主编《吐鲁番出土文书》（四），北京：文物出版社，1996年，第101页。
② 唐长孺主编《吐鲁番出土文书》（四），第89页。
③ 文书图版、录文参见唐长孺主编《吐鲁番出土文书》（四），第547页。对文书历史背景的考释，参见朱雷《吐鲁番出土天宝年间马料文卷中所见封常清之碛西北庭行》，氏著《敦煌吐鲁番文书论丛》，兰州：甘肃人民出版社，2000年，261—265页。
④ 陈国灿《唐西州蒲昌府防区内的镇戍与馆驿》，《魏晋南北朝隋唐史资料》第17辑，2000年，第92—93页。

在唐朝的开发和经营之下，赤亭镇逐渐成为吐鲁番盆地东面的门户。据前引《新唐书·地理志》"伊州"条"纳职"下小注可知，当时从东面进入西州的两条官道要交汇于赤亭，赤亭成为扼守西州、伊州之间交通道路的关口。值得注意的是，《新唐书·地理志》已称赤亭作"赤亭守捉"，或许说明赤亭镇后来升级至规模更大的驻军单位"守捉"[1]，赤亭绿洲的范围应当又得到进一步的开发和扩大。随着其战略地位的提升，赤亭甚至成为盛唐时代边塞诗中边关要津的象征。天宝十载（751），岑参于武威先后送别刘单判官、李副使二人前往安西节度使高仙芝行营，为二人各赋送别诗。《送李副使赴碛西官军》开篇便作："火山六月应更热，赤亭道口行人绝。"[2] "火山"当指东西向穿行吐鲁番盆地的大路所依傍的火焰山。"赤亭道口"已经和火焰山一样，成为进入西域地区的道路地标。《武威送刘单判官赴安西行营便呈高开府》专门描写了西行往安西沿途之艰苦，作[3]：

> 曾到交河城，风土断人肠。寒驿远如点，边烽互相望。赤亭多飘风，鼓怒不可当。有时无人行，沙石乱飘扬。夜静天萧条，鬼哭夹道旁。

所谓"多飘风"，应指从东趋向赤亭的道路沿途所经过的百里风区，常年风沙动地。作者在诗中着墨于赤亭，不但说明该地已经成为唐代进出西域之路的交通咽喉，也反映出赤亭周边仍无人烟，是"寒

---

[1] 在唐代，狭义的"守捉"指规模在镇之上、军之下的边防军事单位，而广义的"守捉"则可用以泛指镇戍长官，参见程喜霖《吐鲁番文书所见唐代镇戍守捉与烽燧》，姜亮夫、郭在贻编《敦煌吐鲁番学研究论文集》，上海：汉语大词典出版社，1990年，第457—458页。此处所记，不似泛称镇戍长官。

[2] 陈铁民、侯忠义《岑参集校注》，上海古籍出版社，2019年，第134页。

[3] 陈铁民、侯忠义《岑参集校注》，第129页。

驿""边烽"的代表。

二、回鹘时代的赤亭城市聚落

8世纪末叶，漠北回鹘汗国击败吐蕃，将唐朝的安西、北庭等地纳入其直接统治之下，东部天山地区由此进入回鹘时代。漠北回鹘汗国崩溃之后，大批回鹘部众迁徙至东部天山地区定居，开启了当地人口的回鹘化。在发生政权更迭的8、9世纪之间，赤亭不见于载籍，其情况后人无从得知。到10世纪此地再次出现在文献中的时候，相关记载透露出当地的社会环境出现了重要的变化——当地已经出现居民聚落。982年，北宋遣王延德出使西州回鹘，其所撰《西州使程记》记录他从伊州前往高昌的过程如下：①

> 次历伊州……次历益都。次历纳职城，城在大患鬼魅碛之东南，望玉门关甚近，地无水草，载粮以行，凡三日，至鬼谷口避风驿，用本国法设祭，出诏神御风，风乃息。凡八日，至泽田寺。高昌闻使至，遣人来迎。

王延德从伊州纳职城出发，穿越无水草的沙碛，在百里风区遭遇风灾后，方得以进入西州地界。而其所记西州（高昌）境内的第一站为"泽田"。这正是唐"赤亭"在回鹘语中的遗音 čïqtïn，被延德以汉文音写记录下来。延德记当地有"泽田寺"，说明当时赤亭地方已经拥有一座寺庙，这无疑是当地出现居民聚落的证据。作为一个以东部天山地区为中心的地方政权，西州回鹘显然无法像唐朝一样

---

① 王延德《西州使程记》单刻本已佚，其全貌不详。南宋王明清《挥麈录》、马端临《文献通考》和元修《宋史》皆详录其文。《宋史》点校本据前两书校勘文字。此据《宋史》卷四九〇，第14111页。

第三编　第一章　赤亭：一座丝绸之路绿洲城市的生成史

依靠强大的动员能力维持一套驻防和驿传系统。他们治下的赤亭守捉城显然不再是一个靠其他绿洲供给的军事据点，而是一个位于丝绸之路要道的居民聚落。当地能够承载回鹘居民的定居，应当归功于唐朝在此地的屯兵和开发。

经过西州回鹘的进一步开发，赤亭地方到蒙古统治时代已经形成一定规模的居民聚落。除了森安孝夫提到的佛教聚落外，赤亭当地或许还有景教聚落。俄藏回鹘文书SI 4820包含两件蒙古时代的赋役文书[①]，笔者摘引相关内容并汉译如下：

> bilä üč y(e)g(i)rmi at altï y(e)g(i)rmi äšgäk ulaγ-ta pučang čïqtïn birlä bir at bir äšgäk iki tonluq böz birlä a[t]a buqa qanimdu ïnäki bačaq [q]ayaγ-a b(i)lä quvraγ ärkägün el-tän bütürüp berzün

> 共计13匹驿（乌络）马、16头驿驴，蒲昌、赤亭（两地）共出一马、一驴。再加两（匹）棉布。阿多、不花、观音奴、亦乃机、八察和海牙加应从佛教僧众和也里可温僧众处收齐，上交。

> yilägäy elčikä qor qïlmïš kümüštä pučang čïqtïn birlä beš stïr üč b[a]qïr kümüšni tümän buqa ata totoq bačaq qayaγa olar bütürüp berzün

> 使臣亦来盖所用度银钱，蒲昌、赤亭〔两地〕共出5两3钱。由土绵、不花、阿多、都督、八察和海牙加收齐，上交。

松井太指出，此文书中出现的阿多、不花、观音奴、亦乃机、八察、海牙加、土绵、都督等人物应为蒲昌和赤亭两地的地方官吏，

[①] 转写据费尔最新的释读，参见氏著 *Old Uyghur Documents Concerning the Postal System of the Mongol Empire*, pp. 92–93。

负责征收税赋。① 在唐代,蒲昌是西州治下的一县,规模中下;而赤亭则只是一个守捉城(镇),是蒲昌府下辖的军事据点。但经过回鹘时代,赤亭已经可以与蒲昌这样的大型城市聚落并列,拥有地方行政组织以及供统治者征税的编户齐民。

在德藏吐鲁番文书中,有7件回鹘文契约文书的原始编号依次为T II Čiqtim 1—7,② 清楚地表明它们是在德国第二次吐鲁番探险时于赤亭遗址出土。关于这批文书的具体出土情况,勒柯克并没有记录在案。但据其行程推测,应是在1905年8月从吐鲁番往哈密途中经过赤亭遗址时所获③。在芬兰国家图书馆藏马达汉(C. G. Mannerheim)收集品中,有4件回鹘文契约文书也是在赤亭地方购得。④ 马达汉在一封信中写道:"在七克台木(赤亭),一个距离辟展(鄯善,即古之蒲昌)数日程的小型汉城中,有一个遗址。据说格伦威德尔教授在往哈密去的途中曾在此地发掘。当地民众其后应当又继续在此发掘,因为他们向我兜售了三四叶文书。"⑤ 这里所谓的"遗址",显然是当地兀立高台的赤亭故城,说明这4件文书和德国探险队所获的7件文书一样都出土自赤亭故城。这些文书多数属于契约文书,涉及多户人家,也有官方的税收文书。这样一批文书性质的写本集中出土于赤亭故城,使人联想到,这里在回鹘时代可能

---

① D. Matsui, "Old Uigur Toponyms of the Turfan Oases", p. 227.

② 原编号为 T II Čiqtim 3 的文书在二战中佚失,其他六件现编号依次为:U 5331、U 5231、U 5330、U 5234、III 50、U 5242。

③ 勒柯克所记德国第二、第三次吐鲁番探险的考察经过,参见阿尔伯特·冯·勒柯克《新疆的地下文化宝藏》,陈海涛译,乌鲁木齐:新疆人民出版社,1999年,第 97 页。

④ 由兰司铁(G. J. Ramstedt)刊布、释读,参见 G. J. Ramstedt, "Four Uigurian documents", in: C. G. Mannerheim, *Across Asia from West to East in 1906-1908*, Vol. II, Helsinki, 1940, pp. 1–12.

⑤ 马达汉 1908 年 2 月在兰州寄给多纳(Otto Donner)之信,转引自:T. Moriyasu, "On the Uighur Buddhist Society at Čiqtim in Turfan during the Mongol Period", p. 155.

就是当地聚落的行政衙署之所在。唐代作为军事据点而设立的赤亭守捉城（赤亭镇），经过回鹘时代的发展，已经成为一个以城为中心的聚落。

回鹘时代赤亭城的行政长官在回鹘文书中作"balïq bägi"，字面意思作"城主"，见于芬兰藏回鹘文书 SUS 2.49.1《酉年三月初二俱泥虎思（Köni Quz）遗嘱》中。根据该文书中出现的人物和字迹，森安孝夫考证其应与德藏 U 5243（T II Čiqtim 5）由同一书手写成。① 而据后者的原始编号可知，这两件文书应当都出自赤亭。文书订立者俱泥虎思希望其妻、姻亲和子孙以后不要发生争执，于是在遗嘱中写有："如他们发生争执，则让他们交一金锭给内藏库（ičgärü aɣïlïq），交一匹马给高昌〔城〕主，交一头牛给城主，然后受严厉的刑罚（čamlasarlar ičgärü aɣïlïqqa bir altun yastuq qočo bägingä bir at balïq bägingä bir ud berip aɣïr qïynqa tägzün）。"② 其中的"城主"（balïq bägi）显然指文书出土之地赤亭城的城主③，应当是当时赤亭绿洲城邑聚落的行政长官。

综上可知，位于吐鲁番鄯善绿洲东端的今七克台绿洲在 7 世纪初叶尚无人烟。唐朝建立伊州、西州后，为守护此二州间的道路、服务邮驿交通，而在当地建立军事据点和馆驿，依靠国家力量开发这片绿洲。回鹘人西迁以后，唐代的边州变成回鹘人的腹地，回鹘人口自然流入唐朝已经开发的赤亭绿洲，并以唐代的赤亭城址为中

---

① 森安孝夫《ウイグル文书箚记（その三）》，《内陸アジア言語の研究》第 7 辑，1992 年，第 50—52 页。

② 山田信夫《ウイグル文契約文書集成》第 2 卷，小田寿典、ペーター・ツイーメ、梅村坦、森安孝夫编，吹田：大阪大学出版会，1993 年，第 136 页。

③ 森安孝夫《ウイグル文书箚记（その三）》，第 52 页；T. Moriyasu, "On the Uighur Buddhist Society at Čiqtim in Turfan during the Mongol Period", p. 156。

心形成聚落。

三、吐鲁番盆地东部交通道路沿线城市的兴起

至迟到13世纪，赤亭已经发展成为以城市为中心、有行政衙署的较大聚落。除了以赤亭城为中心的城邑聚落外，赤亭绿洲上可能还兴起了另一座城市。《蒙古山水地图》在吐鲁番盆地东部局部绘有一城，标作"脱谷思"①，不见于《西域土地人物图》等地图、文献。笔者曾在赤亭故城出土的德藏回鹘文书 *T II Čiqtim 3中检出回鹘语地名Töküz，在读音上正可勘同"脱谷思"，并将其地置于七克台绿洲上距离赤亭故城不远的某处②。笔者下面再补充一则材料，可将脱谷思城的出现上溯至13世纪60年代。

元世祖至元四年（1267）六月，耶律希亮从苦先（今库车）返回中原。《元史·耶律希亮传》记其行程作："由苦先城至哈剌火州，出伊州，涉大漠以还。"③而《耶律希亮神道碑》对同一行程则有更为细致的记载，作：④

> 繇苦先城至哈剌火州，宕柳中，经鐡堠子，宿伊州，涉大漠以还。

显示耶律希亮此行在高昌城（哈剌火州）和伊州之间，还经过了柳中和鐡堠子两地。根据柳中和哈密（伊州）之间的地理，岑仲勉准

---

① 林梅村《蒙古山水地图》，第234—235页。
② 付马《丝绸之路上的西州回鹘王朝：9~13世纪中亚东部历史研究》，第220—223页。
③ 《元史》卷一八〇，第4161页。
④ 危素《危太仆文续集》卷二，收入《元人文集珍本丛刊》（七），台北：新文丰出版公司，1985年，第507页下栏。

确地指出，鑯堠子一定位于鄯善或七克台绿洲上①。但他将"鑯"视为"赤"的"一音之转"，从而将鑯堠子同定为赤亭，令人难以信从。笔者认为，"鑯"或为"鐡（铁）"字之讹误，"铁堠子"中古音可还原作/thjɛ xəw tsz/，可与Töküz以及脱谷思同定。

可见，经过回鹘时代的进一步开发，赤亭绿洲的范围应当有所扩大，其所承载的人口规模亦有所增加，至迟到元朝当地已经拥有了两座城市。这片绿洲的开发肇始于唐朝在当地的建城和驻兵，而城市聚落的形成和发展则发生在回鹘时代。作为丝绸之路东西交通路线的咽喉，赤亭绿洲城市聚落的出现和扩大，应当是回鹘时代丝绸之路贸易活动更加繁荣的直接结果。这在赤亭故城出土的回鹘文书中可以找到相关的线索。德藏回鹘文书U 5231《牟迪斯都统赊贷毡子契》原始编号为T II Čiqtim 2，显示其出土地点就在赤亭故城。笔者现参考前人研究②，将文书内容转写、汉译如下：

  ud yïl ikinti ay bir yangïqa manga büdüs tutungqa napčikdä kidiz k(ä)rgäk bolup arslan sïngqur oγulta bir kidiz altï bözkä altïm birlä barmïš arqïš yanmïš-ta altï böz berip ïdurmän arqïštïn ïdmasar män birär ay birär böz asïγ birlä köni berür män qač ay tutsar bu oq yangča asïγï birlä köni berürmän berginčä yoqbar bolsar ävt(ä)kilär köni berzün tanuq yegän taš oγul bu tamγa män büdüs tutung-nung ol

  丑年二月初一，我牟迪斯都统（büdüs tutung）在纳职（napčik）因需要毡子，从阿萨兰·升豁儿·斡兀立（arslan sïngqur oγul）处获得一件毡子，许以6〔匹〕棉布。一起去的

---

① 岑仲勉《中外史地考证》，北京：中华书局，1962年，第574页。
② 山田信夫《ウイグル文契約文書集成》第2卷，第89—90页。

商队回来以后，我将6〔匹〕棉布奉还。如果在这次商队回来时没有还上，拖欠一个月，我就应多还一〔匹〕棉布作利息。拖欠几个月，就按这种方式返还利息。如果还债之前〔我〕不知所在，则由〔我的〕族人偿还。见人移健·塔失·斡兀立（yegän taš oγul）。此印是我牟迪斯·都统之印。

文书出土于赤亭故城，说明赊贷双方应当是同样生活在赤亭的回鹘商人。而赊贷之事发生在纳职，则说明当时双方组成的商队正在纳职经商，或是途经纳职前往伊州等地，而商队最终要返回赤亭。纳职，正是有唐以来从吐鲁番盆地东端的赤亭出发，向东过沙碛后进入伊州的门户。这件文书说明当时有回鹘商队聚居在赤亭一带，提示赤亭绿洲城市聚落崛起的一个重要原因应是丝绸之路沿途贸易的兴盛。芬兰藏回鹘文书 SUS 2.49.1 是一件债务分割契，学者据其中出现的人物将之与其他三件文书归为一类，指出其系元朝统治时期赤亭当地居民所留[1]。文书前9行记有[2]：

(1) taqïγu yïl yetinč ay säkiz ygrmikä m(ä)n

(2) toyïnčoγ tüšiki basïqï biz üčägü ävdä

(3) čoγï bolmïšqa tuγmïšïmïz ädgü tonga tardu

(4) öz qana üẓkintä tešip . bo küntä

(5) öngdünki tüšikining tangutta qïtay

(6) -ta nägü y(e)mä berimi bar ärsär toyïnčoγ basïqï

(7) bilmäz m(ä)n tüšiki bilirm(ä)n bu kün-tä

---

[1] L. Clark, *Introduction to the Uyghur Civil Documents of East Turkestan (13th-14th cc.)*, Indiana University Ph.D. dissertation, 1975, p. 182; T. Moriyasu, "On the Uighur Buddhist Society at Čiqtim in Turfan during the Mongol Period", p. 161.

[2] 山田信夫《ウイグル文契約文書集成》第2卷，第151—152页。

(8) ken. nägü y(e)mä qalan basïγ bolsar üčägü

(9) qalanmïzqa üläšip berürbiz

鸡年七月十八日，我脱因绰黑（Toyïnčoγ）、土悉吉（Tüšiki）、拔悉吉（Basïqï）等三人，因在家中有争执，当着我们的亲人阿德董阿（Ädgü Tonga）、达头（Tardu）和兀思哈那（Öz Qana）之面商议，从今日起，无论之前土悉吉在唐兀（即河西）和契丹（即北中国）有何等旧债，脱因绰黑、拔悉吉概不负责。我土悉吉负责。从今日起，以后不论有何等卡兰（qalan）和八石黑（basïγ），我们三人分摊卡兰。

文书显示，土悉吉在唐兀（河西）和契丹（北中国）可能有债务关系，说明他在这些地方从事商业活动，而其族人脱因绰黑和拔悉吉此前曾与他合伙经商①。卡兰，是蒙古汗国治下对征服地区定居人口派役的一种主要形式。吐鲁番出土的回鹘文书显示，蒙古统治者在当地按户征派卡兰，而居民往往纳财物代役②。八石黑则是卡兰之下的一种力役，也常以纳财物的形式代役③。由立契三人分摊卡兰可知，他们应当都是著籍在赤亭当地的同族居民，皆有义务纳财物充卡兰等劳役。这件文书显示，在前往中原、河西贸易的回鹘商人中有聚族定居在赤亭者。由此推想，前引U 5231《牟迪斯都统赊贷毡子契》的立契人可能也是随商队沿丝绸之路向东前往"唐兀"和"契丹"

---

① T. Moriyasu, "On the Uighur Buddhist Society at Čiqtim in Turfan during the Mongol Period", pp. 163–164.

② D. Matsui, "Uigur Peasants and Buddhist Monasteries during the Mongol Period: Re-examination of the Uigur Document U 5330 (USp 77)", in: T. Irisawa (ed.), *"The Way of Buddha" 2003: The 100th Anniversary of the Otani Mission and the 50th of the Research Society for Central Asian Cultures*, Kyoto: Ryukoku University, 2010, p. 57.

③ D. Matsui, *Old Uigur Administrative Orders from Turfan*, pp. 176–177.

经商的赤亭回鹘商人，他在途经纳职时立契借贷了毡子。而本文书的立契者脱因绰黑（Toyïnčoγ）还见于另一件德藏回鹘文书 U5242（T II Čiqtim 7），它同样出土于赤亭故城遗址。该文书则是脱因绰黑与斡图思（Otuz）二人为分割其奴婢税务所立契约，文书记立契缘由作："属于我斡图思的、名叫 B//ltur 的铁匠男奴和属于我脱因绰黑的、名叫爱·习力哥（Ay Silig）的织工女婢，此二人在没有问其主人的情况下便结为夫妻。"①可知，商人脱因绰黑家中还蓄养织工奴隶。笔者将在下文专门论说，回鹘商人不仅参与丝绸之路沿线各种商品的贸易，还是各种织物和手工商品的实际生产者（参见第4编第3章），则他豢养的织工以及斡图思豢养的铁匠，可能就是为这些回鹘商人制造织物等商品的生产者。

如果将视线沿赤亭所在的东西交通路线继续向西延伸，我们可以发现赤亭、脱谷思这样的新兴城市在回鹘时代绝非个案，在传统的绿洲城市之间，沿交通路线还有其他城市悄然兴起。由赤亭、蒲昌（鄯善）继续向西，横贯吐鲁番盆地的交通道路要先经过连木沁。连木沁绿洲位于火焰山北麓，可从此经由贯通火焰山的赛尔克甫沟（Sirkip Aγïz）到达火焰山南麓的鲁克沁绿洲。在唐代，这两处绿洲分别坐落着临川和柳中两座大城，但两城之间则再无其他城市聚落。经历回鹘时代的发展变迁以后，赛尔克甫沟靠近火焰山南麓的谷口处兴起一个全新的城市聚落——Sirkip。此地名一直留至今日，成为当地村落和峡谷名，赛尔克甫即其音译。此城最早出现在敦煌藏经洞所出于阗国使者对河西、西域地区地理的记载中（"钢和泰"卷子于阗语地名表）。据蒲立本考证，该地名表写于925

---

① 山田信夫《ウイグル文契約文書集成》第2卷，第147—148页。

年①。地名表第17到24行列有西州治下城市名目，第18行记有地名Tsīräkyepä kaṃtha，意为"Tsīräkyepä城"，学者按对音将Tsīräkyepä还原作今地名Sirkip②。德藏回鹘文献U 5333（T III M 193）为册页本佛经，系萨迦班智达（Sa-Skya Pandita）造《上师瑜伽》的回鹘语译本，由德国探险队在第三次吐鲁番探险中于木头沟（Murtuq）所得。文献最后一叶留有两种题记，最后一句作"likčiu balïqtaqï sirkäp atlïy sängräm（柳中城境内的名叫sirkäp的僧伽蓝）"③。这座佛寺可能就是见于唐代汉文文书的"七级寺"，回鹘语寺名和地名"sirkip（sirkäp）"应当就是汉语"七级"之遗音④。赛尔克甫当地迄今尚未发现城郭遗址⑤，但有石刻佛像遗迹⑥，印证了当地在回鹘时代有佛教社会存在。《蒙古山水地图》在鲁克沁（"鲁城"）右下方、连木沁（"懒真"）上方绘有一城标作"洗儿乞"⑦，正与今赛尔克甫村相对上述两地的位置一致。说明洗儿乞城繁荣到15世纪。

由鲁克沁绿洲西行，则可到达高昌故城所在的二堡乡。在这条

---

① E. G. Pulleyblank, "The Date of the Staël-Holstein Roll", *Asia Major*, vol. 4, no. 1, 1954; in his *Central Asia and Non-Chinese People of Ancient China*, Variorum Collected Studies Series, Ashgate, 2002, pp. 90-97.

② H. Bailey, "The Staël-Holstein Miscellany", *Asia Major*, vol. 2, 1951, p. 13; J. Hamilton, "Autour du manuscrit Staël-Holstein", *T'oung Pao*, Second Series, vol. 46 (1+2), 1958, p. 140.

③ 森安孝夫《ウイグル語文献》，山口瑞鳳編《講座敦煌6：敦煌胡語文献》，東京：大東出版社，1985年，第82–83頁；Y. Kasai, *Die uigurischen buddhistischen Kolophone*, p. 211.

④ K. Kitsudō, "An Etymon of Sirkip Oasis in the Turfan Region", *Türk Dilleri Araştırmaları* 24 (1), 2014, pp. 145–150.

⑤ 参见西村阳子、铃木桂、张永兵《吐鲁番地区古遗址分布考——以麹氏高昌国、唐西州时期的古遗址的空间把握为中心》，《吐鲁番学研究》2009年第2期，第28—55页。

⑥ 西村阳子、铃木桂、张永兵《吐鲁番地区古遗址分布考——以麹氏高昌国、唐西州时期的古遗址的空间把握为中心》，第55页。

⑦ 林梅村《蒙古山水地图》，第234—235页。

道路的沿线上，还有一座新的城市聚落在回鹘时代崛起。《蒙古山水地图》在鲁城与火者之间绘有一座"羊黑"城[①]。《西域土地人物略》记："鲁真北为羊黑城儿，又西五十里为哈剌火者。"此羊黑城儿之读音与今吐峪沟乡地名洋海（Yangxi）一致，其地应在从鲁克沁西北往高昌故城的路上。到15世纪时，此两大绿洲间的要道上已经形成一个以羊黑城为中心的城市聚落。追溯羊黑城的源头，首先应联想到高昌国、唐代高昌城以东一带的城市。在高昌城东有酒泉城，高昌国为酒泉县，在唐代降为酒泉城，属柳中县。酒泉城在唐西州末期和西州回鹘早期的文献中没有任何记载。考古工作者将今鄯善县吐峪沟乡洋海村洋海古墓群西南6公里处古城遗址比定为酒泉城遗址[②]。如果这一比定正确，则与明代地图文献所记羊黑城在柳中北、高昌东的情况不太相符。羊黑一名（Yangxi < Yangï xi）应来自突厥语yangï"新"，从名字看很有可能此城是西州回鹘人新筑之城。因此，我们可将羊黑城看作柳中与高昌两大城之间新兴的一个城市聚落。

在唐代以后，沿着吐鲁番盆地东部交通干道兴起了一些城市聚落，包括赤亭、脱谷思、洗儿乞、羊黑。自高昌国、唐西州以降，这条路线沿线的居民聚落集中在鄯善绿洲、鲁克沁绿洲和高昌绿洲。在这三大传统绿洲之间兴起新的城市聚落，反映了吐鲁番盆地的土地资源在回鹘统治时代得到了进一步的开发。回鹘人在继承唐朝的城市和军事性城址的基础上，还进一步开发新的绿洲，发展出新的城市聚落，这正是回鹘时代丝绸之路沿线繁荣发展的明证。

---

① 林梅村《蒙古山水地图》，第235—236页。
② 新疆维吾尔自治区文物局编《新疆维吾尔自治区第三次全国文物普查成果集成·新疆古城遗址》，北京：科学出版社，2009年，第370页。

小　结

　　从唐代直至元代的吐鲁番出土文书中检出有关赤亭的记载，让我们有机会重现这座吐鲁番盆地东端的绿洲城市聚落生成的过程。唐朝占据东部天山之后，将原本各自独立分散的西域绿洲纳入到统一的驿传系统中，七克台绿洲因地处西州、伊州之间的交通干道而受到重视，始在其地置有烽燧，守护道路。随着唐朝统治逐步确立，占据交通要津的赤亭地位愈加重要，有一定驻军的镇戍单位赤亭镇在当地设置，并同时设有供给行人和驿马的赤亭馆、赤亭坊。赤亭镇的驻军在当地开发土地屯田，成为赤亭绿洲最早的开发者。有唐一代，赤亭的建制最终由镇升级到更高级别的镇戍单位守捉，长期驻有一定数量的守军，但当地始终没有居民聚落。

　　回鹘部众西迁之后，唐代的镇戍城址赤亭被其继承，并在回鹘语中沿用其名，称"čïqtïn"。而回鹘时代最为重要的变化，则是回鹘人以唐代赤亭城址为基础，发展形成一座城市聚落，至迟在10世纪即已成型。该城市聚落的中心为赤亭城，有行政长官"城主"，周围有农村聚落、佛教聚落和景教聚落。而当地在回鹘时代得到发展的一个重要因素应当是其地处丝绸之路交通要津，前往哈密、河西走廊乃至北中国从事贸易的回鹘商人以此为据点，形成商人聚落。至迟到13世纪，赤亭绿洲已经得到相当程度的开发，除赤亭城外，还兴起另一座城脱谷思。唐代从伊州至西州的交通路线沿途还有其他城市聚落在唐元之间兴起，当知赤亭城市聚落的生成和发展应是回鹘时代丝绸之路沿线经济发展的一处缩影。

第二章

东部天山地区的城市化

赤亭绿洲的发展及当地城市聚落的生成过程，是回鹘时代西域丝绸之路沿线地区城市化的生动个案，揭示出回鹘人在迁徙至西域地区之后，不但占据当地原有的城市定居，而且还以唐代原本服务于军事用途的城址为基础发展出新的城市聚落。类似的城市聚落生成过程，不只见于吐鲁番盆地交通道路沿线，而是西州回鹘治下整个东部天山地区的普遍现象。尤其是在历史上长期为游牧部族占据的天山北道，回鹘时代发生的城市化最为引人瞩目。

一、回鹘政权对唐代各类城址的继承与沿用

文献和考古资料皆显示，唐代东部天山地区的主要城市如西州（高昌）、北庭、伊州（哈密）、焉耆等，皆被回鹘人继续使用，并在回鹘时代得到了进一步发展，这点已

无须赘述①。除此之外，唐代沿交通要道修筑的军城、镇戍等城址同样被回鹘人继承沿用。

866年，回鹘首领仆固俊在北庭崛起，率军攻占西州。这支力量后来统一了东部天山地区的回鹘各部，建立西州回鹘政权。②多种汉文传世文献记载了仆固俊崛起之事，《资治通鉴》相关记载所保留的信息最值得玩味③：

> 〔咸通七年（866）〕春，二月，归义节度使张义潮奏北庭回鹘〔仆〕固俊克西州、北庭、轮台、清镇等城。

其所列的四座城中，西州、北庭是唐北庭都护府下最重要的城市，轮台是庭州辖下的县城，而清镇则是北庭下辖的军城。唐朝驻军在792年即已彻底丧失对北庭辖下各地的控制，及至866年，已过去70余年光阴。但这条记载却显示，唐朝在东部天山地区所建的大小城址被回鹘人整体性地接收、沿用。除了北庭、西州等著名的大城之外，作为县城的轮台和用以屯兵驻防的军城清镇也同样被继承沿用。

在归义军节度使张议潮对唐朝的报告中，北庭、西州因其地位之显著而被提及，自不待言。那么，轮台、清镇二城因何得以与西州、北庭并列，被专门提及呢？唐北庭都护府守卫着沿天山北麓通

---

① 比如唐北庭城被西州回鹘可汗选为冬都，这座原本以军事防御为主要目的的唐代边城，成为回鹘王国的政治、宗教和文化中心。考古发掘和回鹘文书资料显示，回鹘人不但重修了北庭城的外城，而且在城中新建了内城和宫城，并在城西修建了规模宏大的王家寺院西大寺，参见付马《回鹘时代的北庭城——德藏 Mainz 354 号文书所见北庭城重建年代考》，《西域研究》2014 年第 2 期，第 9—22 页；付马《丝绸之路上的西州回鹘王朝：9~13 中亚东部历史研究》，第 178—195 页。
② 关于西州回鹘的建国历程，参见付马《丝绸之路上的西州回鹘王朝：9~13 中亚东部历史研究》，第 106—154 页。
③ 《资治通鉴》卷二五〇，中华书局点校本，2011 年，第 8235 页。

往楚河（碎叶）流域的官道，同时正当沿准噶尔盆地东缘北上再转入蒙古高原的"回鹘路"，是维护东西交通、遏制草原民族进犯、屏障西伊两州的重镇。①据《新唐书·地理志》"北庭大都护府"条下小注记载，北庭辖下大规模的驻军有三处，分别是屯驻在北庭城的瀚海军、轮台城的静塞军和清镇军城的清海军。轮台城今址在乌鲁木齐南的乌拉泊古城，扼守着由天山北麓进入吐鲁番盆地的要道"白水涧道"。②清镇军城则在庭州西七百里，正当庭州向西通往碎叶的要道。因此轮台和清镇分别是唐朝在北庭南面和西面最重要的战略要地。在唐朝退出西域70余年以后，回鹘各部的军事行动依然要将争夺轮台、清镇作为战略重点，清晰地表明西迁回鹘人将唐朝在西域地区所建的一整套驻防设施成体系地继承下来。在回鹘统治东部天山大约4个世纪之后，长春真人丘处机携弟子一行在途经"鳖思马"（即北庭）时，从当地人口中得知"唐之边城，往往尚存"③。这句话不仅指回鹘人全盘继承了唐朝在当地的城址，还隐含着这些军事据点都发展成为了城市聚落的含义。

在仆固俊统一西迁回鹘各部并建立西州回鹘政权之后，东部天山地区的政局趋于稳定，天山南北两麓各地的族群开始回鹘化。在这样的背景下，唐代为军事目的而建设的镇戍城址在性质上逐渐发生了转变。中国文化遗产研究院藏回鹘文历史文献第22叶（xj222-0661.09）的相关记载透露，这种转变在其政权建立初期即已发生。该写本第R—W节记载，原本臣属于契丹的六姓达靼等部族从蒙古

---

① 荣新江《7—10世纪丝绸之路上的北庭》，陈春生主编《海陆交通与世界文明》，北京：商务印书馆，2013年，第64—73页。
② 参见王炳华《唐置轮台县与丝绸之路北道交通》，第151—168页；同氏《唐轮台与丝路北道交通》，第66—73页。
③ 王国维《长春真人西游记校注》，谢维扬、房鑫亮主编《王国维全集》第11卷，杭州：浙江教育出版社，2009年，第573页。

高原迁徙到东部天山地区，投入西州回鹘开国可汗的麾下，①笔者已指出此事发生在晚唐咸通末年至光启年间（约9世纪70—80年代）或其后不久。②他们迁入东部天山地区后，最初落脚在"北塔山（bay taγ）到横相乙儿（qum sängir）之间的地方"。北塔山位于今新疆昌吉回族自治州东北角，其北直到阿尔泰山东南端之间的豁口正是准噶尔盆地进出蒙古高原的孔道，为唐代"回鹘路"的咽喉，在各个历史时期都曾为草原游牧民族所使用。横相乙儿则位于这一豁口的北侧，在乌伦古河河曲一带。其后，第V节记有③：

> üküš ayta artuq ïduq 天 känning üdräglig käntläringä känt bulup ičikdilär ornašdïlar
>
> 随后的很多月里，他们陆续涌入我们圣天可汗繁荣的城市群，找到自己的城市并定居下来。

这片"繁荣的城市群"具体的位置虽然没有明言，但其后文又有："离开他们的故地之后，他们迁徙到这里定居，住在仰吉八里（yangï balïq）的下方。"可据此将其范围确定在北塔山至横相乙儿一线与仰吉八里之间。仰吉八里，同样位于天山北道，其地在古塔巴（呼图壁）以西，应位于今玛纳斯一带。④可知，在9世纪后期，西州回鹘就已经在天山北道沿线拥有了一片"繁荣的城市群"。显然，这些城市不但包括唐代北庭都护府辖下有限的几座县城，还包括其沿天山北道设置的一系列用于驻军防御的军城和守捉城。在回鹘人接手不到一个世纪之后，这些军事城址已经转型为城市聚落。

---

① 这一部分的录文、翻译参见 Zhang Tieshan and P. Zieme, "A Memorandum about the King of the *On Uygur* and his Realm", pp. 139—140, 143; 付马《丝绸之路上的西州回鹘王朝：9~13 中亚东部历史研究》，第 121—123 页。
② 付马《丝绸之路上的西州回鹘王朝：9~13 中亚东部历史研究》，第 131 页。
③ 付马《丝绸之路上的西州回鹘王朝：9~13 中亚东部历史研究》，第 123 页。
④ 付马《丝绸之路上的西州回鹘王朝：9~13 中亚东部历史研究》，第 275 页。

二、从镇戍到城市

在天山南麓，沿塔里木盆地北缘依次分布着哈密、吐鲁番、焉耆、龟兹、阿克苏等绿洲，向来为定居族群繁衍生息之地，有着悠久的城邑生活传统。而北麓及山间地区则分布着优良的草场，一直为游牧部族所占据。到唐代，天山北麓一线的主要居民仍是以羁縻府州形式组织管理的游牧人口①，汉人居民集中定居在北庭州城及其辖下的轮台、蒲类县城中。但随着回鹘人的迁入、定居，当地的人文地理环境悄然发生了改变，以唐代各座镇戍城址为中心形成了新的城市聚落。从整体观察唐元之间东部天山地区的城市化，最直观的变化便是原本属于游牧部族分布的天山北道沿线兴起了大批城市聚落。笔者曾搜集唐朝沿天山北麓所置各类城址在回鹘时代文献中的记载，揭示其中有许多镇戍守捉城址被回鹘人继承，后来成为城市聚落②。囿于唐以后文献记载的匮乏，这些城址在回鹘时代的具体演变过程只能暂付阙如，推想其大体情况应当类似前一章所论的赤亭。笔者这里再补充一些传世文献记载的城市，考证其亦是从唐代在天山北道所置的军事城址发展而来。

（一）从独山守捉到独山城

正如赤亭守捉是西州东面的门户，独山守捉扼守着从东方前往北庭的必经之路。《新唐书·地理志》"伊州"条下小注记有从伊州向西到北庭的道路，显示当时从东方进入北庭的官道要先后经过独

---

① 参见《新唐书·地理志》（卷四三，第1130—1132页）所列"右隶北庭都护府"的一系列羁縻州、府。
② 参见付马《丝绸之路上的西州王朝：9~13世纪中亚东部历史研究》，第265—278页。

山守捉和蒲类县两地，独山守捉正是唐朝为守护北庭的东面而设置的一座规模较大的军事据点。结合上述记载与考古发现，学者普遍认为独山守捉城的遗址应当就是今木垒县油库古城①。根据第三次文物普查的调查结果，该城应为唐朝所建②。

1254年，小亚美尼亚王海屯一世曾亲身前往漠北朝见蒙哥汗。在回程经过天山北麓时，他行经一地作 berbalex③，在北庭前一站。哈密屯据其路线推断，berbalex 应当就在木垒④。何高济则首先指出，berbalex 应是音写突厥语 birbalïq，意为"单独的一座城"，从名称和地点两方面都可与《元史·哈剌亦哈赤北鲁传》所记的"独山城"、《新唐书》所记的"独山守捉"相勘同⑤。华涛进一步将《辽史·耶律化哥传》所记西州回鹘位于天山北麓的"白拔烈"城与 berbalex、"独山城"相勘同⑥。唐朝的独山守捉城被回鹘人沿用，在辽朝被记作"白拔烈"，在蒙元时期的不同语言文献中被记作 berbalex 和"独山城"，这点已被学界所接受⑦。笔者在这里要指出的则是，这座唐朝为驻军所建的守捉城已在回鹘时代发展成为一处城市聚落。

---

① 戴良佐《独山城故址踏勘记》，《元史及北方民族史研究集刊》第 8 辑，1984 年，第 107—108 页。刘迎胜《察合台汗国史研究》，上海古籍出版社，2006 年，第 591 页。

② 新疆维吾尔自治区文物局编《新疆维吾尔自治区第三次全国文物普查成果集成·新疆古城遗址》，第 404—405 页。

③ J. A. Boyle (tr. and comm.), "The Journey of Het'um I, King of Little Armenia, to the Court of the Great Khan Möngke", *Central Asiatic Journal*, Vol. 9 (1964) 3, p. 181.

④ 但他错误地认为此地是唐代的蒲类，参见 J. R. Hamilton, "Autour du manuscrit Staël-Holstein", pp. 146–147。

⑤ 乞剌可思·刚扎克赛《海屯行纪》，何高济译，"中译者前言"，第 7 页。

⑥ 但他没有注意到这两者还可与唐朝的独山守捉勘同，而是遵从哈密屯观点将它们对应为唐之蒲类县，参见华涛《高昌回鹘与契丹的交往》，第 26—27 页；氏著《西域历史研究（八至十世纪）》，第 87 页。

⑦ 刘迎胜《察合台汗国史研究》，第 590—591 页。

《辽史·耶律化哥传》记开泰元年（1012）耶律化哥在奉命进攻阻卜（达靼）的途中经过独山城（"白拔烈"），劫掠了西州回鹘（"阿萨兰回鹘"）①。对该城的劫掠行为暗示当时西州回鹘治下的独山城中或其周边应当有一定数量的居民聚落。《元史·哈剌亦哈赤北鲁传》记成吉思汗西征途中路过独山城时，当地民众因之前的饥荒早已迁徙一空，这说明在此前当地一直有居民聚落。而在六年之后，此城便在哈剌亦哈赤北鲁及其从唆里迷迁来的民户经营下，重新繁荣起来，"田野垦辟，民物繁庶"。②

（二）从俱六守捉到坤闾城

　　有证据显示，唐朝置于北庭城以西的军事据点俱六守捉城在回鹘时代也发展成为了城市聚落。哈密屯首先利用读音和道里将《海屯行纪》中所记 kullug 比定为唐代地名"俱六"，并推测两者可能都是对突厥语地名 *köllüg 的音写③。他还进一步推测，《世界境域志》所记位于高昌城北方天山以北的五座城市中的 KWZARK 可能是 KWLWK 的讹误，亦是对 *köllüg 的音写④。如果其推测属实，则唐朝的俱六守捉城在10世纪末以前就已经发展成为一个城市聚落。明代所绘《混一天下疆理之图》中出现地名"因六"，位于从别失八里到爱密里的路线上。陈得芝指出此地名应为"固六"之讹误，可对应

---

① 《辽史》卷九四，第1519—1520页。
② 《元史》卷一二四，第3047页。
③ J. R. Hamiltion, "Autour du manuscrit Staël-Holstein", p. 145.
④ J. R. Hamiltion, "Autour du manuscrit Staël-Holstein", p. 145.

《海屯行纪》中的kullug和唐代的俱六守捉①。

《元史·昔班传》记畏吾人昔班之父阙里别斡赤因随成吉思汗西征数立功而受封赏，"自请为本国坤闾城达鲁花赤，从之，仍赐种田户二百，卒"②。据此可知，在13世纪初时西州回鹘国境内有一城汉文名作"坤闾城"。《中国历史地图集》将此地名标在今库尔勒附近，暗示坤闾可与现代地名库尔勒勘同③。刘迎胜赞同这种观点，并进一步指出坤闾对译突厥语körlä④。坤闾的元朝音可复原为kʰun ly。不论是所谓的körlä还是库尔勒的今地名korla，其第二音节都是非圆唇元音，与闾的元朝音ly有显著差别。同时，库尔勒作地名不见于回鹘时代的文献，亦不见载于明代的《蒙古山水地图》《西域土地人物略》《西域土地人物图》等文献中，应是一座晚至清代才出现的城。笔者认为，以坤闾（kʰun ly）之音对köllüg则更为合适。元代有畏吾人名大都闾，应可还原作 *tayduluγ，是为"闾"对应luγ~lüg的一例。构静词后缀+lXG在蒙元时代的汉语转写中，往往不表达结尾的G音，可能是因为此时的G音已经开始脱落。譬如，元武宗海山的汗号"külüg"在汉文中被音写作"曲律"（kʰy ly），结尾的g没有被音写出。"küčlüg"被音写作"屈出律"或"曲出律"，亦以"律"音写"lüg"。"qarluq"音写作哈剌鲁，用"鲁（lɔ）"音写"luq"。因此，用闾（ly）表达圆唇元音构成的词缀+lüg就没有任

---

① 陈得芝《〈混一疆理历代国都之图〉西域地名释读》，刘迎胜主编《〈大明混一图〉与〈混一疆理图〉研究——中古时代后期东亚的寰宇图与世界地理知识》，南京：凤凰出版社，2010年，第3—4页。"因"字也有可能是"困"字的讹误。"困六"元朝音作 /kʰun liw/，可以对应"köllü(g)"。

② 《元史》卷一三四，第3246页。

③ 谭其骧主编《中国历史地图集》第7册"元·明时期"，北京：中国地图出版社，1982年，第22页。

④ 刘迎胜《察合台汗国史研究》，第591页。

何障碍了。"坤间"应当就是唐代的"俱六"、元代的"困六"或"固六"。从阙里别斡赤自荐作"达鲁花赤"的情形判断，该城应当是一座拥有一定数量平民的城市聚落。

唐代在天山北道建立起以北庭都护府为核心的一套军事防御体系，完全覆盖了东起巴里坤草原、北起准噶尔盆地东缘，经北庭向西，直到伊犁河谷的交通路线。但是，当时位于天山北道的城市聚落仅有北庭辖下的金满县城、蒲类县城和轮台县城，以及在巴里坤草原的伊吾军城、在玛纳斯河一带的清镇军城。随着回鹘人的迁入，唐朝纯粹作为军事设施的镇戍守捉城也被回鹘人用作定居的城址。从现存文献信息判断，回鹘时代在天山北麓的城市大多数源于唐朝所置的军城、守捉和镇戍城址（表5）。

表5 唐代天山北麓诸城（包括州县城和军城）在回鹘时代的发展

序号	唐代		回鹘时代		考古遗址或位置
	名称	性质	名称	性质	
1	北庭=金满县城	州城、都护府治所	别失八里、Bešbalïq、鳖思马	都城	吉木萨尔县北庭故城
2	轮台	县城	轮台	城市聚落	乌鲁木齐市乌拉泊古城
3	蒲类	县城	无	城市聚落	奇台县唐朝墩古城
4	独山	守捉城	白拔烈、独山城、Berbalex（*Birbalïq）	城市聚落	木垒县油库古城
5	冯洛	守捉城	*Barlïy	城市聚落	吉木萨尔县冯洛村古城
6	耶勒	守捉城	Yarhley（*Yarlïy）	城市聚落（？）	阜康市北庄子古城
7	俱六	守捉城	Kullug（*Köllüg）、困（固）六、坤间	城市聚落	阜康市六运古城
8	张堡	守捉城	Čambalïq、Janbalïq、彰八里	大城	昌吉古城
9	乌宰	守捉城	古塔巴、Xutʻapʻay、Qutaba	城市聚落	呼图壁市
10	清镇	军城	仰吉八里、Yangï balïq	大城	玛纳斯古城

三、天山北道大城的兴起

除了城市数量增多之外，天山北道在回鹘时代还发生另一值得注意的变化——大城兴起。此亦是回鹘时代东部天山地区发生城市化的重要写照。《突厥语大词典》"回鹘"条记载当时西州回鹘的情况道：①

> 此公国由五座城组成，此五城之民乃异教徒中最为悍勇者，是最好的射手。这五城是：唆里迷，由 Du-l Qarnayn 所建；然后是高昌；然后是彰八里；然后是别失八里；然后是仰吉八里。

在喀什噶里所列西州回鹘的五座大城中，高昌和唆里迷（即焉耆）位于天山南麓的绿洲，为东部天山地区历史悠久的大城；而别失八里、彰八里和仰吉八里三城则位于天山北麓。这显示，原本以游牧文化为主体的天山北麓地区在西州回鹘时代拥有大城的数量更多。其中，别失八里在唐代即为当地的大城，而彰八里和仰吉八里则都是在回鹘时代发展起来的城市。学界一般认为，彰八里应源自唐张堡守捉，今地在昌吉市②；而仰吉八里则应源自唐清镇军城，今地在玛纳斯县③。

至迟到13世纪中叶，在天山北麓又有一座规模较大的城市兴起。小亚美尼亚国王海屯在和林觐见蒙哥汗后，取道天山北道返

---

① R. Dankoff (ed. and tr.), *Compendium of the Turkic Dialects*, vol. 1, pp. 139–140.

② 王国维《长春真人西游记校注》，第575页；J. R. Hamilton, "Autour du manuscrit Staël–Holstein", p. 147; 刘迎胜《察合台汗国史研究》，第588—589页；付马《丝绸之路上的西州王朝：9~13世纪中亚东部历史研究》，第271页。

③ J. R. Hamilton, "Autour du manuscrit Staël–Holstein", p. 148; 刘迎胜《察合台汗国史研究》，第589—590页；付马《丝绸之路上的西州王朝：9~13世纪中亚东部历史研究》，第275页。

程，途经一地作Xut'ap'ay①。此名源自当地回鹘语地名Qutaba，即今呼图壁，可能是唐代乌宰守捉城之故地②。此地在元朝文献中被音写作"古塔巴"。值得注意的是，《经世大典地理图》绘列了"畏兀儿地"的主要城市。其中，位于天山南麓的有三座，分别是：合剌火者（高昌）、鲁古尘（柳中、鲁克沁）、他古新（笃进、托克逊）。而位于天山北麓的则有四座，分别是：别失八里、彰八里、仰吉八里以及古塔巴③。可知，此时古塔巴已经成为东部天山地区的大城，可与高昌、别失八里等量齐观。此图所绘列的情况依然显示，分布在天山北麓的主要城市更多。古塔巴城的地位在后代可能进一步提高。明代的《西域土地人物图》在天山北麓直到伊犁河谷前的局部列有三座城市，其中就有苦他巴城儿。

笔者曾经推测，地名Qutaba可能源自阿拉伯语Qutbah（呼图白），应是有大量穆斯林定居此城后所取之名④。据《长春真人西游记》记载，昌八剌（彰八里）以西"无僧，回纥但礼西方耳"⑤，则位于其西侧的古塔巴在当时应当是以穆斯林为主的城市。但据回鹘文出土文书显示，古塔巴在元代可能处于佛教回鹘人群与穆斯林世界的边界，是多种族群杂居的多元社会。笔者曾检出德藏回鹘文书U5265《撒兰古赤租借长行驴契》，指出有吐鲁番回鹘商人往返古塔巴贸易之事⑥。下面笔者再检出一条回鹘文材料说明当地的社会情况。俄藏

---

① 参见 J. R. Hamilton, "Autour du manuscrit Staël–Holstein", p. 148; J. A. Boyle (tr. and comm.), 'The Journey of Het'um I, King of Little Armenia, to the Court of the Great Khan Möngke', p. 182。
② 付马《丝绸之路上的西州回鹘王朝：9~13世纪中亚东部历史研究》，第273—274页。
③ 《经世大典辑校》，北京：中华书局，2020年，第10页。
④ 付马《丝绸之路上的西州回鹘王朝：9~13世纪中亚东部历史研究》，第274页。
⑤ 王国维《长春真人西游记校注》，第575页。
⑥ 付马《丝绸之路上的西州回鹘王朝：9~13世纪中亚东部历史研究》，第273—274页。

回鹘文书SI 5591（Kr IV/638）《回鹘某户婚丧破历》存草体回鹘文200行，系蒙元时代吐鲁番地区回鹘某户在数年内因婚丧等活动而消费的账目，文书第17—18行记：

    Quṭaba-lïγ toyïn-tïn bir s(a)tïr iki [baqïr]qa yerlik širaγ-qa yätgäk altïmïz

    我从古塔巴的道人处以一两二钱〔银〕购入地里的 širaγ 的袋子。①

Toyïn 借自汉语"道人"，在古突厥语中指称佛教僧人，这说明古塔巴当地还有佛僧，应不似丘处机所描述的那样"但礼西方"。古塔巴在蒙元时代的崛起，或许因为其地处穆斯林世界与佛教回鹘世界之间，是双方交往的窗口。

四、漠北时代的城市生活萌芽

    源出蒙古高原的回鹘部族通常被认为属于游牧文明，但在其迁入东部天山地区之后，却主动选择了定居生活，并将当地的城市化水平推到了历史上空前的高度。东部天山地区的传统城市和唐朝所设置的一系列服务于军事目的的军城、守捉和镇戍城址固然为其提供了物质条件，但要解释回鹘人对城市生活的主动选择，还应探索其自身文化传统中的相关因素。换言之，与其他游牧部族相比较，回鹘人受到了哪些特别的文化影响，使其在面对这些城址时能够主

---

① 国内外曾有多位学者对此文书展开研究，笔者主要依据释读最为精细的梅村坦的论文及该文所附图版。参见梅村坦《ウイグル文書「SJ Kr. 4/638」——婚礼・葬儀費用の記録——》，《立正大学教養部紀要》第20辑，1987年，第39页。其中，首词 Quṭaba "古塔巴" 最近才由松井太准确读出，参见 D. Matsui, *Old Uigur Administrative Orders from Turfan*, p. 172, fn. 695。

动选择定居生活?

回鹘人对唐朝城址的全面继承和沿用首先可以溯源至其在漠北汗国时期即已开始形成的城市定居文化。其都城牙帐城（Ordu Balïq）的规模和繁荣程度曾被黑衣大食使者塔米姆亲眼见证并记录①。近年来德蒙联合考古队持续对该城遗址开展发掘，进一步证明该城是古代游牧政权在草原地区所建造的最大城市②。回鹘汗国第二代可汗磨延啜的纪功碑《希乃乌苏碑》明确记载，他们还曾在蒙古高原修筑"百八里城"（Bay Balïq，"富贵城"）③。考古调查显示，该城实际是一组三连城④。在回鹘汗国灭亡后，其所建的一些城市被继其而兴的游牧政权沿用。《辽史·地理志》记载辽朝在蒙古高原的两座边防城都是沿用过去的可敦城，即回鹘为其王后所置城池⑤。根据近年的考古调查数据，蒙元时代的著名城市哈刺和林可能也是在回鹘人兴建的城市基址之上扩建而成⑥。除了上述见于史乘的大城以外，考古工作者还在鄂尔浑河、土拉河、色楞格河和叶尼塞河流域等回鹘汗国统治的核心区域发现大量不见于文献记载的城址，经过

---

① V. Minorsky (ed., tr., and comm.), "Tamīm ibn Baḥr's Journey to the Uyghurs", p. 283.
② 其阶段性成果参见B. Dähne, *Karabalgasun–Stadt der Nomaden: Die archäologischen Ausgrabungen in der frühuigurischen Hauptstadt 2009–2011*, Wiesbaden, 2017, pp. 27–135。
③ 参见森安孝夫、鈴木宏節、齊藤茂雄、田村健、白玉冬《シネウス碑文訳注》，《内陸アジア言語の研究》第24辑，2009年，第20、31、78页。
④ 对该城遗址最新调查报告，参见森安孝夫、オチル編《モンゴル国現存遺蹟・碑文調査研究報告》，中央ユーラシア学研究会，1999年，第196—198页。
⑤ 《辽史》卷三七，第509页。
⑥ E. Pohl, "Interpretation without Excavation—Topographic Mapping on the Territory of the First Mongolian Capital Karakorum", in *Current Archaeological Research in Mongolia: Papers from the First International Conference on "Archaeological Research in Mongolia" held in Ulaanbaatar, August 19th-23rd, 2007*, (eds.) J. Bemmann et al., Bonn, 2009, pp. 526-531.

科学测定可断代至回鹘汗国时代①。据统计，蒙古高原现存属于回鹘时代的城址可能达到40座②，远远超过古代其他游牧政权所使用城址数量。

回鹘统治者长期支持粟特商人在丝绸之路开展商贸活动，并从中收获巨大利润。尤其是，在协助唐朝平定安史之乱的过程中，他们获得与唐朝开展大规模绢马贸易的特权，而贸易的实际执行者，便是被汉文献称为"九姓胡"的粟特商人③。随着回鹘统治阶层不断从唐朝获得大量丝绸和其他奢侈品，他们自然会产生建造宫殿和城市的需求，用以显示他们的地位和贮藏财富。《资治通鉴》记此事称："初，回纥风俗朴厚，君臣之等不甚异，故众志专一，劲健无敌。及有功于唐，唐赐遗甚厚，登里可汗始自尊大，筑宫殿以居，妇人有粉黛文绣之饰；中国为之虚耗，而虏俗亦坏。"④但是，仅凭此点似乎还不足以解释回鹘人对城市生活的独特偏好，因为历史上其他游牧政权的统治阶层同样也都热衷于支持丝绸之路贸易并享受其带来的奢华生活⑤。譬如，在回鹘汗国之前称雄草原的突厥汗国

---

① 譬如，位于俄罗斯图瓦共和国东南部的博尔巴任（Por Bajin）城址的建造时间即被考古学家利用碳同位素测年手段定在回鹘汗国牟羽可汗统治下的公元777年，参见 M. Kuitems et al., "Radiocarbon-based approach capable of subannual precision resolves the origins of the site of Por-Bajin", *Proceedings of the National Academy of Sciences* 117 (2020) 25, pp. 14038–14041。对此城性质的讨论，参见史砚忻、张建林《俄罗斯图瓦波尔巴任遗址考古发现与研究》，《考古与文物》2021年第3期，第102—116页。
② 宋国栋《回纥城址研究》，山西大学博士学位论文，2018年，第23页起。
③ 关于绢马贸易的规模和影响，参见 Ch. I. Beckwith, "The impact of the horse and silk trade on the economies of T'ang China and the Uighur empire", *Journal of the Economic and Social History of the Orient* 34.3 (1991), pp. 183–98。
④ 《资治通鉴》卷二二六，第7400页。
⑤ 关于游牧政权普遍支持丝绸之路贸易及其原因，参见 Ch. I. Beckwith, *Empires of the Silk Road: A History of Central Eurasia from the Bronze Age to the Present*, Princeton and Oxford, 2008, pp. 26–28。

甚至利用粟特商人控制着更加广泛的欧亚贸易网络①，但却没有如回鹘一般发展出城居的文化，考古学家迄今没能在蒙古高原发现一座突厥时代的城址。

需要纳入考量的一个特别因素则是改宗摩尼教对回鹘的影响。根据黑衣大食使者塔米姆的报告，摩尼教盛行于回鹘牙帐城中②。这暗示了回鹘汗国中城居人口的主要特征。回鹘汗国第三任可汗牟羽可汗在其治下将摩尼教引入蒙古高原，使回鹘成为历史上唯一一个将摩尼教奉为国教的政权。其后，摩尼教东方教会排在第三阶的高级僧侣默傒悉德（Mahistag）率领摩尼教僧、尼进入蒙古高原，传播摩尼教教义③，标志着摩尼教僧团在蒙古高原的中心地区建立。前引柏孜克里克石窟出土的有关摩尼教开教回鹘汗国的文献残片记载，牟羽可汗甚至邀请三名慕阇和 60 名长老携带 200 本经书前往"亦力嘔昆"（el orxun，即回鹘汗廷所在）传播教法④。慕阇（Možak）即摩尼教徒对教区宗主教的称呼，这则记录也印证了《九姓回鹘可汗碑》"自后慕阇徒众，东西循环，往来教化"的记载⑤。随着越来越多的摩尼教僧侣来到蒙古高原回鹘汗国的腹地定居和传教，必然要在当地建设僧院、庙宇和其他定居设施。《九姓回鹘可汗碑》汉文部分残存"……寺宇，令僧徒宽泰，听士安乐"字样，知当时蒙古高原确实建有摩尼寺。考古学家判断，位于牙帐城遗址北部的 HB

---

① É. de la Vaissière, *Sogdian Traders: A History*, Leiden: Brill, 2005, pp. 199–215；魏义天《粟特商人史》，王睿译，桂林：广西师范大学出版社，2012 年，第 127—138 页。
② V. Minorsky (ed., tr., and comm.), "Tamīm ibn Baḥr's Journey to the Uyghurs", p. 283.
③ 森安孝夫、吉田豊《カラバルガスン碑文漢文版の新校訂と訳註》，《内陸アジア言語の研究》第 34 辑，2019 年，第 20、28 页。
④ 茨默《有关摩尼教开教回鹘的一件新史料》，第 2—4 页。
⑤ 森安孝夫、吉田豊《カラバルガスン碑文漢文版の新校訂と訳註》，第 20 页。

建筑遗址可能就是一处摩尼教寺院①。

除了摩尼教僧人和围绕着教团定居的信众之外，摩尼教的传播还带来了大量为教团服务的定居人口。摩尼教的教义要求素食，而回鹘汗国的摩尼教徒严格遵守这一教条。《新唐书·回鹘传》记载②：

> 元和（806—820）初，再朝献，始以摩尼至。其法日晏食，饮水茹荤，屏湩酪，可汗常与共国者也。摩尼至京师，岁往来西市，商贾颇与囊橐为奸。

此外，摩尼教僧侣依教法无需参与生产活动，因此回鹘汗国境内必然要有一定数量从事农业生产的人口为摩尼教僧侣和世俗信徒提供传统游牧经济所不生产的农产品。由于回鹘统治者对摩尼教僧侣宠信有加，"常与共国"，使其在回鹘汗国享有极高的政治特权，因此摩尼教团的依附人口实际上一定远不只有为他们提供素食的农业人口③。

随着摩尼教的流行和摩尼教团及其依附人口的增加，其生活方式至少在一定程度上影响了回鹘等游牧部族。《九姓回鹘可汗碑》记回鹘改宗摩尼教之后，风气为之一变，作："□受明教，薰血异

---

① B. Dähne, "Karabalgasun—city layout and building structures", in *The Ruins of Kocho: Traces of Wooden Architecture on the Ancient Silk Road*, (eds.) L. Russell-Smith and I. Konczak-Nagel (Berlin, 2016), p. 36; B. Dähne, *Karabalgasun – Stadt der Nomaden*, pp. 27–85. 学者还尝试将牙帐城一带的其他遗址与摩尼教相联系，但尚未能提供坚实的证据，参见 L. A. G. Arden-Wong, "Some thoughts on Manichaean architecture and its applications in the eastern Uighur Khaganate", in *Between Rome and China, History, Religions and Material Culture of the Silk Road*, (eds.) S. N. C. Lieu and G. B. Mikkelsen, Turnhout, 2016, pp. 214–221。

② 《新唐书》卷二一七，第 6126 页。

③ 吐鲁番出土的回鹘文《西州回鹘中书门下颁摩尼寺管理条例》可见西迁之后回鹘摩尼寺的田产和依附人口的情况，可以此类推漠北汗国时期摩尼寺的情况，参见荣新江、朱玉麒主编《黄文弼所获西域文书》，上海：中西书局，2023 年，第 107—115 页。

俗，化为蔬饭之乡，宰杀邦家，变为劝善之国。"①及至9世纪，塔米姆到达回鹘汗廷之前，他在"密布的村庄和耕地之间行进了20日程"。而这些村庄中的居民"全部或大部分都是突厥人"②。阿拉伯、波斯文献以突厥泛指欧亚草原的游牧部族，可见当时摩尼教的生活方式对游牧民的影响。

在摩尼教的影响之外，唐朝的文化影响或许也是回鹘人接受城市生活的促进因素之一。与此前的突厥汗国不同，回鹘汗国自始至终与唐朝维持着相对和平的双边关系。尤其是在安史之乱爆发以后，唐朝先是依仗回鹘的军事力量平定叛军，后又与回鹘结盟对抗吐蕃，在双边关系中经常处于屈从依附的地位。这不但为回鹘带来了绢马贸易等财富上的收获，也促进了两国之间长期频繁的人员交往，使回鹘人更加容易接触到唐朝的文化，并受其影响。现存回鹘汗国的城址遗迹中大都可见唐朝建筑的元素③，有些城市甚至是对唐朝都城的直接模仿④。回鹘汗国的精英阶层中有很多人受到唐朝的都市生活文化影响。841年，当回鹘南迁逃往唐朝边境时，甚至请求唐朝将振武军城借给可汗及唐朝公主居住⑤，这表明回鹘统治者已经习惯于城市生活。早在779年，唐朝就颁布了一项法令，要求回鹘和其他胡人"在京师各服其国之服"，不得效仿唐人装束⑥。《资治通

---

① 汉文部分第10行，参见：森安孝夫、吉田豊《カラバルガスン碑文漢文版の新校訂と訳註》，第20页。
② V. Minorsky (ed., tr., and comm.), "Tamīm ibn Baḥr's Journey to the Uyghurs", p. 283.
③ L. A. G. Arden-Wong, "The architectural relationship between Tang and eastern Uighur imperial cities," in *Frontiers and Boundaries: Encounters on China's Margins*, (eds.) Zs. Rajkai and I. Bellér-Hann (Wiesbaden, 2012), pp. 31–38.
④ 史砚忻、张建林《俄罗斯图瓦波尔巴任遗址考古发现与研究》，第110—111页。
⑤ 《新唐书》卷一四二，第6131页。
⑥ 《册府元龟》卷一七〇，明刊本，北京：中华书局影印本，1960年，第2056页上栏；《资治通鉴》卷二二五，第7384页。

鉴》则记录了此令颁布的背景①：

> 先是回纥留京师者常千人，商胡伪服而杂居者又倍之，县官日给饔饩，殖货产，开第舍，市肆美利皆归之，日纵贪横，吏不敢问。或衣华服，诱取妻妾，故禁之。

由于贸易和外交活动的频繁，大量回鹘精英和回鹘治下的粟特人来到唐朝的两京和其他主要城市，并在当地逗留。他们逐渐习惯唐朝精英的城市生活方式，并在城市中建造了自己的宅第。当他们身着唐人服装时，看起来就像唐人，可见其举止受汉文化影响之深。当这些回鹘和粟特精英返回到蒙古高原后，很可能也将其热衷的城市生活方式一并带回。

当然，究竟是何种因素真正导致了回鹘人在漠北汗国时期就开始了城市定居生活，史无明文。上文不过是罗列出各种可能的因素而已。但无论如何，回鹘人在漠北汗国时期即已产生的城市生活萌芽，使其在迁入东部天山之后能够迅速适应当地的环境，充分利用唐朝所遗留的城镇遗产。随着回鹘人在西域的定居并进一步推进城市化，城市定居文化逐渐变成其代表性的文化传统。13世纪，志费尼所撰《世界征服者史》记载了当时回鹘人中所流传的历史记忆，他们甚至认为北庭城都是由其祖先在西迁时所建造②。

小　结

回鹘西迁使大批蒙古高原的游牧部族涌入东部天山地区，他们不仅占据了唐朝的绿洲城市，还全面继承了唐朝的军事性城址，并

---

① 《资治通鉴》卷二二五，第7384页。
② 志费尼《世界征服者史》，第62页。

以此为基础发展出新的城市聚落。经历回鹘时代的发展，东部天山地区的城市数量在蒙元时代达到了前所未有的高峰，尤其在天山北道涌现出一条城市带，极大地改变了当地的文化面貌。回鹘人能够迅速接受唐朝的城市遗产，得益于其在蒙古高原时便已经发展出的城市生活萌芽，而其形成的原因有可能归结于商业、摩尼教和唐朝文化的多重影响。

第三章

西部天山地区的城市化

将视野放宽至西州回鹘的疆域之外,可以发现本编前两章所讨论的城市化现象在唐元之间不仅限于东部天山地区。沿着丝绸之路天山南道和北道向西考察,属于突厥穆斯林世界的西部天山各地也在几乎同一时段涌现出一些新兴城市。这一地区与回鹘治下地区紧密相连,正当丝绸之路要道,虽然属于伊斯兰世界,但其社会同样经历了操突厥语游牧部族逐渐定居化的过程。由于传世文献对黑汗王朝历史的记载更加零碎、稀少,在西部天山各地亦不曾像吐鲁番那样发现丰富的出土文献,这使得笔者目前无法深入论证当地城市化的具体过程和背后动因。但这一现象本身亦可有力地说明该地区的商贸和文化的繁荣,是西域丝绸之路沿线地区在唐元之间得到进一步发展的证明。笔者曾论证,西州回鹘在其强盛之时可将其西部边境推进至今阿克苏乌什县一带[①]。本章即从此向西依次论说位于天山南道的喀什绿洲、位于天山北道的伊犁河流域以及楚河-怛逻斯河流域在唐元之间发生的城市化过程。

---

① 付马《丝绸之路上的西州回鹘王朝:9~13世纪中亚东部历史研究》,第151—154页。

一、喀什绿洲的城市化

今喀什绿洲在汉唐之间为疏勒国之地，民众操一种伊朗语，自有其王。唐朝在该地置疏勒镇，位列安西四镇之一。在漠北回鹘汗国占据天山南北之后，该地受回鹘可汗统治，但其王统仍然得到存续①。自回鹘汗国崩溃之后，该地的归属不见于文献记载。根据伊本·阿西尔所撰《全史》记载，回历310年（922—923），萨曼王族伊利亚斯·本·伊斯哈克发动叛乱失败后，逃亡到喀什，与当地的迪杭（dehqan）脱欢特勤（Togan tegin）联姻结盟②。这条记载显示，至迟在10世纪初叶，喀什当地的统治者已经出自操突厥语的部族，并且在名义上接受穆斯林萨曼王朝的统治。成书于982年的波斯语地理书《世界境域志》记喀什绿洲为样磨部的属地③，可推断最早据喀什之地的操突厥语部族应即样磨。而据《〈苏拉赫词典〉补编》引《可石哈儿史》记载，黑汗王朝布格拉汗萨图克在回历344年（955—956）卒于喀什④。推测在此以前，喀什已经成为黑汗王朝的统治中心（之一）。黑汗王朝可汗驻跸的喀什城，应当沿用了唐代疏勒城的城址。《突厥语大词典》记载，克孜勒苏和吐曼两条河流过喀什城，这可与唐代汉文文献对疏勒镇城的描述勘同⑤。

根据伊斯兰文献相关记载判断，喀什绿洲的城市化可能就发生在10—11世纪之间。前引《世界境域志》记样磨之地有一些"村庄"

---

① 付马《丝绸之路上的西州回鹘王朝：9~13世纪中亚东部历史研究》，第90页。
② 转引自 В. А. Ромодин (ред.), *Материалы по истории Киргизов и Киргизии*, B. 1, Москва, 1973, pp. 53–54。
③ V. Minorsky, *Hudūd al-Ālam—The Regions of the World*, pp. 95–96.
④ 华涛《贾玛尔·喀尔施和他的〈苏拉赫词典补编〉》（上），第66页。
⑤ 参见艾力江《传说中的疏勒王庭——喀什汗诺依古城的考古发现》，《文物天地》2021年第7期，第93页。

（dīh），只列举出三处，分别是喀什、阿图什和Khīrmakī①。其中的喀什和阿图什确知是城市，可知当时波斯语文献所谓"村庄"实指城。而11世纪成书的波斯语文献《记述的装饰》则记载："可石哈儿有许多'村庄'（城）和无数的小村。"②罗帅已敏锐地指出，可能正是由于操突厥语部族的迁入和定居化，引发了喀什当地出现大量定居聚落③。

《世界境域志》所记的阿图什不见于更早的文献中，可能就兴起于10世纪初。当地建有喀什地区的第一座清真寺。《〈苏拉赫词典〉补编》引《可石哈儿史》记载，萨曼王朝异密努赫之弟纳斯里逃入喀什，投奔奥古尔恰克汗，获封为阿图什的领主，并获许在该地建清真寺。萨图克汗少年时代受其影响，在阿图什皈依伊斯兰教。他死后就葬在了阿图什④。

而到11世纪时，喀什一带已经出现两座以阿图什为名的城市⑤。这两城应当就是后来的上阿图什和下阿图什。明代的《蒙古山水地图》在乌什西标出一城作"阿西力丁阿突赤"，林梅村准确将其还原作突厥语"Astïn Artuč"，意即"下阿图什"⑥。则其汉文音写应当系"阿西丁阿力突赤"的讹误。岑仲勉将《西域土地人物图》中所记"河西丁"城之名还原作"Astïn"（下），认为此即指下阿图什（Astïn Artuč），亦即《西域图志》所记阿斯腾阿喇图什⑦，可信从。《西域土

---

① V. Minorsky, Ḥudūd al-'Ālam—The Regions of the World, p. 96.
② A. P. Martinez, "Gardīzī's Two Chapters on the Turks", p. 130.
③ 罗帅《丝绸之路南道的历史变迁——塔里木盆地南缘绿洲史地考察》，第317页。
④ 以上据华涛《贾玛尔·喀尔施和他的〈苏拉赫词典补编〉》（上），第64—66页。
⑤ R. Dankoff (ed. and tr.), Compendium of the Turkic Dialects, vol. 1, p. 127.
⑥ 林梅村《蒙古山水地图》，第50页。
⑦ 岑仲勉《中外史地考证》，第670页。

地人物略》明确记载,"河西丁"城西南是喀什(哈失哈力)①,则下阿图什地在喀什东北,正当从东方进入喀什、叶尔羌的道路上,其地应在今克孜勒苏州阿图什市。而上阿图什则在下阿图什西,其今地应在今喀什市西北方向的上阿图什镇②。

那么,9世纪的阿图什是指后来的哪一座阿图什城呢?根据《〈苏拉赫词典〉补编》引《可石哈儿史》记载,"驼队经常从不花剌和撒马尔干来到阿图什"③。说明此时的阿图什正当从中亚西部到喀什的商路上,则此阿图什应当位于喀什西北方向通往乌恰的道路上。从乌恰可以前往塔什库尔干并由此过葱岭。因此,9世纪最早出现的阿图什应当指上阿图什。而在15—16世纪的地图中不再见到上阿图什,显示这条道路的衰落。从喀什绿洲往莎车绿洲,再由莎车前往塔什库尔干出葱岭的道路成为主干道。

近年的考古发掘成果显示,还有一座城市在唐元之间兴起于喀什绿洲,其城址就是今喀什汗诺依古城。该遗址位于喀什的东北角,今地在喀什市伯什克然木乡罕乌依村东北约3.5公里处恰克马克河南岸台地上。近年来的考古发掘探明,遗址范围较大,实际包括两处古城址、若干处佛教遗址和生活、手工业遗址。传统上被称为"汗诺依古城"的方城位于遗址的西北角,今称"西城"。根据最近的考古发掘资料可知,西城城基修治年代在7—9世纪唐朝统治时代,而城墙修治的年代则在10或11世纪黑汗王朝统治时代④。学者据

---

① 林梅村《蒙古山水地图》,第105页。
② 学者已经指出,《西域图记》将上、下阿图什的东西方位记反,参见陈海龙、吾斯曼江·亚库甫《〈钦定皇舆西域图志〉阿斯腾阿喇图什和玉斯屯阿喇图什考》,周振鹤、辛德勇主编《历史地理》第27辑,上海人民出版社,2013年,第301—311页。
③ 华涛《贾玛尔·喀尔施和他的〈苏拉赫词典补编〉》(上),第65页。
④ 中国社会科学院考古研究所、新疆文物考古研究所、喀什文物局《2018—2019年度新疆喀什汗诺依遗址考古收获》,《西域研究》2021年第4期,第153页。

西城规模推测，此城应是唐朝在疏勒镇所设羁縻州的州城或一座二级镇戍，黑汗王朝在10—11世纪利用其城基重建新城①。

二、伊犁河流域的城市化

伊犁河流域包括位于该河上游的我国新疆伊犁地区和位于其下游的哈萨克斯坦七河州，在历史上曾长期被游牧部族控制，属于典型的游牧文化区，但在唐元之间，当地发生了明显的城市化，涌现出一批城邑聚落。

（一）阿力麻里城及其附庸城邑的兴起

阿力麻里古城遗址位于今伊犁霍尔果斯市农四师六十一团二连的农田中。该城在文献记载中最早出现于屈出律称菊儿汗统治西辽的时期（1211—1218年间）。据《世界征服者史》记载，阿力麻里、海押立和普剌诸地在当时由驻在海押立的哈剌鲁部阿萨兰汗统治，并受菊儿汗所派遣的沙黑纳（监官）监管②。此后，忽牙思当地的马贼哈剌鲁人斡匝儿率部夺取阿力麻里，并向成吉思汗称臣，因此该地在蒙古汗国初期由斡匝儿家族世袭统治③。虽然阿力麻里具体建城时间没有文献记载，但此城很可能就是游牧部族葛逻禄（哈剌鲁）部所建城市④。根据耶律楚材记载，阿力麻里（"阿里马"）有"附庸城

---

① 参见中国社会科学院考古研究所、新疆文物考古研究所、喀什文物局《2018—2019年度新疆喀什汗诺依遗址考古收获》，第153—154页。
② 志费尼《世界征服者史》，第81页。
③ 志费尼《世界征服者史》，第82—83页。
④ 参见李文博《阿力麻里城及其兴衰原因探析》，《西域研究》2015年第2期，第39页。

邑八、九"①。可知至迟在13世纪初，伊犁河上游地区已经以阿力麻里为中心兴起了一批城邑。据刘郁《西使记》记载，常德在蒙哥汗时期经西域前往西亚觐见旭烈兀，在途经阿力麻里地区后，记其南还有一座"赤木儿城"②。黄文弼将其遗址比定在今磨河古城③。刘迎胜准确地将此城与《耶律希亮神道碑》中所记"出布尔城"勘同④。阿力麻里其他的"附庸城邑"之名不见于载籍，根据考古发现推测，位于伊犁河上游地区的索伦古城、三宫古城、海努克古城等古城城址都被断代在唐元之间，很可能就是这些附庸城邑的遗址所在⑤。

那么，阿力麻里城是何时兴起的呢？

据志费尼记载，察合台汗春夏两季"在阿力麻里和忽牙思（Quyas）驻跸"⑥，知阿力麻里城就是察合台汗在夏季的都城，而忽牙思则应是其设帐的夏营地。此外，他还明确记载忽牙思就在阿力麻里一带。⑦"忽牙思"这一地名早在《突厥语大词典》中就已经出现，该书"Käygän"词条作⑧：

> Käygän，从忽牙思流入伊犁河谷的两水之名。一作小Käygän，一作大Käygän。

---

① 耶律楚材《西游录》，向达校注，北京：中华书局，2000年，第2页。
② 刘郁《西使记》，王国维校注，收入谢维扬、房鑫亮主编《王国维全集》第11卷，第169页。
③ 黄文弼《元阿力麻里古城考》，《考古》第10期，1963年，第558页。
④ 刘迎胜《至元初年以前的垂河流域及其周边地区》，《蒙古史研究》第4辑，1993年，第50页。
⑤ 新疆维吾尔自治区文物局编《新疆维吾尔自治区第三次全国文物普查成果集成·新疆古城遗址》，422—428页。
⑥ 志费尼《世界征服者史》，第301页。
⑦ 志费尼《世界征服者史》，第42页。
⑧ R. Dankoff (ed. and tr.), *Compendium of the Turkic Dialects*, vol. 2, p. 240.

刘迎胜将"Käygän"音译作"开肯",未考其今地①。笔者认为,"Käygän"应可与今维吾尔地名"gigän"相联系②,汉译作"格干""克干""开干"等,今日伊犁地区的北界克干山即以此命名。由克干山融雪形成、向南流向伊犁河方向的河流中,自西向东依次有霍尔果斯河、克干河和阿力马图河。《突厥语大词典》所谓大、小Käygän,应当一指今克干河,另一指今霍尔果斯河或阿力马图河。今克干河等河流的流域,即克干山到伊犁河之间的地方,应当就是喀什噶里所指的忽牙思。而《突厥语大词典》"忽牙思"条则记载③:

> 此地为独西、炽俟之国,有三座城堡:撒甫里忽牙思(saplig qayas)④、白忽牙思、黑忽牙思。

可知当时忽牙思一带有三座城,都以忽牙思命名,但其中却不见阿力麻里之名。阿力麻里古城遗址在今克干山南麓,而克干河流经该城中⑤,显然其地就在忽牙思范围之内。《突厥语大词典》从未提到阿力麻里之名,应可说明在11世纪70年代此城尚未兴起。同书"炽俟"词条记载炽俟部落当时分布在三处地方,第一处就是忽牙思⑥。炽俟部是葛逻禄的重要组成部分,可知忽牙思一带一直是葛逻禄部族控制的地区。阿力麻里城应当就是在11世纪70年代以后至13世

---

① 刘迎胜《至元初年以前的垂河流域及其周边地区》,第51页。
② 阿不都热西提·沙比提·吐尔迪·纳斯尔编《汉维新疆地名词典》,乌鲁木齐:新疆人民出版社,1993年,第133页。
③ R. Dankoff (ed. and tr.), *Compendium of the Turkic Dialects*, vol. 2, p. 238. 抄本作"quyas",而丹科夫转写作"qayas",不知何故。
④ Saplig可能是突厥语saplïy,派生自名词sap"杆、茎",可译作"有茎的",或许是指当地种植有庄稼或果木。
⑤ 黄文弼《元阿力麻里古城考》,第557页。
⑥ R. Dankoff (ed. and tr.), *Compendium of the Turkic Dialects*, vol. 1, p. 301.

纪之前在葛逻禄治下的忽牙思一带兴建的。在这一时间段内，伊犁河上游北岸忽牙思地出现了显著的城市化，从三座城市发展到以阿力麻里为主、拥有八九座小城的城市群。随着大城阿力麻里的崛起，这一区域的大地名也从忽牙思转变成阿力麻里[①]。

在蒙古统治时代，阿力麻里地区成为察合台汗国诸汗驻跸之地，仍有新的城市兴起。志费尼记载，察合台本人就在阿力麻里（忽牙思）地方新建了一座叫忽都鲁的城[②]。而在这一带的考古调查也证明了13世纪以降城市化的持续发展。考古工作者据地表采集到的文物判断，位于霍城县兰干乡新荣村火烧庄子西南的火烧庄子古城年代上限是元代[③]。及至15世纪下半叶，伊犁河谷地成为帖木儿王朝与东察合台汗国的战场，阿力麻里城在战火中遭到反复破坏并最终被遗弃，这一地区在11世纪以来兴起的城市群最终走向衰落。

（二）亦剌八里城在伊犁河南岸的兴起

元《经世大典地理图》显示，在阿力麻里西南方位还有亦剌八里和也云赤两座大城[④]。《经世大典》编成于元至顺二年（1331），则至迟到当年，伊犁河流域还有另外两座与阿力麻里同等体量的大城。也云赤至迟在11世纪70年代已经出现。《突厥语大词典》"也云赤"词条记其为"伊犁河畔的一座城"[⑤]。而亦剌八里似乎不见于元代以前的史料。刘迎胜将《耶律希亮神道碑》所记"也里虔"城之名

[①] 黄文弼最早指出，阿力麻里在蒙元时代的文献中还泛指以阿力麻里城为中心的地区，相当于今伊犁地区。参见黄文弼《元阿力麻里古城考》，560页。

[②] 志费尼《世界征服者史》，第301页。

[③] 新疆维吾尔自治区文物局编《新疆维吾尔自治区第三次全国文物普查成果集成·新疆古城遗址》，427页。

[④] 《经世大典辑校》，第10页。

[⑤] R. Dankoff (ed. and tr.), *Compendium of the Turkic Dialects*, vol. 2, p. 341.

还原作"ilä känd",即"亦剌八里（伊犁城）"之意①,其说可从。《耶律希亮神道碑》明确记该城位于亦烈河之南②。希亮在至元三年（1267）经过其地,可知此为亦剌八里出现最早之记载。

三、楚河-怛逻斯河流域的城市化

（一）八剌沙衮的崛起及其周边的城市化

唐代楚河地区最重要的城市是碎叶城,该城曾为西突厥可汗汗廷,后被唐朝所据,一度列为安西四镇之一,是唐朝经营西域的前哨。在唐朝的势力退出之后,碎叶陆续被突骑施、葛逻禄等操突厥语部落占据,再度成为游牧政权控制下的贸易城市③。而在9世纪以后,这一地区发生的重要变化则是在碎叶城东南约10公里处崛起一座新的城市——八剌沙衮。其在后来的岁月中逐渐取代碎叶成为楚河流域的中心城市,先后成为黑汗王朝和西辽的都城。苏联考古工作者在吉尔吉斯斯坦楚河州托克马克市南15—16公里处发掘的布拉纳古城已被学界比定为八剌沙衮城遗址④。

王国维曾据读音将八剌沙衮比定为《新唐书·地理志》所记"裴罗将军城"⑤。但《新唐书》明确记载裴罗将军城距碎叶城20里。唐代1里约540米,则二者实际距离为10.8公里。今布拉纳古城距碎叶城

---

① 刘迎胜《至元初年以前的垂河流域及其周边地区》,第51页;参见刘迎胜《察合台汗国史》,第601页。
② 危素《危太仆文续集》卷二,第507页上栏。
③ 关于碎叶城的历史,参见努尔兰·肯加哈买提《碎叶》,上海古籍出版社,2017年,第139—166页。
④ 参见张广达《碎叶城今地考》,《北京大学学报》1979年第5期;此据氏著《文书、典籍与西域史地》,桂林：广西师范大学出版社,2008年,第14—15页。
⑤ 参见张广达《碎叶城今地考》,第15页。

遗址阿克贝希姆古城约5-6公里，与《新唐书》所记里数不合。针对该城的考古发掘显示，遗址的文化层较薄，年代在10-12世纪，似乎无法支撑王国维的比定①。八剌沙衮在文献中最早见于阿拉伯作家穆卡达西（Al Muqaddasī）的地理书中②，而其书可能完成于985年之后③。因此，八剌沙衮城应当是在10世纪新兴的一座大型城市。

另一方面，原来的中心城市碎叶并未被立即废弃，该城同在穆卡达西书中出现，作"Shūy"。成书于11世纪70年代的《突厥语大词典》还记载有碎叶城，作"Sūyāb"。但喀什噶里记其为"八剌沙衮附近的城堡"④，可知当时该地区的中心城市已是八剌沙衮。

（二）怛逻斯及其周边的城市化

位于今塔拉斯河流域的怛逻斯城正当从西方进入天山廊道的门户。在唐代，从怛逻斯向东至碎叶的地区主要为游牧的突厥部落控制，但道路沿线分布着一些最初由粟特人据有的商业城市，因此，怛逻斯也是从中亚粟特本土进入草原地区的门户。《新唐书·西域传》将这一片区域置于"石国"条下，并指出石国常分兵镇守怛逻斯城⑤。突骑施汗国崛起后，怛逻斯成为突骑施的主要城市。天宝年间，高仙芝攻伐石国的第一战就发生在怛逻斯，而其继续进攻石国的据点也在怛逻斯，可知怛逻斯城实际上就是当时的粟特国家进入西部天山的门户。在唐朝、大食的势力先后退出西部天山之后，怛

---

① 参见刘振玉《关于王国维〈西辽都城虎思斡耳朵考〉中的几个问题》，《中国边疆史地研究》2018年第3期，第114—120页。
② B. Collins (tr.), *The Best Divisions for Knowledge of The Regions*, Reading: Garnet Publishing, 2001, p. 227.
③ B. Collins (tr.), *The Best Divisions for Knowledge of the Regions*, xxii–xxiii.
④ R. Dankoff (ed. and tr.), *Compendium of the Turkic Dialects*, vol. 2, p. 362.
⑤ 《新唐书》卷二二一，第6246页。

逻斯城又被葛逻禄统治。893年,萨曼王朝攻占怛逻斯,改城中教堂为清真寺,标志该城的伊斯兰化。

对怛逻斯城及其周边环境的描述最早见于7世纪唐玄奘所撰《大唐西域记》,该城被记作"呾逻私"。玄奘经过怛逻斯城时,仅知其南十余里还有一小孤城①。及至蒙古统治时代,怛逻斯当地已经成为有四座城的复合城市群,经历了明显的城市化过程。活跃在13世纪上半叶的埃及马木路克王朝史家乌马里著有《眼历诸国记》一书,其中记载了当时怛逻斯的情况,作②:

> 养夷由4座城组成,互相距离为一个帕列散,各有自己的名字:养夷、养吉八里、肯切克和怛逻斯。

则至迟在到13世纪中,养夷城已经取代怛逻斯,成为当地的主要城市。"养夷"(yangï)和"养吉干"(yangï känd)两座城市皆以突厥语"新"(yangï)命名,意为"新城"。③那么这些新城市是在何时崛起于怛逻斯一带的呢?考索其他文献可知,此事应当就发生在9—12世纪之间。

在穆卡迪西所列东方城市名单中,有一城作"Dih Nūjīkat",就列于怛逻斯之前一位④。如前所述,"dīh"为波斯语"村庄",但当时可用以指"城"。而"Nūjīkat"则为粟特语"新城"之意。二者复合构成此名,显示该城名应是波斯人借用粟特人所取"新城"之名。中

---

① 季羡林等《大唐西域记校注》,北京:中华书局,2000年,第77—78页。

② K. Lech (tr. and comm.), *Das mongolische Weltreich: Al-'Umarī's Darstellung der mongolischen Reiche in seinem Werk Masālik alabṣār fī mamālik al-amṣār*, Wiesbaden: Otto Harrassowitz, 1968, p. 111; 参见刘迎胜《西北民族史与察合台汗国史研究》,北京:中国国际广播出版社,2012年,第169页。

③ 刘迎胜《察合台汗国史研究》,第607页。

④ B. Collins (tr.), *The Best Divisions for Knowledge of the Regions*, p. 226.

亚地区称"新城"者为数不少，但从穆卡迪西记述的顺序看，此"新城"应当位于怛逻斯旁近，很可能就是上述位于怛逻斯一带的两座"新城"之一。随着后来当地彻底突厥化，该城名可能被操突厥语的居民对译作突厥语"养吉干"（Yangï känd），或简称"养夷"（Yangï）。若此，则怛逻斯当地新城市的兴起至迟可追溯到10世纪的后半叶。肯切克最早出现在11世纪70年代成书的《突厥语大词典》中，其时称作"肯切克升吉儿"（Känčäk sängir）。喀什噶里记该城在钦察人的边境①，知该城应在怛逻斯城西、北方向，作为与钦察人交通的前哨而设置。

此外，在怛逻斯周边地区还有其他城市兴起。据前引西州回鹘历史文献 xj 222-0661.09 的 E 节记载，及至10世纪初，怛逻斯周边地区可能已经有10余座城邑，可惜它们的名字没有被记录下来。前引德藏 Ch/U 3917 回鹘文书状草稿记载的怛逻斯样磨（Yaɣma）城应当就是这些城邑之一，喀什噶里称此城得名于样磨部。穆卡迪西记一城"Jikil"，称其是"一座小城，与怛逻斯鸡犬相闻"。②无论从其名称还是位置判断，都可以将这座城比定为《突厥语大词典》所记位于怛逻斯附近的"炽俟城"（Jikil）。③喀什噶里还称，突厥语族炽俟部最初居于此，因此而得名。他显然搞错了因果关系。炽俟在唐代即为葛逻禄三姓之一，更早在《隋书·铁勒传》中便以"职乙"之名出现，当时分布在"伊吾以西，焉耆以北，傍白山"④，即从今巴里

---

① R. Dankoff (ed. and tr.), *Compendium of the Turkic Dialects*, vol. 1, p. 357.
② 英译本作"within shouting distance of Tarāz"，参见 B. Collins (tr.), *The Best Divisions for Knowledge of the Regions*, p. 227。
③ R. Dankoff (ed. and tr.), *Compendium of the Turkic Dialects*, vol. 1, p. 301.
④ 《隋书》卷八四，第2114页。按"薄落职、乙"一处断句有误，当断作"薄落、职乙"，分别指后来三姓葛逻禄中的谋落、炽俟。

坤直至巴音布鲁克、位于天山北麓和山间的草原。那么炽俟城是何时兴起的呢？《世界境域志》第16节"炽俟国"下列举其治下城市，仅仅提到一城作"Sikul"，为葛逻禄和炽俟的边境，商人聚集①，知当时尚未有炽俟城。则炽俟城的出现很可能就是在10世纪的后期，考古学家推测其遗址可能是 Kom Tobe 或 Zhelpak Tobe②。

　　古达玛在其《税册》中记载，在怛逻斯南约4帕列散处有一地作 Shāwaghar，宋岘将其音译作"沙窝格尔"③。笔者认为，此地名应拼读作 Shāwghur，从读音和道里两方面都可以与前引《大唐西域记》所记"小孤城"勘同。"小孤"，晚期中古音作/siaw kuə/，与 Shāwghur 读音基本同。玄奘记从呾逻私城"南行十余里有小孤城"④，与其方位亦同。在7世纪初，小孤城"三百余户，本中国人也，昔为突厥所掠，后遂鸠集同国，共保此城"⑤。此"小孤"之名可能是其原本地名 Shāwghur 的汉语音写，也可能是汉人用汉语对此城的命名，而后来被借入阿拉伯语音写作 Shāwghur。无论是否为音译，汉人取"小""孤"二字作此城名，可据此推测当时该城的规模不大，其中只有300户。但到10世纪下半叶，该城的规模已经与7世纪初判若两样。穆卡迪西在其书中同样记了 Shāwaghar，现知其应改作 Shāwghur，即玄奘所记"小孤"。他记此城情况作："一座大城并有广阔的乡村，〔山上〕有戍堡，有清真寺在集市边。"⑥

---

① V. Minorsky, *Ḥudūd al-'Ālam—The Regions of the World*, pp. 98-99.
② А. М. Беленицкий, И. Б. Бентович, и О. Г. Большаков, *Средневековый город Средней Азии*, Ленинград: Наука, 1973, p. 206.
③ 伊本·胡尔达兹比赫《道里邦国志》，第186页。
④ 季羡林等《大唐西域记校注》，第78页。
⑤ 季羡林等《大唐西域记校注》，第78页。
⑥ B. Collins (tr.), *The Best Divisions for Knowledge of the Regions*, p. 226.

小　结

综合考察喀什绿洲、伊犁河流域以及楚河-怛逻斯河流域在唐元之间的城市发展，可知前两章所论述的城市化现象在西部天山的各地区也有不同程度的体现。上述区域与西州回鹘西境相邻，是回鹘政权所控制的天山北道和天山南道两条丝绸之路干道向西方的延伸，在9世纪以后同样有大量操突厥语游牧部族迁入并开始定居化，成为游牧文明和定居文明南北交融的前沿。由于史料方面更加匮乏，我们对于西部天山地区城市化的考察尚仅能停留在揭示现象的层面。关于其发生的具体过程是否雷同于西州回鹘治下的地区，这点尚需寄望于更多的文献和考古资料在未来被发掘。但无论如何，我们可以清楚地看到，在9—14世纪，即中原王朝的唐元之间，西域丝绸之路沿线地区普遍发生了城市化；尤其是此前游牧部族分布的天山北麓草原地区，更是经历了大规模的城市化。这一现象被揭出，可成为丝绸之路沿线地区经济在这一时期取得了进一步发展的有力旁证。

第四编

商 人

第一章

摩尼教与回鹘商人的兴起

自汉晋以降,出身中亚的粟特商人以其本土为中心,沿丝绸之路在西域、河西和中原各地建立移民聚落,构建其商业网络,主导着欧亚大陆东部的商业贸易①。到8世纪初,白衣大食(阿拉伯倭马亚王朝)呼罗珊总督屈底波攻占粟特地区,开启了当地伊斯兰化的进程,粟特文化在其本土开始衰落②。及至唐朝发生安史之乱以后,出于对粟特-突厥系叛军的仇恨,唐朝治下的中原地区普遍出现对胡人的排斥,入居中原各地的粟特胡人后裔采取种种手段隐匿其出身,加速了其汉化的进程③。原本以粟特地区为中心的粟特商人网络分崩离析,各地的粟特群体在文化上也出现

---

① 关于粟特商人聚落及其网络,参见荣新江《中古中国与外来文明(修订版)》,北京:生活·读书·新知三联书店,2014年,第17—105页。

② 参见 É. De la Vaissière, *Sogdian Traders*, pp. 284–290; 魏义天《粟特商人史》,第186—190页。

③ 参见荣新江《安史之乱后粟特胡人的动向》,《暨南史学》第2辑,2004年;此据氏著《中古中国与粟特文明》,北京:生活·读书·新知三联书店,2014年,第8—100页。只有原属安史叛军大本营的河北藩镇成为对粟特人及其文化较为宽容的地区,因此反而有一定的胡化倾向。

了不同形式的改变。这种情形下，唯有回鹘汗国治下的粟特商人仍能借助回鹘的政治势力，在丝绸之路贸易上占据优势地位，助回鹘人掌控从中原至西域的商业贸易。回鹘汗国治下的粟特商人群体也引起唐人的注意，但到10世纪以后，他们逐渐淡出时人的视野，回鹘开始成为中原王朝眼中商人的代表。

那么，回鹘何以成为商人，又何以取代粟特商人主导丝绸之路贸易呢？此前学界对此问题曾有不同论断。有学者认为回鹘是在与粟特人的相处中习得商业素质[1]，另有学者则进一步认为回鹘治下的粟特群体被回鹘同化，变成回鹘商人[2]。不论上述何种论断，其背后的逻辑都在于，在粟特与回鹘共生的过程中，发生了某一方对另一方的文化影响，或是回鹘受粟特影响变成商人，或是粟特被回鹘同化。这种逻辑易于被学界接受，因此其具体过程未尝获得深究。粟特从汉代就以依附游牧政权的商人面貌出现，为何先后与其共生的康居、嚈哒、突厥等游牧部族都没有变成商人，唯独回鹘最终取代粟特商人登上历史舞台呢？显然，在粟特与回鹘的共生关系中，一定有此前未有之重要因素，促成此独特变化发生。

相较此前的游牧政权，回鹘汗国历史中发生的一件特殊事件是其放弃了原始信仰萨满教（或腾格里教），皈依西来宗教摩尼教，成为欧亚大陆东部首支改宗世界宗教的游牧政权。关于回鹘改宗摩尼教的影响，学界已有较多讨论，但论者大多从回鹘的角度出发，提出此事对回鹘族群凝聚、政治发展和文化变迁等方面产生的

---

[1] 杨蕤《回鹘时代：10—13世纪陆上丝绸之路贸易研究》，北京：中国社会科学出版社，2015年，第67—68页。

[2] 森安孝夫《'シルクロード'のウイグル商人：ソグド商人とオルトク商人のあいだ》，第424页；森安孝夫《丝绸之路的回鹘商人——粟特商人和斡脱商人之间》，第126页。

影响。笔者则将转向粟特人的角度，探讨回鹘可汗改宗摩尼教对其治下粟特人所产生的影响。正是这次改宗事件，使回鹘汗国治下的粟特人与回鹘人发生融合，粟特商人逐渐回鹘化，由此出现回鹘商人。而这次改宗事件在另一个层面的影响则是，回鹘政权下的粟特商业势力开始与摩尼教教团结合，摩尼教团实际成为回鹘政权下最大的商业势力，因此回鹘商人登上历史舞台的初期呈现出回鹘摩尼教商人的面相。

一、回鹘改宗摩尼教对粟特人的影响

安史之乱不但深刻地改变了唐朝的政局，也标志着漠北回鹘汗国进入了新的历史时期。在助唐平定安史之乱的过程中，回鹘牟羽可汗皈依摩尼教，并将其引入蒙古高原成为回鹘汗国的国教。此事不见载于传世文献，幸赖《九姓回鹘可汗碑》以及吐鲁番出土的回鹘文书资料的记载，才为世人所知。虽然迄今没有任何材料明言，但学界普遍相信，牟羽可汗改宗摩尼教是受粟特人的影响[①]。因此在论及此事件之影响时，往往将粟特人默认为施加影响者，而将回鹘人视作受影响者。笔者也基本接受回鹘改宗摩尼教是受少数粟特人影响这一推断，但要强调的是，当时多数的粟特人也与回鹘人一样，受到了这一改宗事件的影响。笔者下面将要阐明如下事实：在回鹘改宗摩尼教之前，粟特人中占主流的宗教并不是摩尼教，而

---

① 林悟殊专门论证回鹘统治者改宗摩尼教的根本动因是受粟特人的控制和影响，参见氏作《回鹘奉摩尼教的社会历史根源》，《世界宗教研究》1984年第1期；此据氏著《摩尼教及其东渐》，北京：中华书局，1987年，第87—99页；É. De la Vaissière, *Sogdian Traders*, p. 223；魏义天《粟特商人史》，第144页；杨富学《回鹘摩尼教研究》，北京：中国社会科学出版社，2016年，第98—100页。

是伊朗语族的原始宗教祆教,次之则是在欧亚大陆东部的主流宗教佛教;而正是在回鹘改宗之后,摩尼教才开始成为粟特人的主流宗教。

在晋唐之间主导丝绸之路商业的粟特人属伊朗语族东支,其本来的宗教信仰是伊朗语族共同的原始宗教琐罗亚斯德教。随着粟特商人的迁入,琐罗亚斯德教也同时进入中土,在汉文文献中被称为祆教、拜火教或火祆教。北朝至隋唐入华粟特胡人在丝绸之路沿线各地建立聚落,并散入中原各州县,继续以聚落形态聚居。其聚落首领称萨宝,本指商队首领,同时也是祆教的主祭,这显示粟特聚落就是以本族宗教祆教为核心凝聚起来的。萨宝也被北朝隋唐官方吸收进入职官系统,成为管理胡人聚落的官员。从汉文文献的记载看,很多在华粟特人直到盛唐时代还维持着这种宗教信仰和聚落形态[1]。在唐朝都城长安城的多个坊中存在粟特胡人聚落,目前已知其中五个坊置有祆祠,其普遍信仰状况可见一斑。东都洛阳城中的粟特胡人主要聚居在南市和北市两地,这两地同样也都置有祆祠[2]。在安西、北庭、河西等地的粟特胡人也以信祆教为主。譬如,唐沙州粟特胡人聚居地为从化乡,当地就有一所祆舍,是粟特居民精神信仰的中心[3],安西、北庭各地的粟特胡人聚落亦多有祆祠的记录。甚至安史之乱的始作俑者安禄山及其所部胡人的宗教信仰也被荣新江先生考证为祆教[4]。

---

[1] 毕波《中古中国的粟特胡人》,北京:中国人民大学出版社,2011年,第208页以下。
[2] 参见荣新江《中古中国与外来文明(修订版)》,第83页。
[3] 参见荣新江《中古中国与外来文明(修订版)》,第54页。
[4] 荣新江《安禄山的种族、宗教信仰及其叛乱基础》,黄正建主编《隋唐辽宋金元史论丛》第1辑,2010年;此据氏著《中古中国与粟特文明》,第266—291页。

根据传世文献记载，摩尼教在7世纪末才正式传入中原，被官方知晓。《佛祖统纪》记延载元年（694），"波斯国人拂多诞持《二宗经》伪教来朝"①，明确说这位摩尼教教士来自波斯。《册府元龟·外臣部·朝贡四》记载，开元七年（719）六月，"吐火罗国支汗那王帝赊，上表献解天文人大慕阇"②，则明言这位东方教会主教慕阇来自吐火罗国，即今阿富汗北部。到开元二十年（732）时，摩尼教便被唐朝官方所禁断，不许在唐人中流传③。而在传世文献和出土墓志资料中，尚未发现任何在华粟特人为摩尼教徒的记载。这至少可以说明，当时粟特人中即使有信奉摩尼教者，也一定处于相对少数。

在助唐朝击溃安史叛军以后，回鹘汗国成为漠北草原和北中国最强大的势力。据《九姓回鹘可汗碑》记载，正是在助唐朝收复东都洛阳之际，牟羽可汗在当地遇到摩尼僧四人，受开示而皈依，并尊摩尼教为国教。此后，他又陆续招引摩尼教僧人入漠北，碑文记道："默傒（奚）悉德领诸僧尼，入国阐扬。自后慕阇徒众，东西循环，往来教化。"④而据前引柏孜克里克石窟出土有关摩尼教开教回鹘汗国的文书记载，当时这些摩尼教僧人是从吐火罗国经由回鹘汗国治下的"qara qangli"之路（即"大众车乘之路"）前往蒙古高原，这从侧面说明当时从中原向西直到粟特本土，都没有多少摩尼教僧侣。虽然牟羽可汗因回鹘保守势力发动政变被杀，摩尼教势力可能

---

① 《佛祖统纪校注》卷四〇，上海古籍出版社，2012年，第931页。
② 《册府元龟》卷九七一，明刊本，第11406页上栏。
③ 唐开元二十年七月敕："末摩尼法，本是邪见，妄称佛教，诳惑黎元，宜严加禁断。以其西胡等既是乡法，当身自行，不须科罪者。"参见杜佑《通典》卷四〇，北京：中华书局点校本，2016年，第1095页。
④ 森安孝夫、吉田豊《カラバルガスン碑文漢文版の新校訂と訳注》，《内陸アジア言語の研究》第34辑，2019年，第20页。

因此一度受到打击，但至迟到第七代怀信可汗时代（795—808年），摩尼教在回鹘汗国作为主流宗教的地位已经得到确立。《九姓回鹘可汗碑》汉文碑文在第16行以降记录怀信可汗登基后的武功[①]，第22行存有"……寺宇，令僧宽泰，听士安乐"字样[②]。"听士"即听者，专门指称摩尼教信众，则此残句所谓"寺宇""僧"亦皆指摩尼寺、摩尼僧，显示怀信可汗时代摩尼教在回鹘汗国得到恢复、巩固[③]。

而大约在同一时期，文献资料中才开始大量有粟特人作为摩尼教僧人或者信众出现的记载。德藏M1摩尼文中古波斯语《摩尼教赞美诗集》跋文写于回鹘保义可汗朝（808—821年），当时漠北回鹘汗国已经将塔里木盆地北缘各地纳入其版图[④]。跋文在列举回鹘汗国中央统治集团的人物之后，依次记录了东部天山各地方统治者和摩尼教听者（信众）的名号，其中大部分听者的名字为粟特人名[⑤]，显示9世纪初期在回鹘治下的西域各地都涌现出一批粟特人摩尼教徒。这与前述安史之乱以前西域粟特人的信仰情况截然不同[⑥]，显然应当是回鹘汗国改宗摩尼教后的影响。而直到黑衣大食使者塔米姆访问

[①] 森安孝夫、吉田豊《カラバルガスン碑文漢文版の新校訂と訳注》，第30—32页。

[②] 森安孝夫、吉田豊《カラバルガスン碑文漢文版の新校訂と訳注》，第23页。

[③] 在汉文正史中，同一时期也再度出现摩尼僧在回鹘汗国支持下出使中原、在中原建寺的记载，印证了这种情况，参见王媛媛《从波斯到中国：摩尼教在中亚和中国的传播》，北京：中华书局，2012年，第74页。

[④] 关于这件文献的基本信息和回鹘汗国对东部天山的统治，参见付马《丝绸之路上的西州回鹘王朝：9~13世纪中亚东部历史研究》，第85—99页。

[⑤] 荣新江先生曾对跋文所记的粟特人名进行统计，参见：荣新江《9、10世纪西域北道的粟特人》，新疆吐鲁番学研究院编《吐鲁番学研究：第三届吐鲁番学暨欧亚游牧民族的起源与迁徙国际学术研讨会论文集》，上海世纪出版股份有限公司、上海古籍出版社，2010年；此据氏著《中古中国与粟特文明》，第129—132页。

[⑥] 荣新江先生甚至认为摩尼教是在803年随着回鹘汗国的统治传入高昌，此前当地没有摩尼教的踪迹，参见荣新江《摩尼教在高昌的初传》，《中国学术》第1辑，2000年；此据氏著《中古中国与外来文明（修订版）》，第333—348页。

回鹘汗国都城之时，当地仍然有信仰祆教的粟特人①。

另一方面，笔者在此还要指出跋文所见当时摩尼教会的情况。根据跋文最后部分②，其书手名作 Naxwarīgrošn (nxwrygrwšn)，是一个中古波斯语人名③，跋文所用语言则是带有明显新波斯语特征的中古波斯语④。跋文还提到了当时回鹘摩尼教会的几位高级僧侣的名字：驻锡在漠北回鹘汗国牙帐城的东方教会主教慕阇名作 Aryānšāh，一位教会的第二级僧侣萨波塞名作 Dōšist，一位教会的第三级僧侣默奚悉德名作 Yišō Aryamān。这些也全都是中古波斯语人名⑤。

此外，跋文还提到推动这次抄经完成的是书手之父，其名作 Yazadāmad，亦是一个中古波斯语人名。其名后还有称号 xrwhxw'n，王媛媛对译作"阿罗缓"，将其比定为汉文摩尼教文献所记僧人之谓。⑥实际上，此号并非"阿罗缓"，据其读音更应当对应汉文摩尼教文献所记"呼嚧唤"。敦煌藏经洞所出《摩尼光佛教法仪略》"寺宇仪"记每座寺院的尊者有三人，排第二位者即"呼嚧唤，译云教道首，专知讲劝"⑦。书手之父 Yazadāmad 应当就是西域焉耆或高昌当

---

① V. Minorsky (ed., trans., and comm.), "Tamīm ibn Baḥr's journey to the Uyghurs", p. 283.
② 即王媛媛汉译第（8）节"抄写赞美诗集缘起"，参见氏著《从波斯到中国：摩尼教在中亚和中国的传播》，第 66—67 页。但下文所引名号，笔者在转写和汉译上有不同程度的修正。
③ D. Durkin-Meisterernst, *Dictionary of Manichaean Middle Persian and Parthian*, Turnhout: Brepols, 2004, p. 249.
④ D. Durkin-Meisterernst, "Late features of Middle Persian texts from Turfan", in: L. Paul, ed., *Persian Origins—Early Judaeo-Persian and the Emergence of New Persian*, Wiesbaden, 2013, pp. 6–7.
⑤ 参见 D. Durkin-Meisterernst, *Dictionary of Manichaean Middle Persian and Parthian*, pp. 53, 147, 376。
⑥ 王媛媛《从波斯到中国：摩尼教在中亚和中国的传播》，第 67 页。
⑦ 最新录文参见姚崇新、王媛媛、陈怀宇《敦煌三夷教与中古社会》，兰州：甘肃教育出版社，2013 年，第 227 页。

地一座摩尼寺院的僧人领袖"呼嚧唤"。据此可知，不但当时驻在漠北回鹘汗国牙帐城的摩尼教高级僧侣都拥有中古波斯语人名，而且西域地方摩尼寺的僧人领袖的名字也是中古波斯语人名。他们书写用的语言同样是中古波斯语。这与前引文献所见唐代进入中原和回鹘汗国的摩尼教僧侣都来自吐火罗国、波斯等地区相呼应。及至此时，粟特人摩尼教徒更多是新皈依的信众，鲜有高级僧侣，尚没有能力在教会中获得职位。

通过上文列举的材料可知，大多数的粟特人其实和回鹘人一样，都是在回鹘统治者皈依摩尼教之后才改宗摩尼教的。而粟特人改宗摩尼教应当也是一种主动的选择。前引《新唐书·回鹘传》记："元和（806—820）初，再朝献，始以摩尼至。其法日晏食，饮水茹荤，屏湩酪，可汗常与共国者也。摩尼至京师，岁往来西市，商贾颇与囊橐为奸。"[①]正是在怀信可汗朝，回鹘开始遣摩尼僧作为使者入唐，原因在于当时摩尼僧是与回鹘可汗"共国者"，可以主导回鹘汗国的政治。值得注意的是，这些回鹘遣唐的摩尼僧往来长安西市，与商贾勾结。所谓"商贾"，显然指粟特胡商。摩尼教在回鹘汗国的政治资源吸引着粟特商人皈依，他们也利用这种资源和身份继续在丝绸之路贸易中获利。随着回鹘汗国的势力在9世纪初的内陆欧亚臻于鼎盛，其所支持的摩尼教在政治和经济上享有巨大特权，自然会吸引更多的粟特商人皈依，使得摩尼教粟特商人逐渐成为丝绸之路贸易网络的主导势力。这大概可以解释为何从此以后，祆教因素在有关粟特商人的文献记载中突然减少，而摩尼教则开始成为粟特人的主流宗教。

重审回鹘可汗改宗摩尼教之事，可知其影响不限于利用这种新

[①] 《新唐书》卷二一七，第6126页。

的宗教信仰凝聚了包括回鹘在内的各支游牧部族，实际上也凝聚了其治下的粟特人等非游牧民众。尤其在回鹘汗国的领土从蒙古高原扩张到西域之后，其治下又增加了西域各地的胡、汉民众，摩尼教这种超越族群的世界宗教便成为凝聚各部族民众的政治工具。上引《九姓回鹘可汗碑》为突厥如尼文、汉文、粟特文三体，正是当时回鹘汗国治下族群多元性的体现。吐鲁番出土的汉文摩尼教文献残片就显示，在回鹘汗国治下的西域也有信奉摩尼教的汉人群体出现[①]。在新的宗教信仰的凝聚下，漠北回鹘汗国不但实现了对蒙古高原九姓铁勒诸部的融合，使得此后的文献中再罕有铁勒其他八姓的踪迹，而且还促使其治下的粟特商人回鹘化，使回鹘商人登上历史舞台。

二、粟特商人的回鹘化

及至8、9世纪之交，以撒马尔罕等粟特城国为中心、沿丝绸之路经西域、河西分布直至中原各地的统一的粟特商人网络崩解，各区域的粟特人已经有不同的宗教和文化归属。在这种局面下，最具有优势的商人群体应当是回鹘汗国治下的摩尼教粟特商人。一方面，在助唐朝平定安史之乱以后，回鹘汗国在对唐朝的交往中取得了政治优势，并因此获得巨大的经济利益。其治下的粟特商人凭借此种优势，在当时唐朝普遍排斥胡人的背景下，反而能够更加顺利地进入中原各地行商获利。在牟羽可汗朝，就有大批粟特商人借回鹘之威势滞留长安，史载"回纥留京师者常千人，商胡伪服而杂居

---

① 王媛媛《从波斯到中国：摩尼教在中亚和中国的传播》，第196—204页。

者又倍之"①。虽然在顿莫贺达干发动政变谋杀牟羽可汗之际，曾同时杀其党羽及九姓胡数千人，但这应当属于一次政治斗争，并非针对所有的粟特商人的族群屠杀②。顿莫贺达干在政变后遣唐的回访使臣名作康赤心③，从其汉文姓氏可判断其为粟特人。

另一方面，从8世纪末叶开始，回鹘汗国就与吐蕃及葛逻禄等部在西域展开争夺。在9世纪初，他们击败吐蕃、降服葛逻禄等部，将东部天山和七河地区纳入版图，其兵锋一度推进到锡尔河流域和费尔干纳，震动伊斯兰世界④。正是在这样的背景下，黑衣大食遣塔米姆出使蒙古高原的回鹘汗国牙帐城。如本书第2编第1章所论述，他在伊塞克湖东南岸的上拔塞干就开始进入到回鹘可汗所安排的驿传体系中了，可知当时回鹘汗国实际控制和影响着直至伊斯兰世界的西域广大地区。

回鹘汗国治下的粟特商人集团这时控制着从中原到中亚的贸易网络，而这条贸易网络的中心显然就是回鹘汗国的政治中心鄂尔浑河谷。正如塔米姆所亲见，回鹘汗国在当地建立起巨大华丽的都城牙帐城，其规模和结构远超草原地区前现代的任何城市遗址。其建立显然与大量粟特商人的聚居和他们带来的财富有关。法国学者魏义天（É. de la Vaissière）在其专著《粟特商人史》中将8世纪之后视作粟特"商业网的破裂"的时代⑤，而笔者认为这一时期毋宁说是一次商业网络的重构或转移。虽然原本以粟特地为中心，沿西域、河西

---

① 《资治通鉴》卷二二五，第7265页。
② 王小甫《中古中国的族群凝聚》，北京：中华书局，2012年，第101—103页。
③ 《新唐书》卷二一七，第6122页。
④ 参见付马《丝绸之路上的西州回鹘王朝：9~13世纪中亚东部历史研究》，第72—85页。
⑤ 参见É. de la Vaissière, *Sogdian Traders*, p. 259 et seq.; 魏义天《粟特商人史》，第169页以下。

向中原各地辐射的粟特商人网络因为各地政治、文化的变迁而发生分化，导致破裂，但联结中亚到中原的粟特商业网络仍然存在，只是其中心已经转移至漠北回鹘汗国在蒙古高原的牙帐城。这条由粟特人经营的商业网络已经与回鹘汗国密不可分，尤其是在其治下粟特商人皈依摩尼教之后，这条商业网络的政治、文化和经济重心已经与回鹘汗国的政治、文化和经济中心重合，实现了粟特商人与回鹘统治阶层的合流。

840年，漠北回鹘汗国崩溃，其部众流散迁徙至西域、河西以及唐朝北方沿边各地，最终在东部天山和河西走廊分别建立起西州回鹘和甘州回鹘两支政权。回鹘汗国治下的粟特商人也随之占据西域、河西直至中原的商路，一条联结西域、河西直至中原的商业网络再度在回鹘政权的支持下重新建立。随着粟特商人与回鹘统治者在宗教、文化和生活方式等重要方面逐渐趋同，粟特商人个体开始回鹘化的过程。辛维廉（N. Sims-Williams）、哈密屯二位学者集中刊布了一批出自敦煌藏经洞的粟特语文书，年代属于9—10世纪。其中多数属于粟特商人所留书状、帐历或杂写，但其语言的共同特征则是含有大量回鹘（古突厥）语因素，甚至直接混有回鹘语句子，因此被称为"突厥（化）粟特语"（Turco-Sogdian）[1]，展现了当时粟特商人在语言文化上回鹘化的一种状态。同样出土于敦煌藏经洞、属同一时期的回鹘语商业文书与前一类文书涉及相似的内容，其语言则带有粟特语因素，甚至也混有粟特语句子。从其内容和所涉人名判断，显然这批文书也应当是回鹘政权支持下的商人所留，但其语言在整体上已经是回鹘语。这两类同为敦煌藏经洞出土、同

---

[1] N. Sims-Williams and J. R. Hamilton, *Turco-Sogdian Documents from 9th-10th Century Dunhuang*, with an Appendix by Wen Xin, London, 2015, pp. 12–14.

属于回鹘西迁初期、具有同样性质内容的文书可能都是回鹘政权治下的粟特商人所留。前者可视作处于回鹘化较浅阶段的粟特商人所留，而后者则可视为已经深度回鹘化的粟特商人所留。在9—11世纪的丝绸之路东段，上述过程在不同的粟特商人群体中先后发生，因此当时丝绸之路东段的商人在不同文献中可能体现出不同性质的特征，或为粟特、或为回鹘、或为二者不同程度的融合。我们应当统称其为回鹘化的粟特商人，而他们在语言和文化上彻底的回鹘化，即标志回鹘商人的兴起。

三、回鹘摩尼教教团与商业

回鹘统治者改宗摩尼教实际上也促成了其治下粟特商人的改宗，由此推动了粟特商人的回鹘化，是为回鹘商人出现在历史舞台的背景。下面笔者将揭示回鹘统治者改宗摩尼教所产生的另一个层面的影响，即摩尼教教团与商业势力的结合。本节笔者将从回鹘摩尼教教团关涉史料中揭出其与商业的联系，论证其是回鹘汗国除统治阶级外最大的商业资本，直接参与丝绸之路贸易。原来的粟特商人集团与摩尼教教团逐渐合流，成为回鹘摩尼教商人群体，是回鹘商人出现初期的典型面貌。

早在漠北回鹘汗国时代，摩尼教教团就已经与商业活动关系密切，前引《新唐书·回鹘传》所记，"摩尼至京师，岁往来西市，商贾颇与囊橐为奸"便是明证。可惜类似的记载在漠北汗国时代的文献资料中较为稀少。到回鹘西迁以后，无论是东部天山地区的西州回鹘，还是河西走廊的甘州回鹘，最初皆保留了摩尼教的国教地位。甚至南迁后破散于其他政权中的回鹘人也坚持着摩尼教的信仰。回鹘王子嗢没斯在回鹘汗国破灭后归化唐朝，被赐名李思忠，迁住长安。据《册府元龟·外臣部》记载，至后唐天成四年（929），李思忠之孙李彦图已是太原少尹，其家族宅边仍置有摩尼寺供养摩尼僧。[①]其家族从漠北迁居长安，又在唐亡后迁居太原，一直有摩尼僧随其迁徙。而这一时期的多种文献证据显示，在各部回鹘支持下的摩尼教教团不但掌控着大量产业，同时主导和参与丝绸之路上的商业贸易。后唐闵帝应顺元年（934）正月，甘州回鹘可汗仁美遣使进贡[②]，而另据《册府元龟》记载，当月后唐"赐回鹘入朝摩尼八人物有差"[③]，说明当时随仁美可汗所遣使团来后唐朝贡者多为摩尼教教团人物。后周广顺元年（951）二月，西州回鹘遣使朝贡，而与之同来的还有"摩尼"。在列举这批西州回鹘使者的供物后，《册府元龟》还详细记载了摩尼教僧使的供物，作："回鹘遣使摩尼贡玉团七十七，白氎段三百五十，青及黑貂鼠皮共二十八，玉带、玉鞍辔、铰具各一副，牦牛尾四百二十四，大琥珀二十颗，红盐三百斤，胡桐泪三百九十斤，硇砂二千一百斤，余药物在数外。"[④]无论从贡物的品类还是数量看，回鹘"摩尼"此次所携来物品都应当是大宗贸易商品。

吐鲁番出土的回鹘摩尼教教团内部书信所透露的内容则同样印证了他们从事远途商贸活动的事实。1981年吐鲁番柏孜克里克第65窟出土8件当地回鹘摩尼教教团所收到的书信，其中有3件以粟特

[①] 《册府元龟》卷九七六，明刊本，第11468—11469页。
[②] 《旧五代史》卷四五，第707页。
[③] 《册府元龟》卷九七六，明刊本，第11469页下栏。
[④] 《册府元龟》卷九七二，明刊本，第11425页上栏；此据宋刊本残本（第3861页上栏）校补。

语书写，5件以回鹘语书写。吉田丰考证3件粟特语书信的年代在11世纪初，推断5件回鹘语书信应当也属于同一时代①。其中，编号81TB65:6的回鹘语信件由一位名作Raymst Murwa的摩尼教徒发出，他自称为"奴仆""小沙汗"（šaxanč），说明其为处理教会日常事务的低级僧侣（选民）或教众（听者）②。而收件人则被称作"圣天长老"（tängri qostr），显然是地位更高的上级僧侣。写信人在第6—8行问候圣天长老，写道："圣天长老驻在……的高昌国，每日身体……如何？安康否？"由此可知，写信人当在高昌以外。书信第9—12行作：

> 兹在此书状中，我等将报呈许多事项。我们这边每有消息，每个商队应当都送到了〔书状〕吧。我们已遣人去取首付款（或押金，zyn'y）。③

书信的出土地点柏孜克里克石窟正是西州回鹘摩尼教教会高级僧侣驻锡之地，收件人"圣天长老"亦驻在此。而其下属的书状皆通过商队送达，则这些商队很可能是与教会有关的商队。而取首付金之事亦可说明，身在外地的下属很可能是为其打理在外地的商贸事务。

最能够反映回鹘摩尼教商业网络的材料则是前引德藏吐鲁番文书 Ch/U 3917 汉文《妙法莲华经》残卷背面和行间所留回鹘文书状草稿。文书第8行尊称一位名作"移计·谋落"之人作"mar"。此词在叙利亚语中作"主、主人"解，借入粟特语后，成为摩尼教徒对

---

① 参见 Y. Yoshida, *Three Manichaean Sogdian Letters Unearthed in Bäzäklik, Turfan*, Kyoto: Rinsen Book Co., 2019, p. 34, footnote 19。

② 关于摩尼教徒的称号"沙汗"（šaxan），参见 T. Moriyasu, *Corpus of the Old Uighur Letters from the Eastern Silk Road*, pp. 249–251。

③ T. Moriyasu, *Corpus of the Old Uighur Letters from the Eastern Silk Road*, pp. 21–22.

教中高位人物之尊称，汉文音译作"末"①。回鹘摩尼教徒又从粟特语中借入此词，用以称呼教内尊者。由此可知写信方应是一位摩尼教徒②。文书原始编号 T II T 3097 显示其出土地点为吐鲁番吐峪沟遗址。当地自高昌国以来便是吐鲁番地区佛教徒修习栖居之地，一直延续到回鹘时代。而据考古发现确证，当地的一些佛教石窟在西州回鹘早期曾被摩尼教教团所占据，成为摩尼教寺院和僧侣的栖身之所③。由此可以推知，发信人应是西州回鹘早期吐峪沟摩尼教教团的成员，收信方"大人"则应是其上级僧侣。而这个回鹘摩尼教商人组织在西州回鹘境内和境外有多处行商地点和据点，由东向西依次是高昌、焉耆、曲先、佉沙、乌铄（今乌恰）、怛逻斯及其附近的怛逻斯样磨，恰好沿丝绸之路天山南道一路向西分布，直至西部天山的西端。值得注意的是，回鹘摩尼教教团早在漠北回鹘汗国时代就已经沿天山南道分布至佉沙，在丝绸之路沿线重要节点建立据点。据前引德藏 M1《摩尼教赞美诗集》跋文载，在回鹘保义可汗治下（808—821年），西域的北庭、高昌、焉耆、龟兹（曲先）、于术（今库尔勒）等地都分布有摩尼教的势力④。那么，是商人利用摩尼教的势力和交通网络扩张商业版图，还是摩尼教教团依靠商人的网络扩张教团的势力呢？最初的状况我们已无从得知，但到西州回鹘时代初期，这两股势力已经密切结合，相辅相成，形成摩尼教商

---

① 汉文摩尼教文献称摩尼作"末摩尼"，即"Mar Mani"之音译，意即"摩尼主"。参见伯希和、沙畹《摩尼教流行中国考》，冯承钧译，上海古籍出版社，2014年，第44页。

② 森安孝夫最早指出此信稿的摩尼教因素，参见 T. Moriyasu, *Corpus of the Old Uighur Letters from the Eastern Silk Road*, pp. 171–172。

③ 关于吐峪沟回鹘摩尼教教团的遗迹和相关出土文书，参见胡晓丹《吐鲁番吐峪沟新出摩尼文中古波斯语残片释读——兼论摩尼文文书所见吐峪沟摩尼教教团的宗教生活》，《西域研究》2019年第4期，第85—89页。

④ 参见王媛媛《从波斯到中国：摩尼教在中亚和中国的传播》，第48—60页。

人群体,控制着丝绸之路东段的商业和交通。借助他们的网络,便可以实现从回鹘控制的河西和东部天山地区进出穆斯林治下的西部天山地区和中亚西部。

四、出土文书所见的回鹘摩尼教网络

在回鹘政权中享有政治特权的摩尼教教团与商业紧密结合,成为回鹘治下实力最强大的商业团体。因此,回鹘摩尼教教团的网络在很大程度上代表着当时回鹘商人分布和影响的范围。

8世纪以后,随着漠北回鹘汗国将其领土扩张到西域并影响到伊斯兰世界,回鹘摩尼教教团的势力遍布丝绸之路天山廊道沿线的主要城市。回鹘西迁之后,摩尼教东方教会的主教等高级僧侣驻锡在西州回鹘的都城高昌,西州回鹘因此成为摩尼教世界的中心地区。在9世纪末至10世纪初,西州回鹘曾一度用兵至西部天山怛逻斯地区,使当地势力臣服,并震动伊斯兰世界①。那底姆(al-Nadīm)所著《书目》(al-Fihrist)记载了10世纪初中亚摩尼教徒受西州回鹘可汗保护之事。大食哈里发穆克塔迪尔一世在位时(908—932年),约500名摩尼教徒聚集在撒马尔罕附近,恐将遭受呼罗珊总督屠杀。此时托古兹古思(指回鹘)王致信称,若他敢杀死一个摩尼教徒,自己便会杀光境内的所有穆斯林。总督于是接受摩尼教徒缴纳吉兹亚人头税(jizya),并不再迫害②。这则史料不仅反映了当时西州回鹘在中亚的影响力,同时还说明撒马尔罕的摩尼教徒与西州回鹘政权

---

① 参见付马《丝绸之路上的西州回鹘王朝:9~13世纪中亚东部历史研究》,第132—136页。
② 此据里弗斯(J. C. Reeves)对那底姆书的英译文,参见 J. C. Reeves, *Prolegomena to a History of Islamicate Manichaeism*, Sheffield/Oakville: Equinox Publishing Ltd, 2011, pp. 228-229。

有着直接的联络，并受其保护。而这种联系可能就是通过上节所提到的回鹘摩尼教商人网络的商队实现的。吐鲁番出土的摩尼教文书也印证了以撒马尔罕为中心的摩尼教群体与吐鲁番地区有着直接的人员和物质交流[①]。

到11世纪初期，西州回鹘的摩尼教势力已经在与佛教的竞争中失势，失去了国教的地位，甚至整个教会也在之后不久走向衰亡。笔者下面举出两件出土文书资料，说明即使是在这样的阶段，位于高昌的摩尼教东方教会主座，仍然能直接领导位于西部天山和中亚河中地区的摩尼教教团，并与之有直接的交通往来。

（一）西州回鹘与西部天山阿尔胡地区的摩尼教团

德国亚洲艺术博物馆藏回鹘文写本Ⅲ 198是册页装书籍摩尼教《二宗经》结尾的一叶，其正背面皆分左右两栏抄写。正面是《二宗经》经文的最后部分，背面则是以六种不同颜色分段间隔书写的抄经题记。由于抄经题记包含当时的摩尼教慕阇和西部天山地区统治者的名号等重要历史信息，因此很早就引起学界的关注。早在1911年，该文献即由勒柯克（A. v. Le Coq）刊布、释读，近年来则陆续有于赞图兰（Z. Özertural）、森安孝夫、克拉克（L. Clark）等多位学者的重新释读[②]。王媛媛曾据勒柯克的释读本和克林凯特的英文翻

[①] 参见 Y. Yoshida, "Relation Between Sogdiana and Turfan During the 10th–11th Centuries as Reflected in Manichaean Sogdian Texts"，李肖主编《丝绸之路研究》第1辑，北京：生活·读书·新知三联书店，2017年，第113—125页。

[②] 参见 A. v. Le Coq, *Türkische Manichaica aus Chotscho* I, Berlin, 1911, pp. 23–30; Z. Özertural, *Der uigurische Manichäismus. Neubearbeitung von Texten aus Manichaica I und III von Albert v. Le Coq*, Wiesbaden, 2008, pp. 66–79; 森安孝夫《ウイグル＝マニ教史関係史料集成》，第39—55页；L. Clark, *Uygur Manichaean Texts, Volume III: Ecclesiastical Texts, Texts, Translations, Commentary*, pp. 67–71.

译①将题记全文译成汉文②，但由于其所据读本年代较早，现在看来已有颇多讹误，因此其汉译本恐怕已不足为学界所用。笔者据文书图版，参照学界最新读本，给出题记全文的转写与汉译（参见本章附录）。下面笔者将引其中相关文句展开历史学讨论。

题记左栏第11—37行是发愿内容，记有抄经功德回向的对象，依次是：教团（nom arqasï）、诸法主（nom prasdank）、诸僧（dentar）、书手本人夷数雅兹德·默奚悉德（išuyazd maxistak）以及全体的听者（nïγošak）。这清楚表明，书手抄经的目的是为其所在教团及信众祈福。所谓"法主"，应指教团的领袖，即高级僧侣，与"诸僧"相对。书手本人有头衔"默奚悉德"，是摩尼教教会第三级僧侣，他自列于"诸僧"之后，表示自谦。

关于这个摩尼教团所处的位置，题记右栏第20—36行有明确的记载。其中，第25—26行先记其位于"突厥之国阿尔胡、怛逻斯的腹地之中"，而第29—36行则更加具体地记其位于"阿尔胡国哥舒〔城〕、移健城、斡耳朵城、炽俟城〔中的〕惠明（nom qutï）神的居所，五明（mardaspant）诸神的疗愈之所，清净、光明、大力的诸天使的住处，即清净的各处摩尼寺中"。可知该教团分布在西部天山阿尔胡地区，学者已指出其具体范围在楚河流域的八剌沙衮至怛逻斯之间③。其中，哥舒、移健、斡耳朵和炽俟四座城市有摩尼教寺院，是该教团的具体驻地。

---

① H.-J. Klimkeit, *Gnosis on the Silk Road: Gnostic texts from Central Asia*, San Francisco: Harper Collins, 1993, pp. 374–375.

② 王媛媛《从波斯到中国：摩尼教在中亚和中国的传播》，第31—33页。

③ S. G. Klyashtornyj, "Manichaean Monasteries in the Land of Arghu", in: Ronald E. Emmerick, Werner Sundermann und Peter Zieme, eds., *Studia Manichaica: IV. Internationaler Kongreß zum Manichäismus, Berlin, 14.-18. Juli 1997*, Berlin: Akademie Verlag, 2000, pp. 374–378.

关于题记的书写年代，书手分别记录了当时摩尼教教会的领袖名号和该教团所在地的世俗统治者名号。题记左栏第3—5行记载，时在"尊者瓦孟花剌赫悉德（waxmanxwarxšid），即东方的大慕阇治下"。随后，第5—10行又记载，时在"阿尔胡、怛逻斯国哥舒汗〔之城〕、斡耳朵〔城〕、炽俟城之主，大突厥中的领袖，炽俟·阿萨兰·颉·迭骨·合·没骨山·合·达干大人统治之时"。森安孝夫注意到，后者的名号还见于塔拉斯地区发现的一条粟特语摩崖题记中，而该题记的年代可定在1025年①，由此可知本节所讨论的题记应当也属同一时代，即11世纪初。此外，前者的名号还见于德藏摩尼教书页Ⅲ 8259，而经过碳十四定年，该文书用纸的年代中位数为978年，可知这位慕阇活跃的年代应在10世纪以后。由此可知，在11世纪初的西部天山地区，当地的统治者应是一位出身葛逻禄炽俟部的达干，但当地的摩尼教团却接受"东方的大慕阇"的领导，这位"东方的大慕阇"就是驻锡在西州回鹘都城高昌的东方教会主教。

关于文书的抄写地点，早期的学者一般认为是在上述的阿尔胡地区。近来学界逐渐转向认为抄写地点应在文书的出土地高昌城。克拉克提示了一条重要的线索：写本正面经文部分的右栏和左栏在中间处皆有留白，后来被读者利用，题写了三方读经题记。他指出，这些空白应是为绘制细密画而留，现存写本应当是完成了文字抄写工作但未完成配画的一件半成品②。因此，它最终并未被带回到阿尔胡地区。阿尔胡教团的法堂主（默奚悉德）来到东方教会的中心高昌，发愿为本部教团祈福并抄写回鹘语经书。他可能打算将经书携回阿尔胡地区并向当地突厥语部族传教，但这部经书因为某些

---

① 森安孝夫《西ウイグル王国におマニ教の衰退と仏教の台頭》，第598页。
② L. Clark, *Uygur Manichaean Texts, Volume III: Ecclesiastical Texts, Texts, Translations, Commentary*, p. 73.

原因最终未能制作完成，并留在了高昌城中。无独有偶，阿尔胡地区的摩尼教僧人直接来到高昌的例子还见于前引德藏M112写本背面回鹘文摩尼教寺院被毁文书。文书中出现的两处干支纪年"甲寅年"和"癸未年"分别被确定在954年和983年，由此可知所涉事件的年代。文书第8—10行记载，怯的·斡兀立（Käd Oγul）等在甲寅年（954）来此（高昌），并成为僧人，但前面第7行的相关内容此前一直未能被准确读出。最近，克拉克对文书进行了再研究，准确地释读、复原了文书第7行，作："kedin ärtini tözlüg talas [altun] arɣu yegän kä[nttin]."①可汉译作"其后，从有珍宝之质的怛逻斯黄金的阿尔胡移健城"。由此可知，954年到高昌出家为摩尼僧的怯的·斡兀立等人就来自怛逻斯阿尔胡地区的移健城，正是上引题记所示阿尔胡教团设有摩尼寺的城市之一。可见阿尔胡地区的摩尼教信众在954年就与高昌摩尼教会有直接来往。值得注意的是，文书第8行提到怯的·斡兀立等人来到高昌做摩尼僧的目的是为了"国家的利益"（el ädgüsi），且他本人一直到文书书写的癸未年（983）仍然驻在高昌的摩尼寺。

（二）西州回鹘与中亚河中地区的摩尼教教团

在前述柏孜克里克第65窟出土的8件摩尼教团书信中，有一封发给驻锡在当地的慕阇Aryāmān Puhr的粟特语书状，其发信人作"拂多诞摩尼·瓦孟（Mānī Wahman）及其教团（ancman, 'ncmn）"②。

---

① L. Clark, *Uygur Manichaean Texts, Volume III: Ecclesiastical Texts, Texts, Translations, Commentary*, pp. 361, 368–369.

② Y. Yoshida, *Three Manichaean Sogdian Letters Unearthed in Bäzäklik, Turfan*, pp. 160–161.

他在信中称 Aryāmān Puhr 为"东方的慕阇"（xwrsncykw mwẓ'kw）[1]，显然指其为摩尼教东方教会的首领。而他自己应当是从属于东方教会慕阇之下的地方教会主教（拂多诞）。吉田丰在书信的第70行读出发信地点作 twδ kδ，将其比定作那底姆《书目》中所记位于撒马尔罕附近的土訾（Tūdh）城[2]。

需要强调的是，这封书状与上述抄经题记一样，都完成于11世纪初，当时已经是回鹘摩尼教团活跃的最后时期，西州回鹘的统治阶级受到西域本土宗教佛教的影响，改尊佛教为国教，摩尼教逐渐失去统治阶级支持。但即使在其衰亡期，我们也可以看到以高昌为中心的回鹘摩尼教教会势力沿丝绸之路向西可以分布到七河的怛逻斯和中亚的撒马尔罕地区，在当地都有下级的教团分布。更重要的是，这些地方的教团虽然不在回鹘政权的直接控制下，但它们都可以经丝绸之路与高昌的教会产生直接的联系。与这封书状同出于柏孜克里克第65窟的另一封粟特语摩尼教书状中明确写有这样的话："无论我们有何等卑微的消息，但凡有一则〔消息〕，我们总是斗胆将其作敬问的书状，通过商队呈上。"[3] 这封书状同样是发给驻锡高昌的慕阇 Aryāmān Puhr 的，可知这些摩尼教团之间的书信都是通过"商队"送达的。值得注意的是，在这封粟特语书状中，用以表示商队的词为"'rxysy"，借自回鹘语"arqïš"（商队），说明粟特语表示商人的词"sart"到此时已经被回鹘语的同义词所取代[4]，当时粟特商

---

[1] 第13行，参见 Y. Yoshida, *Three Manichaean Sogdian Letters Unearthed in Bäzäklik, Turfan*, p. 158。

[2] Y. Yoshida, *Three Manichaean Sogdian Letters Unearthed in Bäzäklik, Turfan*, pp. 34–36.

[3] Y. Yoshida, *Three Manichaean Sogdian Letters Unearthed in Bäzäklik, Turfan*, pp. 80–81.

[4] 此点已经为吉田丰所指出，参见：Y. Yoshida, *Three Manichaean Sogdian Letters Unearthed in Bäzäklik, Turfan*, p. 123。

人群体的回鹘化可见一斑。

小　结

回鹘商人登上历史舞台，源于回鹘政权治下粟特商人的回鹘化。导致这一过程发生的关键事件正是回鹘统治者改宗摩尼教。在粟特本土开始伊斯兰化以后，回鹘汗国成为粟特商人聚集的中心之一，粟特商人在政治、商业利益上与回鹘统治者高度重合，在随回鹘统治者改宗摩尼教之后，其在宗教、文化上也与回鹘统治阶层趋同，构成其彻底回鹘化的基础。

粟特商人在回鹘化的同时，也形成回鹘认同，对外以回鹘自居，回鹘商人由此出现在历史舞台。另一方面，摩尼教教团在回鹘政权中取得超然地位，获得巨大的政治和经济特权，开始参与丝绸之路贸易，成为回鹘治下最具有政治、经济优势的商人群体。摩尼教教团与粟特-回鹘商人的结合构成回鹘摩尼教商人集团，成为9—11世纪丝绸之路东段最具代表性的商人群体。

11世纪上半叶发生的政治变化使穆斯林商人开始沿丝绸之路南道进入河西以及中原，与回鹘商人展开竞争。同一时期，回鹘摩尼教商人的势力随其教团的衰落而式微，多数回鹘商人皈依佛教，少部分则成为景教徒。此后，在与穆斯林商人的竞争中，回鹘商人逐渐丧失优势地位。到13世纪时，穆斯林商人已经成为在丝绸之路东段占有统治地位的商人群体，回鹘商人则被边缘化。失去了占有巨大政治和财富资源的摩尼教团的支持，或许是后来回鹘商人群体在竞争中衰落的原因之一。当然，要印证这一猜想，还有待更多新史料的发现。

附录 Ⅲ 198背面抄经题记分段转写、汉译

*文书彩色图版参见森安孝夫《ウイグル＝マニ教史関係史料集成》，xi，Plate 11。

【页眉题名残】

（右栏1—20行）

y(e)mä uluγ elig azrua t(ä)ngri at-ïnga y(e)mä aγazlanmïš boltï [ulu]γ ögrünčün ymä bitilm[iš] boltï aγïr s(ä)vinčin y(e)mä amtï tükäl törlüg etigin bitilmiš boltï uluγ yegädmäkin utmaqïn bo [　] türkčä t(ä)ngridäm u[luγ] nom bitig kim y(e)mä barča tolu ärüš ük[ü]š törl[ü]g…[öz]ütlärig odγuruγlï köngülüg ačïγlï y(e)mä kögüzüg y(a)rutuγlï köni kertü anglaγ törülüg üč üdki ad(ï)rtlaγ üdürtlüg [y]örüglüg tirig öz berigli y(a)ruq t(ä)ngri yeringä tägürdäči nošda mataγlayraq t(ä)ngridäm bilgä bilig

又，以天主大明尊之名；又，被念诵，以大喜悦；又，被抄写，以极重喜悦；又，现在被用各种装饰抄写，以巨大的完善。这部将会唤醒所有各种……灵魂，打开心扉，照亮胸膛，带来正确的、真实的、有理解的、在法的三际（üč üd）中的、清楚的自我，带领抵达光明之神之地的，……突厥语的、神圣的大经，比灵丹蜜汁还甜美的神圣的智慧。

（20—26行）

y(e)mä ädgü ödkä qoluqa y(e)mä irülüg ädgü künkä y(e)mä alqatmïš ayqa y(e)mä yegädmiš qutluγ yïlqa ymä ögütmiš alqatmïš č(ä)r(i)g türk uluš arγu t(a)las kögüz ičintä

又，在良辰，又，在吉日，又，在被赞颂的月，又在最佳的、有福的年，又，在被赞颂的突厥之国阿尔胡、怛逻斯的腹地之中；

（26—36行）

y(e)mä yoqaru qudï ilgärü kerü atï eštilmiš y(e)mä küsi sorulmïš qutluɣ uluš yarašlaɣ altun aruɣu uluš qašu y(e)gänkänt ordu känt čigi[l] balïq nom qutï t(ä)ngrining ornanɣusï m(a)rdasp(a)nt t(ä)ngrilärn(i)ng otačïlïqï arïɣ yaruq küčlüg freštilärn(i)ng qongusï arïɣ turuɣ süzök manistanlar ičintä

又，在上（北）下（南）前（东）后（西）方名字被听到的、名声被问到的有福之国——和平的、黄金的阿尔胡国哥舒〔城〕、移健城、斡耳朵城、炽俟城〔中的〕惠明（nom qutï）神的居所，五明（mardaspant）诸神的疗愈之所，清净、光明、大力的诸天使的住处，即清净的各处摩尼寺中；

（36行—左栏5行）

y(e)mä [qara b]odunï q[u]tluɣ {ötmiš}【左栏】utmiš y[egä]dmiš frešti ayaɣlaɣ t[ataɣ]laɣ atlaɣ t(ä)ngri m(a)r w(a)xm(a)nxvary(a)zd kün tuɣsuq-dunqï uluɣ možak uɣurïnta

又，其民众在有福的、最优的、……、受尊重的、亲爱的、有名的、神圣的、尊者瓦孟花剌赫悉德（waxmanxwarxšid），即东方的大慕阇治下之时；

（5—10行）

y(e)mä altun arɣu talas uluš qašu xanï ordu čigil känt arkligi uluɣ türkdün bašdangï čigil arslan el tirgök alp burɣučan alp tarxan bäg illäntük ärksintük uɣurïnta

又，在黄金的阿尔胡、怛逻斯国哥舒汗〔之城〕、斡耳朵〔城〕、炽俟城之主，大突厥中的领袖，炽俟·阿萨兰·颉·迭骨·合·没骨山·合·达干大人统治之时。

（11—37行）

y(e)mä amtï bolzun äsängü alqïš tüzü nom arqasïnga y(e)mä ögirmäk s(ä)vinmäk bolzun nom pr(a)sdanklarïn üzä y(e)mä qutadmaq qïvadmaq bolzun tüzü üdrülmiš arïγ dentarlarqa y(e)mä yegädmäk utmaq bolzun manga aγduq qarï petkači mar išuy(a)zd m(a)xistak üzä kim y(e)mä uluγ amranmaqïn aγïr küsüšün bitidim y(e)mä yazuqda bošunmaq bolzun qamaγ barča säväg özütlüg n(i)γošaklarqa y(e)mä tüzü barča ät'özümüz bütünün qadaγïn turzun igsizin adasïzïn turalïm y(e)mä köngülümüz kögüzümüz turqaru busuššuzun qadγusuzun turzun barča ädgü qïlïnčqa tükällig bolalïm özütümüz qurtulmaq bošunmaq yigädmäk utmaq t(ä)ngri yerintä tägimlig bolzun mängigü inčä bolzun

又，现在，愿平安、保佑全部归于教团！又，愿快乐，归于诸法主！又，愿有福，归于全体被选的、清净的、诸僧（电达）！又，愿胜利，归于我，笨拙的、老书手——末·夷数雅兹德·默奚悉德，以其（我的）大爱和重愿写讫！又，愿从罪中解脱，归于全体的、拥有可爱灵魂的诸听者（耨沙喭）！又，愿我们全体的肉身完整、健壮地存在！愿我们无病、无灾地存在！又，愿我们的心、胸一直保持无忧无虑！愿我们在全部的善业上达成圆满！愿我们的灵魂得以在天国被解救、获得成功！愿永世如斯！

第二章

从回鹘商人到回回商人
——11—12世纪丝绸之路东段商人主体的嬗变

　　自中唐以降,粟特商人主要依靠回鹘政权的支持维持其在丝绸之路东段的主导地位。随着其与回鹘统治者在政治、经济利益上的深度结合,尤其是在皈依摩尼教后,双方逐渐形成共同的宗教文化认同,回鹘政权治下的粟特商人逐渐回鹘化,在9世纪以后开始以回鹘商人的面貌出现在历史舞台。及至13世纪蒙元时代,被称为"回回"的穆斯林商人已经崛起成为丝绸之路东段最主要的商人群体。由于传世文献对唐元之间西域历史缺乏系统记载,回鹘商人被回回商人取代的时代背景和具体过程,尚未在学界获得充分讨论。

　　另一方面,学界一般认为,"回回"之名得自回鹘人之族名,乃是"回鹘"或其旧称"回纥"之俗称。到了蒙元时代,西域穆斯林已经被戴上回鹘之名("回回")出现在汉文语境中,而回鹘人却反而要另被冠以"畏兀儿""畏吾儿"

等新的汉语译名,以示区分①。但是,关于为何西域之穆斯林最终被冠以回鹘之名,学界尚缺乏深入的解析。

上述两个问题实则密切相关。本章将梳理丝绸之路东段的主导地位在唐元之间从回鹘商人手中转移至穆斯林商人手中的历史过程,指出其关键时段就在11—12世纪。正是在这一过程中,穆斯林商人或主动冒用,或被动接受回鹘的名号,随着其数量逐渐占据多数,他们反而成为了回回这一名称的代表。

一、回鹘商人在11世纪以前对丝绸之路东段的商业垄断

西迁回鹘分别在东部天山和河西走廊建立政权,直接占据了丝绸之路东段的交通要道,依附回鹘政权的粟特商人网络自然利用这样的政治资源垄断了从东天山至河西走廊进入中原的丝绸之路贸易。这些粟特商人不但在朝贡贸易中直接代表着西州回鹘或甘州回鹘政权,而且在文化上逐渐回鹘化,最终以回鹘商人的面貌出现。因此,回鹘一词在当时的汉文语境中逐渐成为胡商的代名词。北宋真宗大中祥符二年(1009)开封府曾张榜示众,"止绝牙保引致民家卑幼举借回鹘财者"②,知北宋都城内多有向回鹘商人举借高利贷之事,而开封府此令专提"回鹘",可见当时回鹘商人在丝绸之路东段的主导地位。

种种迹象表明,回鹘商人不但把控着西州、甘州两大回鹘政权与东、西各政权间的贸易活动,也控制着丝绸之路沿线各地方政权

---

① 具体论证参见杨志玖《回回一词的起源和演变》,《回族研究》1992年第4期;此据氏著《元代回族史稿》,天津:南开大学出版社,2003年,第59—76页。

② 《续资治通鉴长编》卷七二,第1631页。

的跨境遣使和交通。本书第二编第一章已论证，位于西域南道的于阗在向河西、中原等地遣使的过程中要依靠回鹘商人。位于河西走廊西端的沙州归义军政权的遣使行动中也可见回鹘商人的身影。例如，在北宋太平兴国五年（980）曹氏归义军政权派向中原进贡的使臣就是回鹘人。《宋会要》记载[1]：

> 三月，其（曹元忠）子延禄遣使裴溢的名似四人来贡玉圭、玉盌、玉橛、波斯宝毡、安西细毡、茸褐、斜褐、毛罗、金星矾等。

使臣名作"裴溢的名似"，显然不是汉名，而应是胡名的音译，可以还原作回鹘语 *bay etmiš 或 bay yetmiš，犹如汉语"致富"之意。而同书后文还记有同年此人入贡之事，作[2]：

> 闰三月二十六日，甘、沙州回鹘遣使裴溢的名似等来贡橐驼、名马、珊瑚、琥珀、良玉。

两条材料对照可知，归义军首领曹延禄所派遣使者正是这支所谓"甘、沙州回鹘"所遣的使者，前一条材料所记时间实应为"闰三月"。宋人记"甘、沙州回鹘"，盖因其使者为回鹘人，且又同时代表甘、沙州政权。值得注意的是，曹延禄此次遣使的主要目的是向宋朝报告曹元忠丧事，并请求册封。随后在四月，宋太宗诏赠元忠为敦煌郡王，制封延禄为归义军节度使[3]。可见，此次遣使活动对于曹氏归义军极其重要。而他们所要倚仗的使者则是回鹘人。两条材料分别列出了这批回鹘使者所带来的两类不同的贡物。第一条材料所列玉圭、玉盌、玉橛、波斯宝毡、安西细毡、茸褐、斜褐、毛

---

[1] 《宋会要辑稿》蕃夷五，第 7767 页上栏。
[2] 《宋会要辑稿》蕃夷七，第 7844 页下栏。
[3] 《宋会要辑稿》蕃夷五，第 7767 页。

罗、金星矾等，主要是较为名贵和稀罕的手工制品，应是曹氏归义军进贡宋朝的贡礼。第二条材料所列骆驼、马、珊瑚、琥珀和玉，皆是牲畜和名贵手工制品的原材料，应是回鹘朝贡贸易的商品。这批以回鹘人裴溢的名似为首的使团应是名义上代表甘州回鹘政权的一批入宋开展朝贡贸易的回鹘商人，沙州归义军也要依靠他们出使宋朝。

敦煌藏经洞出土的一件回鹘文书则从侧面印证了上述汉文典籍中所反映的事实。法藏回鹘文书Pelliot ouïgour 15是回鹘人思礼（Silig）、葛啜（Qar Čor）、法只剌（Važir）三兄弟致其嫂子按敦（Altun）的家书。他们在得悉其兄长被杀后，为慰问其嫂而写此书，以思礼作第一人称写就。书信第9行以后的部分提及了三兄弟的近况和行程，值得讨论，笔者现引文、汉译如下①：

(9) [ä]rdi sïγïtqa üntümüz važir y(e)mä öt(ü)kän-kä

(10) [　]/ kälti munčaqa+tägi ädgün äsänin ärür biz siz

(11) [-i]ng bitigingiz-lär kälti yügürgän-tä bultumuz äsäningiz

(12) [-lä]r-ni ešidip üküš sävint(i)miz ärdi yinä küräg

(13) [a]γzïnta muntaγ sav ešidip ayï busant(ï)maz altun

(14) [yän]gäč qatïγ-lan(ï)ng äv barq uz q(ï)ya bašlap turung

(15) [ayï]γ atlaγ bulmang qataγ-l(a)n(ï)ng män y(e)mä qar

(16) [čor] birlä čungul-tïn aram ay-qa tägi qamčiu

(17) [-qa] kälgäy biz yïparaγ el yaruquγ ačïnang

（9—10）至于法只剌（Važir），他已经…来（去）到于都斤［öt(ü)kän］。（10—12）我们迄今安好。您的来信悉收。我

---

① 此据：J. Hamilton, *Manuscrits ouïgours du IXe–Xe siècle de Touen-houang*, pp. 109–111; T. Moriyasu, *Corpus of the Old Uighur Letters from the Eastern Silk Road*, pp. 114–115。

> 们从信使（yügürgän）处获得。听闻您安康，我们极其欢喜。（12—15）又，我们从逃亡者口中听说这消息（指其兄被杀事），悲痛不已。按敦嫂子，请您坚强！请您主理家事，请勿落下恶名，请您坚强！（15—17）我还与葛啜一起，在元月之前，从仲云来（去）到甘州。请您照顾夷播与颉·雅禄。

书信第9行以下提到，三兄弟中的法只剌已经去了于都斤，其地在蒙古高原的中心。而第15行则记思礼与其另一位兄弟葛啜一起，将从仲云前往甘州。仲云为9—10世纪分布在敦煌与西域南道之间的部族，而甘州则在河西走廊东部。他们希望其寡嫂能够"主理家事"，其嫂按敦所在应是他们的老家。此地可能是文书出土之地敦煌，也有可能是在敦煌之外的其他地区，因为这封文书有可能在寄送的途中遗落敦煌，或后来被收信人携至敦煌。但无论如何，敦煌应当也是这个回鹘家族活动的区域之一。这个回鹘家族很可能是商业家族，仅从此信就可见其活动范围包括蒙古高原的中心地区于都斤山一带、西域南道的仲云部以及河西走廊的甘州和沙州，当时回鹘商人在河西、西域以及漠北的活动网络由此可见一斑。

如同粟特商人一样，回鹘商人往往在商业要道建立定居点，在重要的商业城市也会聚居成为坐贾。在北宋与西北蕃国贸易的窗口秦州（今甘肃天水市）就聚集大批回鹘商人，甚至形成一处地方政权。大中祥符四年（1011），秦州回鹘使者进贡玉带[1]。《宋会要》记宋仁宗天圣元年六月十九日秦州回鹘来贡，并有小注记"自是每岁来贡"。据《松漠纪闻》记载，在北宋时期就已经有很多回鹘商人进入关中落户，这些回鹘人在入金之后被迁入燕京[2]。

到11世纪初期，西州回鹘的疆域达到最大，向东可以影响到敦

---

[1] 《续资治通鉴长编》卷七五，第1719页。
[2] 洪皓《松漠纪闻》，翟立伟标注，长春：吉林文史出版社，1986年，第15页。

煌^①。而占据河西走廊咽喉的甘州回鹘政权则存续到1028年，一直垄断经过河西走廊入中原的商路。因此，9世纪到11世纪初叶是回鹘商人在丝绸之路上最为兴盛的时代。在这一时期，西北藩国所遣的朝贡贸易使者多为回鹘人，而在中原各地贸易的胡商也都为回鹘人，"回鹘"这一族群称谓在汉文语境中已经完全可以与胡商划上等号。

二、穆斯林商人对丝绸之路东段的渗透

11世纪初叶西域政治格局的变动促使西域南道复兴。以伊斯兰教立国的黑汗王朝征服于阗，并继续向东发展，全面占领西域南道。1008年，黑汗王朝东部汗国始冒于阗国之名，开始依靠回鹘商人向中原王朝遣使朝贡。其使臣在请求北宋遣使时说道："今自瓜、沙抵于阗，道路清谧，行旅如流，愿遣使安抚远俗。"[②]这说明黑汗王朝所遣入贡中原的使者最初所走的线路就是由西域南道经沙州进入河西走廊，再进入宋境。这条路线在当时受回鹘商人主导。随着黑汗王朝在丝路南道统治的巩固，来自其治下以及其他伊斯兰政权的穆斯林商人在逐利的动机下不断向东方渗透，后来西北地区政治形势的变化则为他们提供了更加有利的条件。11世纪上半叶，西夏向河西扩张，在1028年灭甘州回鹘，随后攻占整个河西走廊。回鹘政权在河西走廊为回鹘商人提供的政治优势自此消失，穆斯林商人得以与回鹘商人相对平等地进入河西走廊西夏境内贸易。

另一方面，由于西夏与北宋的敌对关系，以北宋为行商目的地的商旅难以通过西夏占领的河西走廊进入中原。于是，途经青海青

---

① 参见付马《丝绸之路上的西州回鹘王朝：9~13世纪中亚东部历史研究》，第138—154页。

② 《续资治通鉴长编》卷七一，第1598页；参见《宋史》卷四九〇，第14107页。

唐羌领地直抵北宋秦凤路的青唐道兴起，成为从西域进入北宋的新路线。而这条新兴路线对于由西域南道而来的穆斯林商人更为便利，反而对于来自东部天山地区的西州回鹘商人相对遥远。根据传世文献记载，沿青唐道有大量于阗和回鹘商人聚集。所谓于阗商人即指由黑汗王朝而来的穆斯林商人，似乎这两种商人势力都在利用青唐道直接进入北宋。但至迟到12世纪初，这条道路可能已经被穆斯林商人所垄断。笔者在《东京梦华录》的相关记载中发现这一变化的端倪。

南宋时孟元老所撰《东京梦华录》记录了其在靖康南渡以前于北宋都城开封生活时的见闻。该书第六卷"元旦朝会"条描写了至开封朝贺正旦节的诸国使者形象，依次有辽、西夏、高丽、交趾、回纥、于阗、三佛齐和南蛮等。其中，"回纥"本是回鹘的旧称，宋人时以此名指回鹘[1]。孟元老描写回纥使者的样貌作[2]：

> 回纥皆长髯高鼻，以毛帛缠头，散披其服。

孟元老所谓"回纥"人的装束特征为"缠头""散披其服"，但这却是来自中亚的突厥穆斯林的服饰特征，可在同时期的伊斯兰文献中得到印证。"马卫集书"第8章"论中国人"的第5小节写道[3]：

> 汉人与突厥在诸事上大多不同，他们不与突厥接触，因为后者穿长袍（jubba）、缠头，而不着衣裳、不戴冠。〔与此相反，〕契丹、回鹘则与突厥接触并建立关系。他们与河外的诸王建交并通使，而汉人则不同，他们严禁外人进入其国与其共处。

---

[1] 比如李焘在《续资治通鉴长编》中即有时称回鹘，有时称回纥。
[2] 《东京梦华录笺注》卷六，北京：中华书局，2006年，第516—517页。
[3] V. Minorsky (ed., tr., and comm.), *Sharaf al-Zamān Ṭāhir Marvazī on China, the Turks, and India: Arabic text (circa A.D. 1120)*, p. 15.

马卫集此处所谓"突厥"应指突厥穆斯林,与回鹘不同。他专门提到"河外的诸王",则此"突厥"可能特指占据中亚西部的黑汗王朝西部汗国。他记其着装特征为"穿长袍、缠头",恰与上引孟元老记载的"回纥"相同。这让人不得不怀疑,孟元老所谓的"回纥"其实就指穆斯林。

而另一方面,吐鲁番出土的回鹘文书则显示,缠头在回鹘人眼中也是穆斯林的标志性服饰。德藏回鹘文书 Ch/U 7570 是一部册子本回鹘文佛教韵文集,虽然题作"Insadi 经"①,但从册子的第 48 页起开始抄写另一种韵文《圣尊弥勒赞》。该文献为了突出弥勒佛的伟大,列举多种外道作为衬托,其中一节写道②:

> bašï tastarlïɣ tašmanlar baɣd(a)t urum ellär barɣu yerlärin tapmatïn baxšïm sizingä ök ïnanɣay
>
> 其头上有缠头的诸达石蛮,寻不得去往报达、鲁迷诸国之路后,将只能归信您(即弥勒佛),吾师!

所谓"达石蛮"(tašman),源自波斯语"dānišmand",指伊斯兰教学者。据此可知,他们在回鹘人眼中的标志性服饰就是"有缠头"。看来孟元老在开封所见的"回纥"不是回鹘,而是穆斯林。

此外,《东京梦华录》还记录了北宋为各国使臣所安排的馆驿

---

① S. Tezcan, *Das uigurische Insadi-Sūtra*, Berlin: Akademie Verlag, 1974, p. 9. 关于此经名,后来学者又提出 avasti 等不同读法,但尚未能达成统一的意见,参见阿不都热西提·亚库甫《古代维吾尔语赞美诗和描写性韵文的语文学研究》,上海古籍出版社,2015 年,第 181—184 页。

② 参见 S. Tezcan, *Das uigurische Insadi-Sūtra*, p. 73;阿不都热西提·亚库甫《古代维吾尔语赞美诗和描写性韵文的语文学研究》,第 201、212 页。笔者对前人转写、汉译有所更正。

情况：①

> 其大辽使人在都亭驿，夏国在都亭西驿，高丽在梁门外安州巷同文馆，回纥、于阗在礼宾院，诸蕃国在瞻云馆或怀远驿。

孟元老在北宋崇宁二年（1103）到都城开封，靖康之难（1127）后南渡②。其所记"元旦朝会"的场面以辽朝使者为尊，且没有女真使者，则此事至迟应发生在金破辽上京（1120）之前③。此时的"于阗"，已经是穆斯林黑汗王朝东部汗国治下的领土。而在各国使者中，惟有"回纥"使与于阗使同住在礼宾院，暗示两批使者文化相近、关系密切。同书所记朝贡宋朝的外国中还有"大石"，应即大食，列在三佛齐、南蛮、真腊、大理这些从南方入贡的蕃国之后④，应当指经由海路从东南沿海港口进入中国的穆斯林商人。因此，孟元老所记的"回纥"很可能是来自中亚的穆斯林商人，他们经丝路南道随黑汗王朝东部汗国的使臣一同入贡宋朝，因此与于阗关系最密切。

由此可知，至迟到12世纪初叶的北宋末年，宋朝官方接待的所谓"回鹘（回纥）"般次，可能已经被穆斯林商人冒名顶替了。正如前文所论，及至西夏攻占河西走廊之后，西域商人欲直接入贡宋朝则取道青唐道，这对于由黑汗王朝而来的穆斯林商人尤其便利。在青唐羌唃厮啰政权控制这条道路时，来自西域南道的穆斯林商人尚未垄断此路，唃厮啰统治者还曾与西州回鹘联姻，说明回鹘商人在此路还有一定势力。有可能是北宋在元符二年（1104）闰九月占领

---

① 《东京梦华录笺注》卷六，第517页。
② 《东京梦华录笺注》序，第1页。
③ 可能是宋朝计划联合女真攻辽之前的事，即重和三年（1118）北宋遣使浮海入金之前。
④ 《东京梦华录笺注》卷六，第516—517页。

青唐城，灭青唐政权之后①，与之联姻的西州回鹘彻底丧失了对这条道路的政治影响，此后距离这条道路更近、人数更多的穆斯林商人从丝路南道大量涌入，由此垄断了由西域直接进入北宋的商路。

那么，这些中亚来的穆斯林商人为何要冒称回鹘（回纥）入贡宋朝呢？11世纪初，当黑汗王朝攻灭于阗佛国之后，他们就继续以"于阗"之名，进入北宋朝贡。宋哲宗元祐四年（1089），又有西域邈黎国在黑汗王朝的招引下首次进入中原朝贡，有司以其国未尝入贡，"请比附于阗国进奉条式"②。这个此前不为中原王朝所知的小国因受到于阗（黑汗王朝）招引入贡，获得与于阗国一样的朝贡贸易条件。可以推测，黑汗王朝初次入贡时，也是为了获得与于阗国一样的朝贡贸易条件，因此沿用被其所灭的于阗之名朝贡。在与中原王朝开展朝贡贸易的诸蕃部中，回鹘与中原王朝交往最密切、最为其所熟悉，因此必定享受着最为优厚的贸易条件。由此推测，这些中亚穆斯林商人以回鹘之名进入北宋朝贡，应当是为了享受北宋对回鹘贸易的条件，即"回鹘条式"。总之，至迟到12世纪初，中亚穆斯林商人不但在宋朝取代了回鹘商人的地位，还冒用了回鹘之名，这应是文献所见穆斯林商人被冠以回鹘（回纥、回回）之名最早的记录。

12世纪初叶，西域地区风云再起。契丹贵族耶律大石率部西迁建立西辽政权，先后征服黑汗王朝东、西部汗国、西州回鹘等政权，将中亚广大地区纳入其势力范围。在西辽治下，信仰佛教的西州回鹘与伊斯兰世界之间的政治壁垒被打破，加速了来自中亚甚至更远地区的穆斯林商人大量进入丝绸之路东段的进程。由于穆

---

① 《续资治通鉴长编》卷五一六，第12265页。
② 《续资治通鉴长编》卷四二九，第10372—10373页；《文献通考》卷三三九，北京：中华书局点校本，2011年，第9398页；参见《宋史》卷四八九，第14087—14088页。

斯林商人在数量上的绝对优势，回鹘商人在丝绸之路东段的势力被进一步削弱。西夏仁宗天盛年间（1149—1169）所颁《天盛改旧新定律令》卷七《敕禁门》下有多条律令禁止向他国使人、商人出卖禁物，其中数次专门提到"大食、西州国"①，以其作为他国使人、商人的代表。"大食"当指穆斯林商人，而"西州"则指西州回鹘，可见当时在西夏国内从事贸易的商人群体主要就是穆斯林商人和回鹘商人。值得注意的是，这些地方总是先提大食，再提西州，暗示着穆斯林商人可能在西夏境内更占有优势。

在12世纪上半叶，在金朝治下的中国北方占主导地位的商人仍是回鹘人。南宋使臣洪皓在1129—1142年间羁留金朝，他著有《松漠纪闻》一书记录其所见所闻。据其记载，当时回鹘人"多为商贾于燕"。他们"奉释氏最甚，共为一堂，塑佛像其中"②。可知当时金朝燕京的商人主要是信奉佛教的回鹘商人。但有迹象表明，穆斯林商人在这时已经逐渐渗透到金朝的回鹘商人网络中。他们与回鹘商人杂处，并以回鹘自称。《金史·粘割韩奴传》记载：③

> 大定（1161—1189）中，回纥移习览三人至西南招讨司贸易，自言："本国回纥邹括番部，所居城名骨斯讹鲁朵，俗无兵器，以田为业，所获十分之一输官。耆老相传，先时契丹至不能拒，因臣之。契丹所居屯营，乘马行自旦至日中始周匝。近岁契丹使其女塔阿本斯领兵五万北攻叶不辇等部族，不克而还，至今相攻未已。"诏曰："此人非隶朝廷番部，不须发遣，可于咸平府旧有回纥人中安置，毋令失所。"

---

① 史金波、聂鸿音、白滨译注《天盛改旧新定律令》，北京：法律出版社，2000年，第284、285页。参见史金波《西夏社会》，上海人民出版社，2007年，第206页。
② 洪皓《松漠纪闻》，第15页。
③ 《金史》卷一二一，第2781页。

这三位抵达金朝西南招讨司贸易的胡商被金人记为"回纥移习览"。"移习览"显然是"Islam"之音写。其居地"骨斯讹鲁朵"则是原黑汗王朝东部汗国的都城"Quz ordu"（虎思斡耳朵），是中亚突厥穆斯林的中心城市，在当时则为西辽所据作为都城。这些信息说明此三人就是来自中亚的突厥穆斯林商人。尤其值得注意的是，他们"自言"为"本国回纥邹括番部"。虽然"邹括"一词所代表的原词不明[①]，但其自称为"回纥"，说明这些穆斯林商人是以回纥的名义前来金国贸易的。那么《粘割韩奴传》中的"回纥"在金人的语境中具体指什么人呢？同传前后几条记载表达得相当明确，就指西州回鹘。同传前记[②]：

> 皇统四年（1144），回纥遣使入贡，言大石与其国相邻，大石已死。诏遣韩奴与其使俱往，因观其国风俗，加武义将军，奉使大石。

而同传后面又记，在金大定年间西辽曾进攻叶不辇等部族不果，引发国内动荡。粘拔恩（即乃蛮）君长携康里部长率众请求归附金朝，并向金朝使者报告称[③]：

> 往年大国尝遣粘割韩奴自和州往使大石，既入其境……

"和州"，即高昌，系辽朝以来对回鹘语"Qočo"（高昌）的汉文音写。可知本传所记"回纥"，就指与西辽相邻、以高昌为中心的西州回鹘政权。金国使者粘割韩奴就是在西州回鹘使者带领下经西州回鹘国境进入西辽。则上述三位自称"回纥"的穆斯林商人，应当

---

① 其晚期中古音可以复原作 tṣəw kʰuak，元朝音可复原作 tṣəw kʰwaw，应是中亚部族名的音写，但尚未能找到合理的复原方案。
② 《金史》卷一二一，第 2781 页。
③ 《金史》卷一二一，第 2782 页。

也是利用回鹘商人的网络，通过西州回鹘治下的东部天山地区，再经过西夏或蒙古高原，进入金西南招讨司。

金朝知此三人"非隶朝廷番部"，将其安置在"咸平府旧有回纥人中"。这说明金朝也接受这些穆斯林商人自称为回鹘商人，认为他们属于回鹘，将其与之归类管理。可想而知，类似这样混入回鹘商人中的其他西域商人在当时应当已经有不少。金咸平府地在今辽宁开原，有学者曾将"咸平府旧有回纥人"与《辽史》所记聚居在辽上京临潢府（今内蒙古巴林左旗）的回鹘商人联系起来[1]。其实在辽金时期东北地区回鹘商人的聚居之地远不止于辽上京一地。金太祖天辅六年（1122），完颜呆沿老哈河向南进军，先后攻占辽高州、恩州和辽中京大定府（今内蒙古赤峰）。而在恩州和中京之间，他还攻克一座"回纥城"[2]。可知辽朝在中京北方一带专有一座安置回纥商人的城市。南宋绍兴十年（1140），金朝攻占关中地区。据洪皓记载，当地的回鹘商人被金人"悉徙至燕山"[3]，应当就是他在金都燕京所见回鹘商人的来源之一。因此，在金朝咸平府聚居有回鹘商人亦不奇怪。至大定年间，在金朝聚居的各处回鹘商人中一定有许多其他来自西域的商人，被金朝视作回鹘商人统一管理。

前引洪皓《松漠纪闻》明确记载金朝的回鹘商人是"奉释氏最甚"的佛教回鹘商人。而金朝将来自西辽治下黑汗王朝境内的突厥穆斯林商人安置在回鹘商人中的举措，实际暗示了当时回鹘商人与突厥穆斯林商人合流混居的情况。虽然他们来自不同的政权，有着不同的宗教文化背景，但处在中原王朝，他们又有着相同的语言，从事同样的贸易活动，分享着相似的中亚绿洲文化，存在既合作又

---

[1] 吴松弟《中国移民史·辽宋金元时期》，上海：复旦大学出版社，2020年，第91、92页。

[2] 《金史》卷二，第38页；卷七六，第1848页。

[3] 洪皓《松漠纪闻》，第15页。

竞争的关系。有可能到这一时期，金朝治下的北方地区已经将西州回鹘及以西的中亚突厥穆斯林商人皆视为回鹘（回纥）了。

及至13世纪，突厥穆斯林商人已经完全超过回鹘商人，成为主导丝绸之路东段的商业力量。13世纪初的汉文文献已经开始出现专以回纥指称穆斯林商人，而另以他名指称西州回鹘的端倪。1221年，丘处机一行赴西域朝见成吉思汗，先后行经位于东部天山地区的西州回鹘领地和位于西部天山及河中地区的突厥穆斯林领地，而《长春真人西游记》则将上述这些地区的民众一概称为回纥[1]，反映了当时中国北方汉人仍将回鹘与突厥穆斯林混一视之的现象。但是，在一些对族群分布相对敏感的使臣眼中，所谓"回纥（回鹘）"已经专指中亚的突厥穆斯林了。1220年，金朝使者吾古孙仲端往西域觐见成吉思汗，得以亲历中亚地区，其经历被刘祁记录，作《北使记》传世。他将原西辽治下的中亚地区称为"回纥国"，而对西州回鹘则新取一种汉语译名"瑰古"[2]，以示区别。可见当时金人所见的回纥商人应当大多为中亚的突厥穆斯林，与西州回鹘有明显区别。南宋使臣彭大雅在1232年奉使大蒙古国，了解到蒙古西征后西域的情况，用"回回"指称穆斯林。而对于蒙古汗国征服的西州回鹘，他则另以"乌鹆"来音写[3]。这同样说明，在当时中原汉人眼中，典型的"回纥（回回）"形象应当是中亚的穆斯林。

另一方面，蒙古语指称中亚的突厥穆斯林为"sartaq""sartaγul""sartaqtai"或"sartaqčin"，意即"商人"，可知其为当时最主要的商业民族。此词对应的汉文就是"回回"，这说明"回回"在汉文语境中的意思就是胡商，而具体所指就是当时最主要的胡商——来自中

---

[1] 参见王国维《长春真人西游记校注》，第571—589页。
[2] 刘祁《归潜志》卷一三，北京：中华书局点校本，1983年，第167—169页。
[3] 王国维《黑鞑事略笺证》，谢维扬、房鑫亮主编《王国维全集》第11卷，杭州：浙江教育出版社，2009年，第395页。

亚的突厥穆斯林①。而回鹘在蒙古语中则另以"uiɣut"指称。

三、穆斯林商人对西州回鹘本土的渗透

从11世纪起，回鹘人开始失去对丝绸之路东段商路的垄断，人口更多、商业势力更强大的穆斯林商人大量进入东方，并占据越来越重要的地位。12世纪初，回鹘商人在北宋已经被穆斯林商人所取代，其名号也被冒用。到12世纪中叶，在西夏境内的穆斯林商人已经与回鹘并列，成为主要的商人群体之一。而在同时期的金朝治下的中国北方，穆斯林商人进入到回鹘商人的群体中，被金人视作回鹘。及至13世纪，突厥穆斯林商人已经取代回鹘成为丝绸之路东段的主要商人群体，回鹘的旧称回纥、俗称回回已经成为他们的称号，回鹘人反而成为中原人眼中相对小众的一个族群。笔者上文已经梳理了回回商人在河西和中原地区渗透进入回鹘商人网络的过程，下面则将爬梳有关西州回鹘境内穆斯林商人的记载，讨论其势力渗透进入回鹘商人在东部天山的本土的过程。

有关西州回鹘境内存在穆斯林群体的最早记录应即上一章所引那底姆著《书目》中的相关部分。在大食哈里发穆克塔迪尔一世在位期间（908—932年），西州回鹘可汗为保护撒马尔罕的500名摩尼教徒，致信大食呼罗珊总督。他在信中声称其境内的穆斯林远远超过这个数字②。可知早在10世纪初，西州回鹘境内就有相当数量的穆斯林人口。关于这些穆斯林的身份和来源，那底姆没有记录。据中国文化遗产研究院藏回鹘文历史文献第22叶（xj 222-0661.09）记载，西州回鹘曾一度进军至怛逻斯一带，震撼当地以及远方的穆斯

---

① 参见乌云毕力格《蒙古语回族称谓及相关问题》，《中央民族大学学报》2023年第5期，第97—98页。

② J. C. Reeves, *Prolegomena to a History of Islamicate Manichaeism*, pp. 228–229.

林。"全部的穆斯林民众从近处和远处对我们的圣天〔可汗〕合十双手，问候、礼拜，内心惶惶。"①笔者考证此事发生的年代范围在893年至10世纪初②，与那底姆上述记载的时代左近，则这些生活在西州回鹘境内的穆斯林居民可能是在这次西征后迁入。

10世纪后半叶，黑汗王朝在中亚崛起，并向东方扩张。出土文书透露，西域南道的于阗佛国在对抗黑汗王朝的战争中，曾得到西州回鹘与沙州归义军等非伊斯兰政权的支持③。在11世纪初黑汗王朝攻灭于阗，占领西域南道后，占据东部天山地区的西州回鹘成为其在东方的主要敌手，双方爆发持续的边境战争，最终的结果是穆斯林黑汗王朝的东部边界在11世纪70年代前后向东推进到了龟兹一线④。黑汗王朝的扩张导致了西州回鹘在边境政策上的收缩。前引"马卫集书"第8章"论中国人"的第21节记载⑤：

> 尽管他们的国家皆远离伊斯兰诸国，前往他们国家的道路皆被封闭，但契丹、回鹘的君主仍对其与伊斯兰诸王和军队接壤的地区感到担心，因为他们听闻并见证过这种信仰的崛起和壮大，以及其信众对敌时的力量。因此，他们通过封闭道路和驻扎兵士的方式保护他们自己及其国家。

马卫集所记的情况，正是11世纪上半叶契丹、西州回鹘对黑汗王朝向东方扩张的反应。在这种背景下，穆斯林商人应当很难稳定地通

---

① 文书 I 节，参见付马《丝绸之路上的西州回鹘王朝：9~13世纪中亚东部历史研究》，第119页。
② 付马《丝绸之路上的西州回鹘王朝：9~13世纪中亚东部历史研究》，第137页。
③ 付马《丝绸之路上的西州回鹘王朝：9~13世纪中亚东部历史研究》，第149—151页。
④ 付马《丝绸之路上的西州回鹘王朝：9~13世纪中亚东部历史研究》，第151—154页。
⑤ V. Minorsky, ed., tr., and comm., *Sharaf al-Zamān Ṭāhir Marvazī on China, the Turks, and India*, p. 19.

行由西州回鹘控制下的东部天山地区，而经西域南道前往中原则是对于他们更为便利的道路。

尽管如此，有迹象显示，此后仍有穆斯林商人渗透进入西州回鹘的本土。吐鲁番柏孜克里克第20窟受回鹘王室供养，研究艺术史的学者据窟内壁画风格判断其年代范围在9世纪末至10世纪中。[①]此说或嫌太早。据前章所引粟特文摩尼教书信可知，11世纪初摩尼教东方教会的主教慕阇仍驻锡在柏孜克里克，在此之前出现回鹘王室供养的大型佛教石窟的可能性不太大。森安孝夫注意到该窟所出誓愿图壁画上描绘的商人进宝形象，指出他们就是西州回鹘治下回鹘化的粟特商人。同时，他还明确提出，他们应当不是来自伊斯兰世界的商人，这些商人没有理由供奉佛教石窟[②]。遍检该窟所出的誓愿图，笔者认为森安孝夫的论断适用于其中大部分的商人形象，但有两处例外，值得注意。原藏德国柏林印度艺术博物馆编号为 IB 6889 的两铺誓愿图为德国探险队自第20窟北侧回廊南壁切割所得。其中第一铺誓愿图在其中心立佛脚下左右两侧，分别描绘了3身和2身商人礼拜进宝的形象，他们的容貌特征完全符合森安孝夫所谓深目、高鼻、浓眉、多虬髯的印欧人后裔的形象。但是，左侧上排第一身商人戴有明显的白色缠头，正是当时各种文献所记中亚突厥穆斯林的标志性服饰（图5）。无独有偶，德国探险队在同窟所切割的另一块壁画（IB 6905）也有3身商人像，应当是同类誓愿图的局部，其中上排第一身商人同样戴着白色缠头（图6）。由此可知，在

---

① 参见贾应逸、祁小山《印度到中国新疆的佛教艺术》，兰州：甘肃教育出版社，2002年，第454—455页。

② 森安孝夫《'シルクロード'のウイグル商人：ソグド商人とオルトク商人のあいだ》，第424—425页；森安孝夫《丝绸之路的回鹘商人——粟特商人和斡脱商人之间》，第126—127页。

当时西州回鹘境内的商人群体中，虽然占多数者应当是回鹘商人（即回鹘化的粟特商人），但仍然有一些穆斯林商人混杂其中。

图 5　IB 6889 第一铺誓愿图商人进宝局部①

至于森安孝夫提出的穆斯林商人不会供奉佛寺之说，在当时亦不尽然。笔者可以利用回鹘文资料举出一些反例。在与西州回鹘毗邻的敦煌，一位名叫"ïqbal sang"的巡礼者就曾在榆林石窟寺的3处石窟中留下5条回鹘文突厥语题记。松井太业已指出，组

图 6　IB 6905 戴缠头商人像②

---

①　取自 A. von Le Coq, *Chotscho: Facsimile-Wiedergaben der wichtigsten Funde der ersten königlich preussischen Expedition nach Turfan in Ost-Turkistan*, Berlin: Dietrich Reimer, 1913, Tafel 28。

②　取自 Государственный Эрмитаж, *Пещеры тысячи будд: российские экспедиции на Шелковом пути (к 190-летию Азиатского музея, каталог выставки)*, Санкт-Петербург, 2008, p. 454。

成此名的两词分别源自波斯语iqbāl（幸运）和sang（石头）①，则此人显然是一位突厥穆斯林。其在第33窟所留一条题记明确记有："我等ïqbal sang与künčüsi两人礼拜过。"②可以确认这位突厥穆斯林在该窟礼拜佛像。此外，在今呼和浩特白塔所保存的题记中，也有一位名作sulyman的游人留下一则回鹘文突厥语题记③，此名显然源自常见的穆斯林人名"苏莱曼"（sulayman）。对于经常往来不同文化区域、与不同人群打交道的商人来说，融入各地文化风俗相对容易。无怪乎前述进入金朝境内的突厥穆斯林商人愿意自称回纥，并被安置到旧有的佛教回鹘商人中去。当然，这些案例的存在并不能直接证明上引壁画所描绘的场景就真实发生在柏孜克里克佛教石窟，但至少可以反映，当时西州回鹘社会所见到的商人群体中应当有一部分是缠头的穆斯林商人。

及至12世纪上半叶，西辽称雄中亚，不但占领黑汗王朝的领土，还将西州回鹘纳为藩属。在西辽的势力范围内，从中亚伊斯兰世界进入西州回鹘的政治壁垒开始松动。1209年，西州回鹘亦都护杀西辽少监，归顺蒙古汗国。据《世界征服者史》记载，在西州回鹘派往蒙汗国的国使中，有一人名作'Umar Oγul④，显然是一位突厥穆斯林，这说明穆斯林群体已经与西州回鹘的统治阶级建立密切联系。就在蒙哥汗登基的1251年，畏兀儿贵族甚至鼓动亦都护密谋诱

---

① 松井太、荒川慎太郎编《敦煌石窟多言語資料集成》，東京：東京外国語大学アジア・アフリカ言語文化研究所，2017年，第65页。
② 此据松井太的释读汉译，参见松井太、荒川慎太郎编《敦煌石窟多言語資料集成》，第119页。
③ 白玉冬、松井太《フフホト白塔のウイグル語題記銘文》，《内陸アジア言語の研究》第31辑，2016年，第31页。
④ 志费尼《世界征服者史》，第46页。

杀都城别失八里及周围的穆斯林,并抢夺其财物①。可知在13世纪中叶,西州回鹘境内已经有相当数量的穆斯林商人,并与畏兀儿贵族产生了极大的利益冲突。这种情况同样被13世纪后半叶活跃在中国的威尼斯商人马可·波罗所闻见。《马可·波罗寰宇记》的Z抄本系统保留一段关于畏兀儿地(Iuguristan)的记载,不见于其他抄本。其中记道:"畏兀儿地是臣属于大可汗的一个大州。其境内有若干城市和众多村庄,但其首府被称为'哈剌火州'(Carachoço)。这一城市下辖着许多其他城市和村庄,其民众崇拜偶像。但这里也有很多遵守聂思脱里律法的基督教徒和撒拉森人。"②马可所谓的撒拉森人,正是穆斯林。

在属于蒙元时代的吐鲁番出土文献中,一些回鹘文佛教文学以伊斯兰教和穆斯林人物作为对话或对比的对象,以解释或褒扬佛教教条,可以看成是回鹘佛教徒与穆斯林接触、混居后的反应。德藏Ch/U 7570回鹘文佛教韵文集中所收《圣尊弥勒赞》除了以穆斯林达石蛮衬托弥勒佛之伟大,还提到了伊斯兰教先知穆罕默德,作:

> mar mišxa m(a)da maryam m(a)hmat yalavač tanišban mangyu yerlärin tar bulup mayatrem sizingä ök ïnanγay
>
> 末弥施诃与圣母玛利亚,先知、智者穆罕默德,发现其前行之路狭窄后,将会只信您,我的弥勒。

弥施诃与圣母玛利亚代表着景教的崇拜对象,景教正是当时佛教回鹘社会中存在的一种异教。与之并列的就是伊斯兰教的崇拜对象先

---

① 志费尼《世界征服者史》,第51—55页。
② A. C. Moule and P. Pelliot (trs. and anns.), *Marco Polo: The Description of World*, Vol. I, p. 156.

知穆罕默德,说明伊斯兰教应当和景教一样,是当时佛教回鹘社会中存在的异教。德藏SHT 794婆罗谜文书背面写有14行草体回鹘文头韵文,以佛教徒的口吻质疑伊斯兰教的教义,借此贬低伊斯兰教抬高佛教①。这应当是在大量穆斯林进入回鹘佛教社会后,回鹘佛教徒对外来宗教思想的抵制行为。

而在吐鲁番出土的回鹘文世俗文书中,有一些来自伊斯兰世界的词汇和概念被借入回鹘语,也印证了当时回鹘人在日常生活中与穆斯林的密切接触。能够反映回鹘社会与穆斯林商人互动的证据是契约文书中出现的新波斯语和阿拉伯语因素②。在订立契约之时,立契双方及见人通常要在文书上画押或钤印,作为立契之凭据。在回鹘语中,画押或钤印原本用"tamγa"(徽记、印记)表示,这是一个突厥语词。至迟到13世纪,回鹘文书中开始使用借自波斯语的词nišan表达同一概念。这种表示交易凭证的基本术语由突厥语词易为波斯语词,应是大量穆斯林商人与当地回鹘人交往贸易所导致的结果。

德藏U5266文书出土于高昌故城,系一行商为人代售其红刺宝石所立契约。森安孝夫专门检出这件文书,论说回鹘商人在蒙元时代商业中的重要地位。但笔者对立契商人的身份有不同观点,下面先转引文书内容,再具体讨论。该契约文书共存回鹘文14行,内容

---

① 参见阿不都热西提·亚库甫《古代维吾尔语赞美诗和描写性韵文的语文学研究》,第378—381页。
② 有关回鹘语中的新波斯语和阿拉伯语借词,参见 P. Zieme, "Arabische und neupersische Wörter in den altuigurischen Texten von Turfan und Dunhuang", in: *Dieter Weber* (ed.), *Languages of Iran: Past and Present. Iranian Studies in memoriam David Neil MacKenzie*, Wiesbaden, 2005, pp. 285–295。

可转写、汉译如下①：

> ït yïl onunč ay säkiz yangïqa män šadi-ning orṭoqluq adaq totoq-taqï üč baqïr lal-nï män šadi öng-tün kedin saṭïγ-qa yorïp yüz yasṭuq-qa käsišdimiz yüz yasṭuq-qa barša älig yastuq-luq ädni män S'DY adaq totoq-qa kälürüp berür män yüz yastuq-qa tägmäsä bu oq lal-nï kälürüp berür män tanuq uruz tanuq somačï bu nišan män S'DY-ning ol män yaraq S'DY-qa ayïtïp bitidim

> 狗年十月初八，我 S'DY 在走东闯西经商之后，将与我合伙的 adaq totoq 的 3 钱重的刺石商定为 100 锭银。若得 100 锭银，我 S'DY 要交给 adaq totoq 50 锭的财物。若未得 100 锭银，我将这块刺石交还。见人 Uruz。见人速麻赤（Somačï）。此我 S'DY 之画押。我雅刺黑（Yaraq）问 S'DY 后写讫。

立契人的名字在文书中以回鹘文写作 S'DY，前人径将此名转写作 Sadï，未作深究②。森安孝夫则明确将其视为回鹘人名，并以此为据，论说回鹘商人在当时宝石贸易中的角色③。而遍检源自突厥语的人名，并无 Sadï，更兼此词从突厥语词源的角度无法解释。笔者将此名读作 Šadi，应当来自于波斯语 Šādī（شادی），意为"幸福"，实是一个穆斯林人名，颇常见于元代回回人中，在汉文文献中通常被音

---

① 文书转写、翻译据山田信夫《ウイグル文契約文書集成》第 2 卷，第 172—173 页。参见森安孝夫《'シルクロード'のウイグル商人：ソグド商人とオルトク商人のあいだ》，第 411—412 页；森安孝夫《丝绸之路的回鹘商人——粟特商人和斡脱商人之间》，第 120 页。
② 山田信夫《ウイグル文契約文書集成》第 2 卷，第 172—173 页。
③ 森安孝夫《'シルクロード'のウイグル商人：ソグド商人とオルトク商人のあいだ》，第 416 页；森安孝夫《丝绸之路的回鹘商人——粟特商人和斡脱商人之间》，第 122 页。

写作"沙的"。他声称"在走东闯西经商之后"（öngtün kedin satïγqa yorïp）为宝石定价，说明他应是一位贩卖宝石的穆斯林行商，而这件契约则是他托一位当地的回鹘书手雅剌黑（Yaraq）所做。陶宗仪《南村辍耕录》卷七"回回石头"条下记录元朝所重之宝石，计有包括红剌在内的19种，被总称为"回回石头"①。在元朝的汉文语境中，"回回"确指穆斯林商人，而不指回鹘（畏兀）。值得注意的是，这些宝石中还包括产于河西的"乞里马泥"、产于襄阳的"荆州石"，说明这些宝石之所以被总称为"回回石头"，并非因为其产地在中亚伊斯兰世界，而在于回回是当时宝石贸易的主导者。而就在12世纪上半叶，在中原地区主导宝石贸易的还是回鹘商人。宋使洪皓在金中都所见的大批胡商即为信佛教的回鹘人，他在《松漠纪闻》中特别记其"尤能别珍宝，蕃、汉为市者，非其人为侩则不能售价"②。可知从12世纪到13世纪之间，穆斯林商人不但在欧亚东部的商业网络中取代回鹘商人成为主要的商人群体，还渗透到了西州回鹘社会内部。

进入蒙元时代以后，作为西北诸部中最早归降蒙古汗国的一支，畏兀儿人在蒙古统治者眼中地位颇高，在色目人中独占鳌头。因此，畏兀儿商人在蒙古帝国境内的活动可能有一定程度的复兴，他们利用政治优势进入中原和蒙古汗国境内其他地区从事商贸，涌现出一些著名的回鹘斡脱商人，比如亦黑迷失。但是，与人数占绝对优势的回回商人相比，回鹘商人终究无法再度占据丝绸之路东段的统治地位。

---

① 陶宗仪《南村辍耕录》卷七，第76页。
② 洪皓《松漠纪闻》，第15页。

小　结

　　回鹘政权治下的粟特商人逐渐回鹘化，在9世纪后半叶起开始以回鹘商人的面貌控制着丝绸之路东段的商业。在11世纪初，穆斯林黑汗王朝攻占于阗及丝路南道，来自黑汗王朝及更远地区的穆斯林商人开始经过回鹘商人控制的商路进入中原地区贸易。11世纪上半叶，西夏攻灭甘州回鹘，将河西走廊纳入版图，回鹘商人由此失去在河西的政治优势，大批穆斯林商人开始经丝路南道前往河西、中原。这时进入中原王朝的穆斯林商人不但采用回鹘商人的商路，与回鹘商人混杂，还主观上冒称回鹘商人，以便在与中原王朝开展朝贡贸易时获得更多利益。至迟到12世纪，中原王朝已经将入华的穆斯林商人视为回鹘（回纥）。穆斯林商人也很早就开始渗透进西州回鹘的本土东部天山地区。到蒙元时代，丝绸之路东段的商人主体已经是来自中亚的突厥穆斯林，他们在汉文语境中被称为"回回"，被视为胡人商人的代表，而回鹘的后裔则被冠以新的译名"畏兀儿"。

第三章

回鹘商人与丝绸

9世纪以来,回鹘商人群体成为丝绸之路东段大宗商品贸易的垄断者,在10—11世纪达到其势力的鼎盛期。虽然其商业版图在11世纪以后不断被回回商人蚕食,其统治地位也最终为回回商人所取代,但回鹘商人在丝绸之路上一直活跃到14世纪。有关回鹘商人所主导和垄断的商品贸易,先学早有关注,对其作为丝绸之路重要的中间商参与异域商品的转手贸易已有颇多论著,笔者不再赘述。本章要探讨的问题是,回鹘商人所贩易的商品是否都如其所标榜的那般产自"异域"?通过比对汉籍和域外史料的相关记载,笔者推测相当一批著名的"异域"产品,实际是回鹘商人所生产。在深度参与丝绸之路贸易的过程中,回鹘商人逐渐从转手贸易者进化成为商品生产者,而其产品又被刻意赋予"异域"的标签,以提升价值。其中,最值得关注的就是所谓"丝绸之路"的标志性商品——丝绸织物。在唐元之间流行于中原与中亚的多种所谓"异域"织物,很可能就出自回鹘人之手。

一、绒锦

12世纪上半叶，洪皓在其所撰《松漠纪闻》中全面地记录了其在燕地所见回鹘商人贩易的主要商品，作①：

> 〔回鹘〕土多瑟瑟珠玉。帛有兜罗绵、毛毼、狨锦、注丝、熟绫、斜褐。药有腽肭脐、硇砂。香有乳香、安息、笃耨。善造宾铁刀剑、乌金银器……
>
> 其在燕者，皆久居业成。能以金相瑟瑟为首饰，如钗头形而曲一二寸，如古之笄状。又善结金线相瑟瑟为珥及巾环，织熟锦、熟绫、注丝、线罗等物。又以五色线织成袍，名曰"克丝"，甚华丽。又善捻金线别作一等，背织花树，用粉缴，经岁则不佳，唯以打换达靼。

洪皓于南宋建炎三年（1129）出使金朝，被羁留北地，直到绍兴十三年（1143）方被放回。其记录应当反映12世纪上半叶中原人对于回鹘所贩易、生产商品的一般印象。上引两段内容，分别列举了回鹘本土所产的商品和其在金朝境内生产的商品。

在第一段所记回鹘本土所产商品中，大部分都可见于唐末五代至宋代汉文载籍所记回鹘朝贡使者所献贡品或所携互市商品。回鹘本地所产"帛"（织物）共有6种：兜罗绵、毛毼、狨锦、注丝、熟绫、斜褐。其中，兜罗绵为棉花织物，斜褐、毛毼为毛织物。传统上，这些都不是汉地布料，多为西北地区所产。熟绫、注丝都是丝织物，最初当自中原传入西域。随着西域诸国掌握丝的生产和加工工艺，早在唐代以前就有西域的丝织物回传入中土。可知12世纪中

---

① 洪皓《松漠纪闻》，第15页。笔者对其句读有改动。

国北方有大量外来的熟绫、注丝等丝织品通过西州回鹘贩来。而在第二段所记回鹘商人在金朝境内生产的商品中，包括熟锦、熟绫、注丝、线罗等丝织品，证明当时回鹘商人已经成为了丝绸之路上丝织品的生产者。

除了上述常见的织物名目外，洪皓还记载了"狨锦"，值得注意。"狨锦"，应即"绒锦"，指起绒圈的织锦，其技法源出中土，在唐代便已流行[1]。坂本和子注意到，来自南宋的洪皓特别以"狨"字，而非传统的"绒"字记此种织物，可能说明其实物与传统的中原绒锦有异[2]。虽然其实际质地和纹样今已无据可考，但至少可确知，其在当时应是回鹘人所制造和贩售的一种特色织物。在吐鲁番出土的回鹘语译本《慈恩传》中，回鹘译者以"žünkim"对译汉文"锦"字[3]。苏联学者编纂的《古突厥语词典》准确指出，此词应为汉语"绒锦"借入回鹘语后的音写[4]。据此可知，回鹘商人所生产、销售的"狨锦"在概念和技法上应当都源于汉地的绒锦，但其实际风格可能已独具特色，在当时的中国北方颇为畅销。

回鹘文出土文书的记载可证明回鹘本土出产绒锦。回鹘语译本《慈恩传》以专有名词"žünkim"（绒锦）对译汉文一般性名词"锦"，恰可说明绒锦应是西州回鹘最具代表性的织锦。西州回鹘官方对摩尼教寺院的管理条例规定，处置寺院日常事务的官员"执

---

[1] 现在学者根据马王堆出土丝织品推测，这种织锦方式在汉代中国已经产生，参见傅举有《马王堆汉墓》，杭州：浙江文艺出版社，2023年，第142页。

[2] 坂本和子《織物に見るシルクロードの文化交流：トゥルファン出土染織資料——錦綾を中心に》，東京：同時代社，2012年，第94页。但她进一步认为，回鹘的"狨锦"质地不是丝绸，而是棉，则有推演过度之嫌。

[3] W. Bang, A. von Gabain, and G. R. Rachmati eds., *Türkische Turfan Texte. VI. Das buddhistische Sūtra Säkiz yükmäk*, SPAW, Nr. 10, 1934, p. 80.

[4] В. Наделяев, *Древнетюркский словарь*, p. 640.

事"如若处置不力，不但受刑300鞭，还"应各纳一绒锦及其皮衣作罚金"（birär žunkim üčüki birlä qïzɣut berzünlär）[①]。这说明绒锦在西州回鹘社会应是一种颇为流行的高级织物。法藏敦煌回鹘语文书Pelliot ouïgour 10是一件回鹘商人的丝织物入历，其第3—4行记有：我们从娑匐·地略处收得13匹丝织品充卖绒锦价钱（sävig tiräkdä žunkim satïɣï üč yegirmi sïngar torquluɣ tavar altïmïz）[②]。说明回鹘商人在敦煌一带所贩易的商品中就有绒锦。

另一方面，在11世纪70年代黑汗王朝贵族喀什噶里所编著的《突厥语大词典》中有一个词条"züngüm"，释作："一种'秦的'（Šīnī）织锦。"[③]苏联学者最早注意到此词与上引回鹘文献中所见的"žunkim"（绒锦）在读音和含义上都相通，准确地做出勘同[④]。根据喀什噶里的定义，"秦"（Šīn）指"契丹"，即辽朝所治的北中国；而"摩秦"（Māšīn）则指"桃花石"，即宋朝所治的南中国[⑤]。可见在当时中亚西部人的观念中，绒锦是一种北中国出产的织锦。

"马卫集书"所收录契丹君主发与哥疾宁王朝马合茂苏丹的国书中列有其所赠国信名目，其中包括一套"zhūnkī"[⑥]。周一良先生推测其为汉语"锦绮"之音写[⑦]。森安孝夫则将其与回鹘文书中的"žunkim"、喀什噶里所记的"züngüm"同定，认为其亦为汉文"绒

---

① 参见荣新江、朱玉麒主编《黄文弼所获西域文书》，第111、114页。
② J. Hamilton, *Manuscrits ouïgours du IXe-Xe siècle de Touen-Houang*, p. 171.
③ R. Dankoff (ed. and tr.), *Compendium of the Turkic Dialects*, vol. 1, p. 360.
④ В. Наделяев, *Древнетюркский словарь*, p. 640.
⑤ R. Dankoff (ed. and tr.), *Compendium of the Turkic Dialects*, vol. 1, p. 82.
⑥ V. Minorsky (ed., tr., and comm.), *Sharaf al-Zamān Ṭāhir Marvazī on China, the Turks, and India: Arabic text (circa A.D. 1120)*, pp. 20, 76.
⑦ 周一良《新发现十二世纪初阿拉伯人关于中国之记载》，第412页。

锦"的音写，但在流传过程中脱落了尾音/m/①。从读音角度看，此词更接近汉语"绒绮"的音写，而其含义应当就是"绒锦"。笔者在本书第二编曾论述，这次契丹向哥疾宁王朝所遣使者实际上取道西州回鹘，且有回鹘使者伴行。再结合洪皓所记北中国的绒锦多贩易自回鹘本土，我们有理由推测契丹使者作为国礼献给马合茂苏丹的绒锦（绮）可能就是由回鹘人所织造。绒锦作为国信，足见其价值之高，既为辽朝所重，亦为哥疾宁王朝所喜。哥疾宁王朝的君主可能和黑汗王朝的喀什噶里一样，将其所见的绒锦视为北中国出产的名贵织物。

由于回鹘商人在9—11世纪丝绸之路东段占据垄断地位，当时由北中国传入中亚西部的商品及其概念应当是经西州回鹘商人之手。实际上在回鹘本土生产的绒锦，在同时期的黑汗王朝和哥疾宁王朝被当作是一种"北中国"出产的商品，让人不禁怀疑，这种印象是否为回鹘商人刻意制造？

二、克丝

在回鹘商人于金朝境内生产的商品中，洪皓特别记录了一种称为"克丝"的织物，称其特征是"以五色线织成袍""甚华丽"。那么这种织物的技法源出哪里呢？研究纺织史的学者一般将"克丝"与同样出现在宋元文献中的"刻丝""缂丝"等相联系，基于其出现年代和读音的相近，认为它们是同一种织物②。宋人庄绰在其所

---

① 森安孝夫《ウイグル＝マニ教史の研究》，第90—91、161页。
② 参见陈娟娟《中国织绣服饰论集》，北京：紫禁城出版社，2005年，第140页；赵丰《中国丝绸艺术史》，北京：文物出版社，2005年，第60页。

撰《鸡肋编》中首次记载了刻丝的织法，道①：

> 定州织"刻丝"，不用大机，以熟色丝经于木棹上，随所欲作花草禽兽状。以小梭织纬时，先留其处，方以杂色线缀于经纬之上，合以成文，若不相连。承空视之，如雕镂之象，故名"刻丝"。

庄绰不但记载了刻丝的织法工艺，还给出了其得名"刻丝"的缘由，貌似合情合理，因此论者往往将"刻丝"视为这种织物或织法的标准名称。结合洪皓所记"克丝""以五色线织"的基本特征，将其与"刻丝"定为同种织物应当没有问题。庄绰在其《序》中所署日期为绍兴三年（1134）二月九日，但全书下卷所记多见绍兴三年以后事，知其成书后仍有续笔，可大致将其书视作南宋绍兴年间完成，正好与洪皓《松漠纪闻》属同一时代。笔者不禁疑问，如果刻丝之名实如庄绰所言，能够令人顾名思义，那么同时代的宋人洪皓为何要用"克丝"二字记刻丝呢？

实际上，这种织物在汉文文献中最早出现的名称就是"克丝"。《辽史·仪卫志》"舆服"门"国服"条记载其皇帝祭祀时的着装，作②：

> 小祀，皇帝硬帽，红克丝龟文袍。

所谓"国服"，指契丹本民族传统服饰，与"汉服"相对应。辽朝皇帝在进行本族传统祭祀活动时所着祭服就有"红克丝龟文袍"，可见"克丝"这种织物在辽朝的重要地位，应是当时北国最高级的织物之一。据苗润博对元修《辽史》史源的探研，此条记载应是抄

---

① 庄绰《鸡肋编》卷上，萧鲁阳点校，北京：中华书局，1983年，第33页。
② 《辽史》卷五六，第1008页。

自辽人耶律俨所撰《皇朝实录》或金人陈大任所撰《辽史》这两种旧史的《仪卫制》(《礼仪志》)①，则其来源可追溯至辽朝本朝实录。这说明此种织物在辽朝官方的汉文名称就是"克丝"，用"克"而非"刻"字，从字面上全然没有庄绰所谓"如雕镂之象"的意思。作为皇帝在官方祭祀场合所着礼服，其在辽朝史料中的名称必定是被准确记录的。而洪皓据其在金朝所见闻而记的"克丝"与辽朝史料所记名称一样，说明此种织物在辽、金治下北地的标准名称就是"克丝"。

辽朝的贵重织物"克丝"应当是在传入北宋后才被记作"*刻丝*"。《续资治通鉴长编》记景德二年（1005）十二月，宋真宗召辅臣于龙图阁观看契丹国在当朝以及前朝为承天节所贡献各种礼物，其中排在第一位的便是"刻丝花罗御样透背御衣"②。这无疑是以契丹君主所着礼服的织造方法为宋朝皇帝所制御衣，其中"刻丝"就是契丹（辽）的"克丝"，"花罗"则反映"克丝"以五色线织造的基本特征。而在契丹太后所献礼物中，列在第二位的是"细锦刻丝透背合线御〔衣〕"③。所谓"合线"，亦是克丝以五色线（杂色线）织造的标志性特征。由此可知，北宋所谓"刻丝"，应当就是为辽朝所贵的织物"克丝"，最初是作为北国的贡品传入北宋。或许因为其织纹如雕刻，才被宋人改作"刻丝"。

再回到南宋时庄绰对刻丝的记载。笔者要强调的是，庄绰明记"刻丝"乃定州特产，因其罕见于他地，才特别记录。定州在北宋时属河北西路，正当宋辽边界，同时与辽西京、南京两道接壤。至

---

① 苗润博《〈辽史〉探源》，北京：中华书局，2020年，第290页。
② 《续资治通鉴长编》卷六一，第1375页。
③ 点校本断作："细锦刻丝透背、合线御绫罗绮纱縠御样"（《续资治通鉴长编》卷六一，第1375页），今不取。应校读作："细锦刻丝透背合线御〔衣〕、绫罗绮纱縠御样"。

《鸡肋编》成书时，当地早已入金。虽然当地自唐代即有丝绸纺织业传统，但能够在宋代发展出"刻丝"这种风格独特、为宋人专门记载的新型丝织手法显然有外因。结合上文的分析，我们可以推测处在宋辽边境的定州很可能是从辽朝（契丹）引入刻丝的技术，结合当地丝织业传统发展成为本土技艺。由此我们大致可以梳理出宋辽金时期汉文文献所记克丝（刻丝）的源流：其基本特征是以五色（杂色）线织造的彩绣织锦，是辽朝最为贵重的一种织锦，被称作克丝，固定作皇帝祭祀时的礼服，并作国礼献与北宋。宋人因其形态特征，讹其名作"刻丝"。在民间层面，这种织锦技法最早传入位于宋辽边界的定州，发展成为当地独有的织锦方式，因此被宋人特别记录。而在辽金治下的北地，擅长织造这类锦袍的正是寓居当地的回鹘商人。考虑到辽、宋、金境内一直有大量的回鹘商人从事跨境贸易，刻丝技法传入定州可能也是通过回鹘商人。

至迟在11世纪初，"克丝"这种由回鹘人所掌握的织锦技法在北中国流行，并传入宋朝。作为贩易丝绸的商人，回鹘人此时不但成为丝绸制品的生产者，而且还能产出一种受到汉地推崇的贵重织物。而在当时西方的文献中，我们也看到了有关克丝的记载。《突厥语大词典》收录一词条"Käz"，释作："一种秦的织锦。"[①]此词从读音和释义上皆可对应宋辽金文献所记的"克丝"或"刻丝"[②]。如前所述，喀什噶里所谓"秦"，就指当时契丹治下的北中国。他专门记录克丝，反映了其为辽朝所推崇的一种高级织锦的事实，但他所不知的是，其实这种织物的生产者正是与其国毗邻的回鹘人。如前文所

---

① R. Dankoff (ed. and tr.), *Compendium of the Turkic Dialects*, vol. I, p. 261.
② 茨默最早指出喀什噶里所记"Käz"可对应汉文文献中的"缂丝"，参见 P. Zieme, "Philologische Bemerkungen zu einigen Alttürkischen Stoffnamen", *Acta Orientalia Academiae Scientiarum Hung.* 48(3), 1995, pp. 493—494。另见陈宗振《〈突厥语大词典〉中的中古汉语借词》，《民族语文》2014年第1期，第60页。

述，当时来自北中国的商品及其概念，大都应是经由回鹘商人传入位于中亚西部的黑汗王朝。很可能是在回鹘商人刻意地宣传下，其所织造的克丝也被中亚西部的突厥穆斯林视作北中国（秦）所产，一如前述的绒锦。

三、中亚西部所见的其他汉地风格丝织品

除了前述的绒锦（züngüm）和克丝（käz）以外，喀什噶里书中还有许多词条与丝绸织物有关。其中被释作"秦的"产品者，共计有九种，分别是：ešgürti、šalāšu、čit、känzi、loxtay、xuling、täxčäk、qačač、čiz。论者或尽信喀什噶里所记，径将这些丝织品视作在中国织造的汉地织物，并以此为基础展开下一步申论，而不对其记载加以深入辨析[1]。上两节的讨论显示，喀什噶里明确记作产自"秦"的丝织物绒锦和克丝，实际上很可能就是由回鹘人所织造。以此类推，则其他号称是"秦的"织物，其实际产地和生产者也颇值得怀疑。

上引丝织物词条中，有一些可确定为汉语的音写。"Känzi"，喀什噶里释作："一种秦的织物，以多种颜色制成，红、黄或绿。"[2]这应当指一种杂色的彩绢。学者据其读音分别推测其源语可能是汉文"绢子"[3]、"缣子"[4]或"绢织"[5]。此外，šalāšu[6]、čit、täxčäk、qačač 和 čiz 等

---

[1] 常红《〈突厥语大词典〉与喀喇汗王朝服饰文化》，《喀什师范学院学报》第 34 卷第 2 期，2013 年，第 46 页。
[2] R. Dankoff (ed. and tr.), *Compendium of the Turkic Dialects*, vol. 1, p. 320.
[3] G. Clauson, *An Etymological Dictionary of pre-Thirteenth-Century Turkish*, p. 735.
[4] 陈宗振《〈突厥语大词典〉中的中古汉语借词》，第 59—60 页。
[5] 此词在回鹘文中的形式作 kängši，参见 J. Wilkens, *Handwörterbuch des Altuigurischen*, p. 357.
[6] 据读音或可以还原作"纱罗绣"，但并未在文献中找到此词。

名称在突厥语、粟特语、阿拉伯语和波斯语中都找不到同源的词汇，从读音判断很有可能来自汉语，但其具体词源目前尚未能比定。

"Loxtay"，喀什噶里释作："红色的秦的织锦，带有黄色的亮片。"①学界对此词的来源无解②。笔者认为，此词应当是汉文"鹿胎"之音写。"鹿胎"是中原地区所产的一种带有花纹的防染丝织品，其晚期中古音可还原作/ləwk thaj/，与"loxtay"完全勘合。一般认为，中原地区所产鹿胎的特征为红地或紫地白花③，这似乎与上引红地黄花（"黄色的亮片"）的记载有出入。但是，法藏敦煌文书P. 4518（28）《辛卯年十二月十八日当宅现点得物色》开头列举了一系列织物名目，排在第一位者作"黄鹿胎"④，或说明此种鹿胎的花色为黄，恰可与喀什噶里的记载相合。

值得注意的是"xuling"。学界很早就根据读音，将此词推断为借自汉文"胡绫"⑤。喀什噶里将其释作："一种有多种颜色的丝绸，自秦输入"⑥，应指一种杂色的彩绢。这种织物在汉语语境下被称为"胡绫"，无疑应指一种原本出自西域的丝织物。而喀什噶里称此织物"自秦输入"，至少说明它应是从东方输入中亚西部，在当时最可能经回鹘商人之手。这种彩绢的具体所指我们现已无从知晓，但从中

---

① R. Dankoff (ed. and tr.), *Compendium of the Turkic Dialects*, vol. 2, p. 274.

② 只有克劳森曾指出其应是汉语借词，但无法找到具体词源，参见 G. Clauson, *An Etymological Dictionary of pre-Thirteenth-Century Turkish*, p. 763。

③ F. Zhao and L. Wang, "Glossary of Textile Terminology (Based on the Documents from Dunhuang and Turfan)", pp. 380-381.

④ 参见唐耕耦、陆宏基编《敦煌社会经济文献真迹释录》（四），北京：全国图书馆文献缩微复制中心，1990年，第8页。

⑤ G. Clauson, *An Etymological Dictionary of pre-Thirteenth-Century Turkish*, p. 622; 参见 J. Wilkens, *Handwörterbuch des Altuigurischen*, p. 283。

⑥ R. Dankoff (ed. and tr.), *Compendium of the Turkic Dialects*, vol. 2, p. 339.

原和中亚西部的黑汗王朝皆称其来自异域推测，这有可能是一种回鹘人自产的织物，其在汉地被视为西域织物，而称"胡绫"。又被回鹘商人输入中亚西部，将其作为中原汉地丝织物贩售，因此在当地被视作是中国的产品。

此外，有一种丝织物的名称可以确定不是借自汉语。"Ešgürti"，喀什噶里释作："一种刺绣的、秦的、丝绸种类的织锦。"① 在现存的《突厥语大词典》抄本中写作"'škwrty"，丹科夫（R. Dankoff）认为这是抄本讹误，而将其转写作"ešgüti"。而回鹘文出土文书显示，此词在回鹘文中的标准拼写作"ešgirti"②，则《突厥语大词典》抄本所记应是其音变形式 ešgürti。从词型看，此词很可能借自粟特语"wyškwrðy"（刺绣的），③则其实际所指的织锦有可能源自一种粟特织锦，而非汉地织锦。应是回鹘化的粟特人将此种粟特织锦技术留在回鹘社会。当这种织锦在11世纪经回鹘商人传回中亚西部时，它已被当地人视为汉地织锦。

总之，虽然在11世纪后半叶中亚西部可见多种据说是产自"秦"地的丝织品，而其中很多种的名称也源自汉语，但鉴于回鹘商人善于织造丝织品，并在中原、西域两地都有以其所织造织物冒名异域织物贩售的情况，这些所谓"秦的"织物中很难排除有回鹘商人所生产的织物。其中，尤其以"胡绫"（Xuling）、"Ešgürti"等最为可疑。

---

① R. Dankoff (ed. and tr.), *Compendium of the Turkic Dialects*, vol. 1, p. 164.
② J. Wilkens, *Uigurisches Wörterbuch: Sprachmaterial der vorislamischen türkischen Texte aus Zentralasien, III: Fremdelemente, Bd.1: eč – bodis(a)v(a)tv*. Stuttgart: Franz Steiner Verlag, 2021, p. 5.
③ B. Gharib, *Sogdian Dictionary: Sogdian–Persiann–English*, Tehran: Farhangan Publications, 1995, p. 426; 参见 J. Wilkens, *Uigurisches Wörterbuch: Sprachmaterial der vorislamischen türkischen Texte aus Zentralasien, III: Fremdelemente, Bd.1*, p. 5.

四、西方风格织锦

《元朝秘史》第238节记载了蒙古汗国崛起时，西州回鹘亦都护（"亦都兀惕"）归顺成吉思汗之事。其汉文总译部分记双方的交涉过程，作[①]：

> 成吉思说："你来。女子也与你，第五子也教你做。"于是亦都兀惕将金银、珠子、段匹等物来拜见成吉思。

比对其所据蒙古语原文的音写和对译，知此段总译省略细节颇多。据蒙古语原文音译，这部分内容可汉译作[②]：

> 成吉思汗恩赐着回道："朕把女儿赐嫁给你，让你做朕的第五个儿子，亦都护你把金、银、珠、大珠、金缎子（纳赤惕）、浑金缎子（答儿答思）、段匹（脱儿合惕）等送来吧！"亦都护喜获恩赐，带着金、银、珍珠、大珠、段匹、金缎子、浑金缎子、段子（阿兀剌孙）来拜见成吉思汗。

可知，西州回鹘亦都护觐见时所携贡物，实际上都是成吉思汗明言钦点。除了金银珠宝之外，其所钦点的贡物还包括多种丝绸织物，分别是：纳赤惕、答儿答思、脱儿合惕和阿兀剌孙。其中，"纳赤惕"可还原作 *načit，系 načiš(s) 的复数。Načiš(s)，在元代汉文文献中多音译作"纳失失"，源自波斯语 nasīj，本意泛指织物[③]，在元

[①] 《元朝秘史（校勘本）》，乌兰校勘，北京：中华书局，2012年，第313页。

[②] 《元朝秘史（校勘本）》，第313页。汉译参考余大钧（译注）《蒙古秘史》，呼和浩特：内蒙古大学出版社，2014年，第390—391页。I. de Rachewiltz (tr. and comm.), *The Secret History of the Mongols: A Mongolian Epic Chronicle of the Thirteenth Century*, vol.1, Leiden/Boston: Brill, 2004, p. 163.

[③] 北京大学东方语言文学系波斯语教研室编《波斯语汉语词典》，北京：商务印书馆，2017年，第2417页。

代中国则指产自波斯的织金锦①。"脱儿合惕"可还原作torqut，系torqu的复数，为突厥（回鹘）语"丝绸"。"阿兀剌孙"则可还原作*a'ulasun，系蒙古语a'ulasu（绸缎）的复数②，汉语对译作"段子"。

"答儿答思"可还原作*dardas，系darda的复数。Darda的词源至今不明，汉语对译作"浑金缎子"或"绣金"，学界一般认为其指一种织锦，但对其原产地颇有争议。一些学者认为其指中原的织锦③，也有学者径将其比定为波斯织金锦大马士克④。森安孝夫在回鹘文书中检出tarda一词，提出其应为蒙古语darda的词源，则答儿答思应指一种回鹘本土纹样的织锦⑤。陈希则认为其为仿照汉地风格的织金锦⑥。

笔者认为，答儿答思应指原产于西亚伊斯兰世界的一种织金锦。元朝虞集所撰《曹南王勋德碑》记载，阿剌罕因征讨阿里不哥有功，获赐"旦耳答"衣九袭。碑文明确记载："旦耳答，西域织纹

---

① I. de Rachewiltz (tr. and comm.), *The Secret History of the Mongols: A Mongolian Epic Chronicle of the Thirteenth Century*, vol. 2, Leiden/Boston: Brill, 2004, pp. 847-848.

② I. de Rachewiltz (tr. and comm.), *The Secret History of the Mongols: A Mongolian Epic Chronicle of the Thirteenth Century*, vol. 2, pp. 840-841.

③ F. D. Lessing, *Mongolian-English Dictionary*, Third reprinting, Bloomington: Indiana University, 1995, p. 233; I. de Rachewiltz (tr. and comm.), *The Secret History of the Mongols: A Mongolian Epic Chronicle of the Thirteenth Century*, vol. 2, p. 848.

④ 村上正二译注《モンゴル秘史3：チンギス・カン物語》，東京：平凡社，1976年，第332页；T. Allsen, *Commodity and Exchange in the Mongol Empire: A Cultural History of Islamic Textiles*, Cambridge University Press, 1997, p. 28.

⑤ 森安孝夫《ウイグル文书简记（その四）》，《内陸アジア言語の研究》第9辑，1994年，第63—93页。

⑥ 陈希《编年与谱系：波斯文史料中的元代民族交流》，北京大学博士后研究工作报告，2023年，第111—113页。

之最贵者也。"① 此"旦耳答"正是"darda"的音译,通过蒙古语传入汉语中,可知其所指显然不是汉地的织锦。据同碑记载,在其历次所受朝廷封赏中,阿剌罕还多次获赐"金织文衣"②,这才应当指汉地传统的织金锦。在《元朝秘史》中,还有一处记载了"答儿答思"。第274节记蒙古汗国攻占巴格达后,窝阔台降圣旨命绰儿马罕为探马赤驻在当地,每年把当地的金银、宝石、绸缎、名畜等运送往朝廷,其中列举了三种绸缎,分别是:纳忽惕(浑金)、纳赤都惕(织金)和答儿答思(绣金)③。可知,蒙元时代的答儿答思就指一种原产西亚伊斯兰世界的织锦。

根据《元朝秘史》记载,蒙古汗国还曾从中原王朝金和西夏征收或掠夺丝织品。第248节记金中都受蒙古围攻时,金主在其相的劝说下,献出金、银、绸缎、财物求和。其中,绸缎用"阿兀剌孙"或"阿兀剌速惕"表达,皆是蒙古语a'ulasu的复数形式,旁译作"段匹"④。第273节记窝阔台汗灭金后,大掠其金帛人畜而归,记其所掠"帛"作"阿勒塔台·哈儿秃·阿兀剌孙",旁译作"金有的·纹有的·段匹"⑤,意即绣金缎子。显然,这里用"阿兀剌孙"(a'ulasun)为中心词加修饰语所表达的织锦才应指中原地区出产的绣金缎子(同样的表达还见于第252节)。遍检《元朝秘史》对蒙古汗国从各地所获绸缎的名称(表6),可得出如下结论。第一,从中原王朝金以及西夏所获的丝织品,作者皆用蒙古语表示丝绸的基本词语

---

① 《虞集全集》,第1025页。
② 《虞集全集》,第1026—1027页。
③ 《元朝秘史(校勘本)》,第385—386页;余大钧(译注)《蒙古秘史》,第512页;I. de Rachewiltz (tr. and comm.), *The Secret History of the Mongols: A Mongolian Epic Chronicle of the Thirteenth Century*, vol.1, p. 205.
④ 在此节中共出现三次,参见《元朝秘史(校勘本)》,第341—342页。
⑤ 《元朝秘史(校勘本)》,第385页。

a'ulasun的不同形式表达，说明中原出产的绸缎就是其最为熟悉的绸缎样式。第二，汉地的织金锦用蒙古语词a'ulasun加修饰语表达，是蒙古人最为熟悉的织金锦。而纳赤惕（纳赤都惕，即纳失失）、纳忽惕和答儿答思则应是产自西方伊斯兰世界的织金锦，它们与汉地传统的织金锦不同。第三，上述三种产自西方伊斯兰世界的织金锦的汉语对译笼统、模糊，说明它们虽然都是织金锦，但是纹样和技法应各不相同，只能借用其源语言词汇表达。

表6 《元朝秘史》记载蒙古汗国从各地所获丝织品名目

小节	对象	西方丝织品名（汉译）	蒙古语、突厥语丝织品名（汉译）
238	委吾（西州回鹘）	纳赤惕（金缎子）、答儿答思（浑金缎子）	脱儿合惕（段匹）、阿兀剌孙（段子）
248	金国		阿兀剌孙/阿兀剌速惕（段匹）
249	合申/唐兀惕（西夏）		阿兀剌孙（段匹）
250	金国		阿兀剌孙（段匹）
252	金国		阿勒塔台·合儿台·阿兀剌孙（金有的纹有的段匹/金帛）
273	金国		阿勒塔台·合儿秃·阿兀剌孙（金有的纹有的段匹/金帛）
274	巴黑塔惕（巴格达）	纳忽惕（浑金）、纳赤都惕（织金）、答儿答思（绣金）	

在成吉思汗点名要求西州回鹘进贡的织锦名目中，既包括纳赤惕（纳失失）、答儿答思这两种西方伊斯兰世界的织锦，又有用蒙古语阿兀剌孙指称的一般绸缎（即汉地样式的绸缎），说明当时蒙古人已经熟知，这两种来源的丝织品在西州回鹘地区都有出产。前文已经论述，西州回鹘商人擅长织造多种不同丝织品，其中很多是

仿照汉地绸缎样式织造。洪皓在《松漠纪闻》列举了12世纪时回鹘商人所织造的各种织物的名目，还特别提到他们"善捻金线别作一等，背织花树"[①]，但他没有记这种织物或技法的名称。这显然是一种有别于中原风格的织金锦，很可能就是成吉思汗向西州回鹘索要的纳失失或答儿答思之一。洪皓还记其"经岁则不佳，唯以打换达靼"。在当年，这种织金锦在经年折旧后就被贩与达靼人，可能因此传入蒙古高原各部而闻名。

除了仿造的西方伊斯兰风格的织金锦和汉地风格的绸缎外，成吉思汗还从西州回鹘征收了用突厥（回鹘）语表记的丝绸脱儿合惕，不见于他处。其汉语对译作"段匹"，与其他地方所见蒙古语词阿兀剌孙的汉译一致。但它显然不指蒙古人所熟悉的汉地绸缎，因为"阿兀剌孙"与之并列出现。这种绸缎既不是蒙古人所熟悉的汉地绸缎，也不是西方伊斯兰风格的织锦，而很可能是回鹘自有风格的丝织品，因此直接借用回鹘语torqu表述。

元朝建立以后，宫廷对纳失失等织金锦尤其喜爱，有大量需求[②]。为满足宫廷的需求，元朝在至元十三年（1276）设置专门机构，织造纳失失等。《元史·百官志》记此机构名作"别失八里局"，"掌织造御用领袖纳失失等段"[③]。别失八里，即唐所建北庭城，后为西州回鹘的都城，元代畏兀儿地的中心地区之一。元朝在西州回鹘的中心地区设置专职织造纳失失的机构，印证了上文对回鹘人擅长仿制西方伊斯兰风格织金锦的推断。

除了上述两种织金锦外，回鹘人可能还参与了另外一种西方织锦赞叹宁的生产。据10世纪阿拉伯文献《布哈拉史》记载，在布哈

---

① 洪皓《松漠纪闻》，第16页。
② 赵丰《锦程：中国丝绸与丝绸之路》，合肥：黄山书社，2016年，第312页。
③ 《元史》卷八五，第2149页。

拉附近的Zandana和伐地（Vardāna）等地出产一种织物，远销各地，因其首见于Zandana而得名Zandaniji[①]。而在12世纪初，这种织物成为金朝给宋朝使臣的赠礼[②]。这种源出中亚的织物可能是通过朝贡进入金朝，也可能是在金朝被仿制。考虑到当时回鹘对金朝商贸的垄断地位，以及回鹘在金朝以织造丝织物闻名，无论是哪种情况，这种织物在金朝的出现都可能与回鹘有关。而相关考古发现则让人倾向于仿制这种情况。在黑龙江阿城的金齐国王墓（1162年）曾出土一件锦袍，其肩袖和前后襟下摆都有不可释读成句的织金阿拉伯文字。尚刚注意到，这件锦袍本身为中国式，而其文字装饰为伊斯兰艺术的常见形式，以异域文字为装饰断非中国传统，他敏锐地指出其应是"由金朝驱役的西方工匠织就"[③]。而根据洪皓在金中都所见回鹘工匠的情况，这应当是回鹘人所织。尤其是，其上阿拉伯文装饰不可识读成句，显然是非穆斯林工匠模仿西方纹样而成。

小　结

在唐元之间活跃在丝绸之路东部的回鹘商人不但掌握着多种商品的贸易，还逐渐成为其中一些产品的生产者。本章所考证的案例显示，回鹘商人可能在11世纪以后就已经成为丝绸之路的标志性商品——丝织品的主要生产者。一个此前鲜为人知的事实是，回鹘商人不但仿制各种风格的丝织品，还将其包装成为来自遥远异域的产

[①] R. Frye, *The History of Bukhara* (Translated from a Persian abridgment of the Arabic original by Narshakhī), Cambridge: Mediaeval Academy of America, 1954, pp. 15–16.

[②] 陈彦姝最早指出赞叹宁即Zandaniji的音译，参见尚刚《撒答剌欺在中国》，《南京艺术学院学报（美术与设计）》2019年第1期，第9页。

[③] 尚刚《撒答剌欺在中国》，第8页。

品，为其交易对象制造一种想象，以提高产品的价值。回鹘商人所织造的织物中，不但有各种仿制汉地风格的织物，也有仿制西方伊斯兰世界的织物，还有以自身风格流行者。而其织造的丝织品在北中国、西域和蒙古高原都极为流行，这无疑反映了其丝绸织造水平之高超。从专注贸易到兼顾商品的生产，这是回鹘商人群体在唐元之间的一大重要转变。

第五编

景　教

第一章

丝绸之路沿线的景教网络及其政治功能

一、从丘处机与景教头目的相遇说起

公元1220年，长春真人丘处机受成吉思汗的邀请，携弟子十八人启程往赴大漠绝域，追寻西征中的蒙古大汗。其一行先北上进入蒙古高原，然后西行，从阿尔泰山南麓进入准噶尔盆地。后沿准噶尔盆地东缘南下到达天山北麓（"阴山后"），进入西州回鹘境内。他们在西州回鹘的夏都北庭城（"鳖思马大城"）停留之后，沿天山北道继续西行。李志常在《长春真人西游记》中记道[①]：

> 九月二日西行，四日宿轮台之东，有迭屑头目来迎。

"迭屑"为元代景教徒自称的汉文音写，此"迭屑头目"即

---

① 王国维《长春真人西游记校注》，第574页。

景教长老。学界早已注意到这条史料，但对其讨论尚局限于论证当时在天山北道有景教教团存在[①]。笔者重提此事，所要思考的问题在于，为何这位景教长老要亲自迎接道教徒丘处机一行？

这位身居西域的景教长老当然不会是山东道士丘处机的故人，他所领导的景教教团也没有理由主动与长春师徒一行建立联系。此前，在丘处机一行经过蒙古高原西北部镇海城（"田镇海八剌喝孙"）时，镇海有言："近有敕，诸处官员如遇真人经过，不得稽其行。"[②]可知，在丘处机行前，沿途各地区的官员已接到成吉思汗的圣旨，准备接待其一行。那么，在轮台东出迎的迭屑头目应当是奉旨迎接丘处机的官方代表。据《长春真人西游记》记载，丘处机一行进入西州回鹘境内之后，第一站停留在北庭往东第三座小城，有当地回鹘（"回纥"）酋长率众郊迎。第二站停留在都城北庭城，受到回鹘"王官、士庶、僧、道数百，具威仪远迎"。在过轮台东以后，他们又经停在彰八里（"昌八剌"）城。该城的回鹘王"率众部族及回纥僧皆远迎"[③]。上述三地都是西州回鹘在天山北道的城市，是区域的行政中心。接待丘处机一行的则都是当地的行政首脑。与此不同，丘处机一行遇到"迭屑头目"之处并非在轮台城，而是在轮台之东。这次的落脚之处并非一处行政中心，接待他们的也不是当地的行政官员，而是一位宗教头目。那么，丘处机一行停留在轮台东的什么地方呢？为何由一位景教长老负责迎接呢？

---

① 刘迎胜《察合台汗国史研究》，第544—545页；L. Tang, *East Syriac Christianity in Mongol-Yuan China*, Wiesbaden, 2011, p. 83。
② 王国维《长春真人西游记校注》，第568页。
③ 以上丘处机在西州回鹘境内的行程皆参见王国维《长春真人西游记校注》，第568—575页。

二、作为馆驿的寺院

早在丘处机行经东部天山地区两个多世纪以前，北宋使臣王延德曾从哈密绿洲走天山南道进入西州回鹘境内。据其所撰《西州使程记》记载，他从哈密绿洲西端的纳职城出发，穿越没有人烟的沙碛后，"至泽田寺。高昌闻使至，遣人来迎"[①]。泽田，正是吐鲁番绿洲东端的门户赤亭。在唐朝将西域纳入版图之后，哈密绿洲和吐鲁番盆地之间的交通路线被纳入其驿路系统中。唐朝始在这片没有人烟之地设置赤亭镇守卫道路，又置赤亭馆，为渡沙碛东来西往的行旅提供保障。正是在唐朝开发的基础上，西迁而来的回鹘人利用当地镇戍城址，形成城市聚落。但是在西州回鹘时代，唐朝依靠强大的中央政府推行和维系的驿路交通制度已经崩溃。到9世纪以后，赤亭馆的职能由谁来继续承担呢？王延德的经历提供了一条重要线索。他们一行渡过沙碛之后，停留在"泽田寺"。在地方政权无力管理的交通要道，赤亭当地的一座寺院填补了政府机构的缺位，起到了馆驿的作用。

前引俄藏回鹘文书SI 4820两件赋役帖文显示，至迟在蒙古统治时代，蒲昌、赤亭一带已经有了佛教和景教聚落，是征收税赋的对象。则土延德在10世纪行经赤亭所落脚的泽田寺既可能是一座佛寺，也有可能是一座景教寺。但无论是何者，都说明在唐朝的镇戍、传驿体系解体之后，赤亭当地的寺院发挥了馆驿的作用，为回鹘政权在交通要道接待使者。

与赤亭寺院类似的还有位于吐鲁番北葡萄沟一带的西旁景教修道院。前引德藏回鹘文书U5329出土于该修道院遗址，系西州回鹘官方派发给该修道院长老的帖文，命令其为一位向导提供驿马。看

[①] 《宋史》卷四九〇，第14111页。

来在西州回鹘时代，西旁景教修道院可能也发挥着馆驿的作用，有义务向官方派出的行人提供驿马和补给。

再回看丘处机与景教长老的相遇。当时蒙古汗国方兴，行人在东部天山地区的交通尚要依靠当地政权原有的交通体系。可以推想，位于轮台城以东的景教教团正当天山北道要冲，由于当地没有居民聚落和行政建制，景教教团的领袖实际行使了地方行政官员的职责，受官方的命令接待路过的使者。丘处机一行在当地的落脚点很可能就是此教团所在的一所景教修道院。它与上文所述的泽田寺和西旁景教修院一样，在西州回鹘的疆域中发挥着馆驿的政治功能。

在唐元之间，从河西至西域丝绸之路沿线地区长期处于政治碎片化的状态，各地方政权之间通商通使大都需要依靠各种宗教网络和寺院，以弥补驿传体系的缺失。寺院充当馆驿，这不仅见于东部天山地区的西州回鹘政权，也是其他地方政权治下的普遍现象。在9世纪至11世纪初，与西州回鹘毗邻的敦煌地区为归义军政权所统治。作为佛教圣地，敦煌莫高窟石窟寺群历来受到香客的礼拜，留下许多行人的印迹。但在敦煌藏经洞出土的文字资料中，除了历代佛教典籍和佛教徒留下的文字外，还有一些非佛教徒留下的杂写。法藏敦煌文书 Pelliot chinois 2909 为汉文《大般若波罗蜜多经》卷六〇，在其背面所留的一则回鹘文题记揭示了一批非佛教徒旅人逗留敦煌的原因。题记有回鹘文 7 行，作①：

> biz yemä bu sängrämtä tüštimiz bašlayu yaramïš totoq an tiräk oɣul sangun yoxnan mayaq čor qutluɣ boltï äsän tükäl ävimizkä barïrbiz bu bitigüči apa yegän bitidim yazuq bolzun bu bir kün bitig

---

① J. Hamilton, *Manuscrits ouïgours du IXᵉ-Xᵉ siècle de Touen-Houang*, pp. 86–87.

kim oqïsar bizing yemä sav vat

我们又在这座寺庙（sängräm，"僧伽蓝"）落脚了，以雅拉蜜施都督（yaramïš totoq）、安地略（an tiräk）、斡兀立将军（oγul sangun）、药合难（yoxnan）、摩药啜（mayaq čor）为首。一切安好。我们健康、完好地启程回我们的家。我阿波移健（apa yegän）亲笔。罪过！读此卷书者，〔应知〕这是我们的话。

题记显示，这队以雅拉蜜施都督、安地略等人为首的回鹘、粟特旅人在一座佛寺中停留。用以抄写这段题记的佛经卷子长达8米，但这7行回鹘文就写在经卷背面中间部位，两旁有大量留白，并无充分利用空白纸张之意，应是书手展开经卷后故意选择最不易被人发现的地方书写（图7）。最后部分"罪过！读此卷书者，〔应知〕这是我们的话"云云，应是对后来读佛经之人所写。上述迹象表明，这卷汉文佛经应是这队行人所落脚寺院中的藏经，并非他们随身携带的废弃经纸。他们落脚的寺庙应当就是文书出土地敦煌莫高窟的某座寺院。

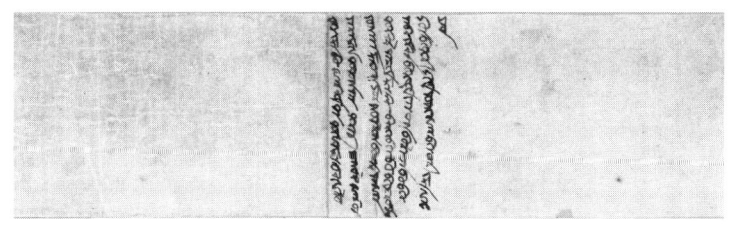

图 7　Pelliot chinois 2909 背面回鹘文题记

根据文书中出现的人物和写本的字体，哈密屯将其与法藏敦煌文书Pelliot chinois 2988背面所写的3则回鹘文题记归为一组，断定它们出于同一个回鹘（粟特）朝贡使团[①]。Pelliot chinois 2988同样为一汉文佛典长卷，正面抄写《大乘百法明门论开宗义记》，背面空白

---

① J. Hamilton, *Manuscrits ouïgours du IXe-Xe siècle de Touen-Houang*, pp. 83-84.

处写有回鹘文题记3则①。第1则题记的第7—15行记有如下内容：

> tängri tavγač xan tängri uyγur xan yarlïγïnga män yaramïš ïnanč totoq bašïn ulatï mawga tiräk uluγ sangun mayaq čor yoxnan tegin toγdï qapaq apa yegän pwnyxny qapaq ädgü yegän uqmaz čor topulγaq snk škry borluq it-yegän yoxnan maxu-čor bu qamaγ yalavačlar bu qutluγ šačïuqa kirdimiz

> 受神圣的桃花石汗（tavγač xan）和神圣的回鹘汗之令，以我雅拉蜜施难支都督（yaramïš ïnanč totoq）为首，毛哥地略（mawga tiräk）、胡禄将军（uluγ sangun）、摩药啜（mayaq čor）、药合难特勤（yoxnan tegin）、独地合巴克（toγdï qapaq）、阿波移健（apa yegän）、匐尼伽尼合巴克（pwnyxny qapaq）、阿具移健（ädgü yegän）、渥末斯啜（uqmaz čor）、托普鲁合（topulγaq）、桑格（snk）、沙克里（škry）、勃禄（borluq）、黳德移健（it-yegän）、药合难（yoxnan）、摩胡啜（maxu-čor），皆为使者。我们进入这有福的沙州（šačïu）。

这则题记表明，这批回鹘人受中原王朝的皇帝（桃花石汗）和回鹘汗的派遣出使，②应当是一支从事朝贡贸易的回鹘商队。同卷第2则回鹘文题记的前3行写有③：

> män turpanlïγ an enčü tapmïš čigši oγlï yoxnan birgäyin

---

① 回鹘文部分由哈密屯刊布，参见J. Hamilton, *Manuscrits ouïgours du IXe-Xe siècle de Touen-Houang*, pp. 83-92。

② J. Hamilton, *Manuscrits ouïgours du IXe-Xe siècle de Touen-Houang*, p. 83；白玉冬《九姓达靼游牧王国史研究（8—11世纪）》，第242页；同氏《丝路景教与汪古渊流——从呼和浩特白塔回鹘文题记Text Q谈起》，《中山大学学报（社会科学版）》2018年第2期，第150页。

③ J. Hamilton, *Manuscrits ouïgours du IXe-Xe siècle de Touen-Houang*, p. 85。

šačiuqa kirü tägintimiz

> 我，土鲁番人安恩珠，与沓蜜施刺史之子药合难一起，来到了沙州。

可知，该使团中的成员来自西州回鹘治下的土鲁番城，他们应当就是西州回鹘政权派出的朝贡商队，在接受中原王朝的封赏后，亦可自称"受神圣的桃花石汗之令"。在他们返回西州回鹘途中路过敦煌，因其官方朝贡使的身份受到沙州归义军的接待，得以在敦煌城外的莫高窟佛寺停留。显然，这些佛寺被归义军政权充作馆驿接待往来的使团。

三、作为使者的僧侣与教众

唐朝与大食在中亚东西部建立起的驿路系统在8世纪以后相继崩溃，帝国内部的交通变成政权之间的跨境交往。在这种背景下，承载着各地之间物质、信息交流的使者群体应具有突破政权壁垒的跨境政治资源。粟特商人群体在政治碎片化背景下充当国际使者的情况早已引起学者的关注，其遍布丝绸之路沿线的聚落和扎根在各个政权内部的势力集团为他们在各政权间的行走提供了物质上和政治上的便利条件。9世纪以后，在回鹘政权治下的粟特商人群体开始回鹘化，继续活跃在丝绸之路沿线各地，事实上承担着使者的职责[①]。

同一时期，还有另一类群体经常作为使者往来丝绸之路东段的各政权之间，他们便是各大宗教的僧侣和教众。

---

① 参见荣新江《9、10世纪西域北道的粟特人》，第126—142页。

（一）欧亚大陆东部的佛教环境与佛僧充使

9—12世纪，河西、西域各政权以佛僧充任使者的情况频见于传世文献的记载中，盖因佛教是当时从中亚东部直到中原地区最为流行的宗教。北宋乾德三年（965），"十一月，西州回鹘可汗遣僧法渊献佛牙、琉璃器、琥珀盏"①。开宝四年（971），"其（于阗）国僧吉祥以其国王书来上，自言破疏勒国得舞象一，欲以为贡，诏许之"②。咸平元年（998）"四月，甘州回鹘可汗王遣僧法胜等来贡"③。而在汉文出土文书中也有地方政权以僧人作为使者的丰富案例。法藏敦煌文书Pelliot chinois 4640正面《唐己未至辛酉年（899—901）归义军衙内破用布、纸历》记有"支与璨微使僧文赞细布一匹"④。可知，分布在若羌一带的游牧部族璨微也曾派遣一名僧人充任使者出使沙州归义军。此外，Pelliot chinois 2049记西州使僧在930年出使沙州，Pelliot chinois 3718记沙州僧政范海印在931年之前出使于阗，英藏敦煌文书S.4504记沙州灵图寺僧善友在935年出使西州⑤。

11世纪初，黑汗王朝攻灭于阗佛国，开启了于阗当地伊斯兰化的进程。但在此后的岁月中，于阗本地的族群及其传统深厚的佛教文化并未立即消失。信奉伊斯兰教的黑汗王朝在与流行佛教的东方各政权交往时，仍须依靠其治下佛教徒的资源。《宋会要》保留

---

① 《宋史》卷四九〇，第14110页。
② 《宋史》卷四九〇，第14107页。
③ 《宋会要辑稿》蕃夷四，第7714页下栏。
④ 池田温《中国古代籍帐研究——概观·録文——》，東京大学東洋文化研究所，1979年，第605页。
⑤ 以上参见荣新江《归义军史研究——唐宋时代敦煌历史考索》，第18—20页；有关沙州归义军遣佛僧出使的其他案例，参见：冯培红《归义军时期敦煌与周边地区之间的僧使交往》，郑炳林主编《敦煌归义军史专题研究续编》，兰州大学出版社，2003年，第604—620页；Wen Xin, *The King's Road: Diplomacy and the Remaking of the Silk Road*, Princeton/Oxford: Princeton University Press, 2023, pp. 44–45。

了黑汗王朝在征服于阗之后遣使入贡宋朝的相关记录。元丰八年（1085）"十月十八日，〔于阗〕贡使为大行皇帝饭僧追福，降敕书奖谕"①。于阗使者为去世的宋神宗饭僧追福，应可说明他们是于阗国中保留佛教信仰的人士，而非穆斯林。政和七年（1117）"正月八日，于阗国遣进奉使马纥牟米阿点撒罗、副使大僧阿俟忽伦来贡方物"②。此次于阗国派出的正使名中有阿拉伯语因素"majmu'"（马纥牟），应是一位穆斯林。而其副使则被称为"大僧"。宋代汉文史料中的"僧"通常指佛僧，而其他宗教的僧侣往往会被特别指出。此时于阗地区已经受穆斯林黑汗王朝统治一个世纪有余，但其与东方的交往依然要依靠佛僧，以便其使团顺利通行河西、中原等佛教流行的地区。

除了专门派遣佛僧为使之外，有时地方政权还依托出行的僧人开展外交。《宋史·于阗传》记："乾德三年（965）五月，于阗僧善名、善法来朝，赐紫衣。其国宰相因善名等来，致书枢密使李崇矩，求通中国。太祖令崇矩以书及器币报之。"③ 这则材料揭示了于阗国如何利用佛教僧侣打开与中原王朝的外交管道，反映了佛教群体在当时掌握着超越政权壁垒的组织、文化资源。

（二）作为使者的景教徒

佛教是中亚东部以东广大地区的主流宗教，因此佛教僧人在东西交通中可以凭借其宗教身份获得极大的通行便利。与佛教相比，景教在上述地区的力量要微弱得多，记录景教信徒活动的史料也相当稀少。但我们仍能在其中窥见景教徒作为使者行走在丝绸之路

---

① 《宋会要辑稿》蕃夷四，第 7722 页上栏。
② 《宋会要辑稿》蕃夷七，第 7861 页下栏。
③ 《宋史》卷四九〇，第 14107 页。

的例证。景教僧侣在汉文文献中亦被称作"波斯僧"①。北宋太平兴国九年（984）五月，西州回鹘与婆罗门及"波斯外道"阿里烟朝贡②。这里的"波斯外道"阿里烟正是景教僧侣③，他可能是中亚西部某国的使者，也可能就是西州回鹘的使者。英藏敦煌文书S.1366《庚辰（980）至壬午年（982）归义军衙内面油破历》记有一位"甘州来波斯僧"和一位"纳药波斯僧"④。他们都受归义军官方的接待供应，应当也是使者。

前引法藏敦煌文书Pelliot chinois 2988背面第1则回鹘文题记清楚地表明，回鹘景教徒曾担当西州回鹘官方的朝贡使者。题记所列使者名号中，共有两位带有"药合难"（Yoxnan）一词。这正是基督教常用教名"约翰"在回鹘语中的形式，明示此二人的基督教信仰。还有一位使者名作"桑格"（snk, sang），为粟特语"石头"，可能是基督教教名"彼得"之意译⑤。在这个途经沙州的西州回鹘朝贡使团中，至少有三人可以通过其名字确定是景教徒，可能整个使团都有着景教的背景。他们或许就是利用沿丝绸之路分布的景教网络长期从事从西州经河西到中原的朝贡贸易。

在挪威大亨薛延（M. Schøyan）的私人藏品中，有一件据称出土于阿富汗巴米扬（Bamiyan）的回鹘文书，残留4行回鹘文，由茨

---

① 张广达、荣新江《有关西州回鹘的一篇敦煌汉文文献——S6551讲经文的历史学研究》，第31页。
② 《宋会要辑稿》蕃夷四，第7719页下栏。
③ 王媛媛《五代宋初西州回鹘"波斯外道"辨析》，《中国史研究》2014年第2期，第80—83页。
④ 郝春文主编《英藏敦煌社会历史文献释录》第五卷，北京：社会科学文献出版社，2006年，第416页；参见荣新江《归义军史研究——唐宋时代敦煌历史考索》，第31—32页。
⑤ J. Hamilton, *Manuscrits ouïgours du IXe-Xe siècle de Touen-Houang*, p. 89.

默释读，现转引于下①：

> [...]k yonan elči sulayman baxšï üčägüni [...] yetsä küntüz ök kečä yetsä [...] beringlär qayuma taruɣalar bäglär bitkäčilär bolup ötünüp bersä
>
> ……令药难国使（yonan elči）、苏莱曼（sulayman）、巴合石（baxšï）三人……若到达……若（他们）恰在白天（或）夜间到达，你们应给……诸达鲁花赤中任一人……如有书手给了……

茨默业已指出，文书中被派出使的三人从名字可知分别为基督教徒、穆斯林和佛教徒。其中药难（yonan）为基督教教名药合难（yoxnan）音节间擦音脱落的形式。elči 本意为"国使"，也可作人名使用。由于文书内容存留有限，尚不能通顺文意，但此三人是受官方派遣应大致无误。

四、超越政权壁垒的景教网络

在唐元之间，从东部天山地区向东沿河西走廊进入中原，各地均流行佛教，遍布佛寺。因此，沿途各地方政权往往以佛寺作为馆驿、以佛僧作为使者，这不难理解。景教一直没有像佛教或伊斯兰教一样成为中原或中亚的主要宗教，但它却以亚文化的形式，在主流宗教的遮蔽下生存发展。无论在中原汉地、中亚的伊斯兰或佛教地区，还是在北亚的草原游牧地区，景教团体都受到主流文化的宽

---

① 文书图版和释读参见 P. Zieme, "A Fragment from Bamyan", in: D. Minutoli and R. Pintaudi (eds.), *Papyri Graecae Schøyen (PSchøyen II): Essays and texts in honour of Martin Schøyen*, Firenze, 2010, pp. 275-277.

容，而未曾遭禁断。正是这种亚文化的隐秘性使得景教教团和景教徒的活动常常处于世俗的视野之外，而罕见于传世文献。譬如，唐代以后，中原地区的景教由于缺少史料记载，往往被认为已经绝迹。近年来，只有王媛媛质疑这种说法，她认为中原的景教势力在会昌之难中虽然遭受重创，但并未完全灭绝。幸存之景教徒依附佛教势力生存，逐渐佛教化，因此不彰显于文献记载①。据前文所述，景教徒不止一次作为西北地方政权的使者往来西域、河西和中原间，他们在丝绸之路沿线必然有着可以停驻联络的据点。关于西州回鹘的景教聚落和景教徒，学者已经根据吐鲁番西旁等景教遗址所出土的文物和文书，揭示其踪迹②。对敦煌藏经洞所出的回鹘、粟特文书的全面解读则为揭示景教聚落在河西走廊一带的分布提供了丰富的史料③。除了上文已列举的例子外，英藏Or.8212/120揭示了回鹘景教徒在沙州和肃州的活动。法藏Pelliot sogdien 28是一封粟特商人的信件，第3、4行有"此国之民众……不识宗教及上帝"字样④，

---

① 王媛媛《唐后景教灭绝说质疑》，《文史》2010年第1辑，第145—162页。

② 参见辛姆斯·威廉姆斯《从敦煌吐鲁番写本看操粟特语和突厥语的基督教徒》，陈怀宇译，《敦煌学辑刊》1997年第2期，第138—146页；陈怀宇《高昌回鹘景教研究》，《敦煌吐鲁番研究》第4卷，北京大学出版社，1999年；此据氏著《景风梵声：中古宗教之诸相》，北京：宗教文化出版社，2012年，第58—103页。

③ 敦煌藏经洞出回鹘文书的解读参见 J. Hamilton, *Manuscrits ouïgours du IXe-Xe siècle de Touen-Houang*；我国学者杨富学、牛汝极在汉译这批文书的基础上，指出了敦煌一带回鹘景教徒的存在，参见二氏著《沙州回鹘及其文献》，兰州：甘肃文化出版社，1995年，第70—71页。敦煌藏经洞出突厥语化粟特文书的解读参见 N. Sims–Williams and J. Hamilton, *Turco-Sogdian Documents from 9th-10th Century Dunhuang, with an Appendix by Wen Xin*。

④ N. Sims-Williams and J. Hamilton, *Turco-Sogdian Documents from 9th-10th Century Dunhuang*, pp. 49-50.

暗示了发信人的宗教信仰应是基督教[1]；第9行提到"骡子在达靼国逃离商队"[2]，则反映了这支粟特景教商队的活动范围包括达靼国。

能够充分反映9—10世纪河西一带景教群体的组织和活动情况的史料是英藏敦煌文书Or.8212/89。在875—885年间，甘州一带各部族并起，回鹘、龙家、粟特、拔野古、嗢末、退浑等部相互之间争斗连衡不断。这件文书是一封由河西某部头领写给一位景教长老的书状，以突厥化粟特语写成，内容涉及各部之间的复杂关系，并提到退浑部在当地占有统治地位，正与上述时段甘州的局势有关[3]。笔者现据辛维廉（N. Sims-Williams）、哈密屯二位的英译本将信件内容转译如下，以便展开讨论[4]：

> 致得众神助、受福佑、智慧的、有名望的、我的父亲（神父）将军月里吉思（yw'r-k's，"乔治"）阁下：因其勇敢，他可以流利地与所有国王面对面交流，他为〔其下属〕指明方向道路，他最好地展示了日、月、初光的神圣光辉！——来自头领（xšyδ）铁米耳忽失（Tämär Quš），距您空间遥远但心意甚近，带着崇高敬意。兹向您汇报多条消息。
>
> 〔第一则〕消息如下：一支商队开拔，因此我得以寄〔此〕信。
>
> 次一则消息如下：今日，在有福的回鹘国定下盟约，定下诚心结盟的盟书。唐喀剌（Tang Qara）带来了国家的命令——

---

[1] 白玉冬《九姓达靼游牧王国史研究（8—11世纪）》，第154页；同氏《丝路景教与汪古渊流——从呼和浩特白塔回鹘文题记Text Q谈起》，第151页。

[2] N. Sims-Williams and J. Hamilton, *Turco-Sogdian Documents from 9th-10th Century Dunhuang*, p. 50.

[3] 参见 N. Sims-Williams and J. Hamilton, *Turco-Sogdian Documents from 9th-10th Century Dunhuang*, pp. 75-76。

[4] N. Sims-Williams and J. Hamilton, *Turco-Sogdian Documents from 9th-10th Century Dunhuang*, pp. 76-78.

盟书。当我到达了牙帐，唐喀剌说道："传令官已带来盟书。"我与唐喀剌带上盟书，到僧人具罗（kwr'k）处。他正在坐守斋戒。〔我等〕二人带来〔命令〕，我交出。此二人（唐喀剌与具罗）下面应如何做，他们知道。

我寄给退浑（Aža）之王一封恭敬的信函。当信函被带走并转呈给他以后，但愿牟羽（mwkw）王感受到我的尊敬之情。

我呈上美好的祝愿。我呈上此信：直到仆人我亲身前往，我的信都不能空寄。请查看，请收下〔我的〕薄礼，在教堂首领——长老嗢奴啜（Wanu Čor）手中。勿怪！

（背面）

从头领铁米耳忽失之地寄出致〔…我的父亲将军〕月里吉思。

寄信人铁米耳忽失是甘州一带某部的头目，学者推测其可能是龙家部首领①。根据书状内容判断，无论其族属，这位部族头目应当已经皈依景教。从信件语气可知，他对于收信人月里吉思长老极其尊敬。文书的出土地点为敦煌藏经洞，则月里吉思长老的所在应为沙州。这位驻锡沙州的景教长老在景教组织中领导着甘州一带的某部首领，因此甘州地区发生的军政大事需要向沙州的教会领袖汇报。可见，当时河西地区的景教组织已经成为可以左右地方政权的强大组织力量。

两地之间的通信联络依靠的是一支发往沙州的商队。这支商队很可能就是景教聚落的商队，因为商队代送信件和礼物之人是景教教堂首领——长老嗢奴啜。这自然让人联想到北朝隋唐时代粟特商

---

① N. Sims-Williams and J. Hamilton, *Turco-Sogdian Documents from 9th-10th Century Dunhuang*, p. 75.

队与粟特祆教祭司的紧密关系，当时粟特商队的头领"萨宝"同时也是商人们的宗教领袖——祆教祭司。往来甘州、沙州的商队为景教教团传递信息，各地景教聚落想必也承担着接待商队行人的责任。同样性质的文书还有 Or.8212/86，系景教长老（msyδ'r）薛里吉思（srkys）寄出的一封书信，信中提到贸易细缕之事[①]。

东方教会自身严密的组织性能使散布在西亚、中亚、东亚和北亚各地的景教据点连成一体，它们之间的信息沟通不但跨越了地方政权之间的壁垒，甚至跨越了西亚至中亚西部的伊斯兰世界、中亚东部至东亚的佛教世界和北亚的游牧地带等在文化和地理空间上都相距遥远的区域。这可以从克烈部皈依景教的相关史料中窥见一斑。13世纪叙利亚东方教会波斯主教帕拉·希伯来（Bar Hebraeus）在《教会编年》（*Chronicon Ecclesiasticum*）中记录了木鹿都主教ʿAbdishoʿ在1007年与巴格达宗主教（Partriarch）的一次通信，笔者摘引其中部分内容汉译如下：[②]

> 正当那时（1007年），呼罗珊诸城之一的木鹿都主教ʿAbdishoʿ状上宗主教曰："生活在东北方的、被称作克烈的部族（即内突厥）的王，当他在其境内一座高山打猎之时，失陷在一处积雪很深的地方。他迷路了，慌乱地到处走。当他失去所有生还的希望之时，一圣人现身，对他说：'若你信基督，我将引领你逃出生天。'在国王承诺将成为基督羊圈里的一只

[①] 辛姆斯·威廉斯《从敦煌吐鲁番写本看操粟特语和突厥语的基督教徒》，第142页；N. Sims-Williams and J. Hamilton, *Turco-Sogdian Documents from 9th-10th Century Dunhuang,* pp. 61-63.

[②] 此据威尔姆舍斯特对《教会编年》叙利亚语文本的校勘、英译，参见 D. Wilmshurst (ed. and tr.), *The Ecclesiastical Chronicle: An English Translation*, Piscataway: Gorgias Press, 2016, pp. 398-399.

羊后，圣人引领他到了空地上。王回到其营帐后，召来了一些在那里做生意的基督徒商人，向他们打听这种信仰。他们告诉他，人惟有受洗礼才能得圆满。他从他们那里得到了一本福音书，如今每日礼拜。现在他派人邀请我前往，或者派一位牧师前往给他施洗。他问我关于斋戒的问题，说道：'除了肉和奶，我们别无其他食物，那我们如何斋戒呢？'他还说，和他一起信教的人数达到了2000。"

于是，宗主教回复都主教，告诉他必须派两人——长老和助祭，并带上祭坛的设备。他们必须去给那些信教的人施洗，必须教他们基督教的习俗，在四旬斋期间，他们必须禁食肉类。但是，若如其所说，其境内确无适合斋戒季节的食物，则要允许他们饮奶。

亨特（E. Hunter）在阿拉伯语文献中找到这条记载年代更早的版本，仅记此部族为"突厥"，并未提及"克烈"之名①。艾骛德（C. Atwood）进一步论证，这群改信基督教的"突厥"人可能是汪古部②。不论文献所谓"突厥"部究竟是指克烈还是其他哪种部族，至少可知在11世纪初蒙古高原西部有一支游牧部族自其统治者而下改宗景教。值得注意的是，他们在改宗时直接与位于呼罗珊的木鹿都主教取得联系，并请求受洗。木鹿都主教获悉此事后，又要状上巴格达宗主教，请求指示。为他们受洗的牧师将从木鹿都主教区派出，可知在当地建立教团后，应当受到木鹿都主教的直接领导，并

---

① E. Hunter, "The Conversion of the Kerait to Christianity in A. D. 1007", *Zentralasiatische Studien* 22, 1991, pp. 142–163; 参见 W. Klein, *Das nestorianische Christentum an den Handelswegen durch Kyrgyzstan bis zum 14. Jh*, Turnhout: Brepols, 2000, p. 55。

② C. Atwood, "Historiography and transformation of ethnic identity in the Mongol Empire: the Öng'üt case", *Asian Ethnicity* 15(4), 2014, pp. 516-518。

可由此与巴格达的宗主教建立联系。当时基督教东方教会从巴格达宗主教以下到东方各地方教团的组织之严密和信息传递效率之高，由此可见一斑。至于克烈王皈依的过程，文献所记的圣人现身之事固然离奇，但其透露的一个细节则引人注意：克烈王向其境内的基督教商人打听这种信仰。可知当时进入草原各部的商人中有很多景教徒，实际上可能是他们将景教的相关知识传入草原部族中。而草原部族能够与木鹿宗主教建立联系，很可能也是通过景教商人及其网络实现的。

一篇在吐鲁番地区发现的叙利亚文文献残片同样反映了景教网络严密的组织性，可以印证上引木鹿都主教与巴格达宗主教的通信所反映的情况。德藏吐鲁番文书U329、U330、U333、U334和U336五个编号若干件残片正面皆为汉文《大般涅槃经》，属于同一写本，可以缀合。其背面被景教徒利用，以叙利亚文书写古突厥语。写本系德国探险队在第三次吐鲁番探险活动中于吐鲁番城北桃儿沟一带获得，出土地点标为库鲁特卡（Kurutka），当地曾出土不少景教文献。写本背面第63—67行记有[①]：

  bo buyan ädgü qïlïn[č küčintä…] qutïnta alqïšïnta öngt[ün…] dangut ellärtin. ketin pars […] ellärtin b(ä)rü n(ä)čä tunmïšč[a…] b(a)rča ačïlïp…

  以此功德〔之力〕，在……的福佑下，东边从……、唐兀（dangut）等诸国，西边从波斯（pars）、……等诸国，如有阻碍之处，全部被打通……

---

① 文书照片见http://turfan.bbaw.de/dta/u/dta_u0015.html；引文据茨默对文书的缀合、释读，参见氏著 *Altuigurische Texte der Kirsche des Ostens aus Zentralasien*, Piscataway: Gorgias Press, 2015, pp. 78-79, 81。

茨默认为，这则材料反映的是 11 世纪西州回鹘疆域较为广阔时的景象，可与吐鲁番出土第三木柱文书所反映的情形相联系[1]。第三木柱文书成于 1019 年，其上明确记载西州回鹘的疆域东到沙州，西到于祝和拔塞干[2]。但于祝和拔塞干两地仍然在东部天山地区，与波斯相距遥远。笔者认为，这则材料所反映的应不是西州回鹘或某一个政权所控制的范围，而是当时中亚景教教会的势力范围。文书出现唐兀（dangut）国，显示其年代上限应当在西夏立国的 11 世纪。在 13 世纪初西夏亡于蒙古以后，其故地仍被称为唐兀（唐古忒）。但考虑到 13 世纪以后，元朝内地景教又再度流行，与文书以唐兀等国作为当时景教的东方边界不太相符，因此文书的年代应当在 11—12 世纪。而文书所记的波斯（pars）则可与上文提到的景教在木鹿的都主教相联系。木鹿所在的呼罗珊地区正是文化概念上的波斯东方之地。既然远在蒙古高原的部族皈依景教后都要受木鹿都主教管辖，那么位于东部天山地区的西州回鹘景教徒受木鹿都主教管辖也合乎情理。可知，11—12 世纪间，从中亚西部的呼罗珊地区到西夏国境内各地都有景教群体分布，他们应都受木鹿都主教管辖。

前引德藏回鹘语书状 U3890 背面所抄景教文献的语言特征可印证上述情况。该文献以叙利亚文书写突厥语，系德国探险队在第三次吐鲁番考察时从西旁景教寺遗址攫得。由于文句过于残破，其具体内容尚未能比定[3]。该文献中一些词汇的拼写特点引起了笔者的注意：在古突厥语中以清辅音 /k/ 开头的词汇，在本文献中都以表示

---

[1] P. Zieme, *Altuigurische Texte der Kirsche des Ostens aus Zentralasien*, p. 84.
[2] 参见 T. Moriyasu, "Uighur Buddhist Stake Inscriptions from Turfan", p.186; 森安孝夫《西ウイグル王国史の根本史料としての棒杭文书》，第 694—695 页。
[3] 文书整理和释读参见 P. Zieme, *Altuigurische Texte der Kirsche des Ostens aus Zentralasien*, pp. 125-130.

浊音 /g/ 的字母拼写。譬如，kök（"蓝""天"）写作 gög（拼作 gwg，第 22 行）、köngül（"心"）作 göngül（第 15 行）、körgit-（"展示"）作 görgüt-（第 17 行）、körtgür-（"展示"）作 görtgür-（第 17 行），等等。古突厥语词首爆破音不存在清浊对立，通常以清音形式出现，仅有唇爆破音以浊音 /b/ 出现①。词首硬腭清爆破音 /k/ 的浊化则是突厥语族西南语组即乌古斯（Oğuz）语组的特征②。1040 年，操乌古斯突厥语的塞尔柱人从河外之地攻占呼罗珊地区，成为当地的主导力量。此后，木鹿都主教所在的呼罗珊地区在政治上受塞尔柱王朝统治，在民族构成上开始乌古斯突厥化。这件写本在语言上所反映的乌古斯语特征暗示其书写者应来自呼罗珊一带。可能是操乌古斯突厥语的景教徒通过中亚的景教网络来到吐鲁番西旁景教教团，在当地利用废弃书状的纸背抄写成这件文献。此外，艾骛德曾指出，汪古方言也显示出上述的语音特征：古突厥语的标准音 /k/ 在汪古方言中浊化为 /g/③。那么这件写本的语音特征也可能反映的是汪古语因素。有可能抄写者是一位来自东边的汪古部景教徒。无论如何，这件写本显示出吐鲁番景教教团曾因景教网络与中亚或北亚地区的景教团体发生过直接的人员交流。

小　结

唐元之间的西域丝绸之路沿线地区长期呈现政治碎片化的局

---

① 参见耿世民、魏萃一《古代突厥语语法》，北京：中央民族大学出版社，2010 年，第 76—79 页。

② L. Johanson, "The History of Turkic", L. Johanson, and É. Csató (eds.), *The Turkic Languages*, London/New York, 1998, p. 100.

③ C. Atwood, "Historiography and transformation of ethnic identity in the Mongol Empire: the Öng'üt case", p. 515.

面，留给世人东西交通阻塞重重之感。实际上，在统一的政治体缺位的情况下，其他形式的社会组织同样可以架起超越地域和政权壁垒的桥梁，比如本章所论述的景教网络。作为一种亚文化群体，景教徒的活动往往被主流社会所忽视或掩盖，在传世文献中难留印记。唐代以后，景教徒在汉文文献中绝迹；而蒙古崛起以后，景教似乎立即又在中国各地勃兴，这中间的空白鲜有人论及。通过本章的论说可知，9—13世纪之间，从中亚到中原的丝绸之路沿线地区不但一直有景教团体的活动，而且他们有着超越政权边界的组织和联系。很可能西起中亚西部、东到河西走廊、北到蒙古高原的景教团体都在木鹿都主教的管辖之下。景教徒可以依附其网络在丝绸之路沿线行走。这种资源也受到了各地方政权的重视，景教徒因此也被委任作使者，派往他国。在政权的边界地带或远离行政中心的地区，景教聚落可以充当馆驿，接纳往来的行人，填补政府职能的空缺。

第二章

回鹘文书所见西州回鹘境内的景教教会与聚落①

20世纪初,德国探险队在第二次吐鲁番探险活动中于吐鲁番北葡萄沟附近发掘一座景教寺院遗址,收获大批以叙利亚语、粟特语和回鹘语等胡语书写的景教文献与文书,引起了学界的震动。在其1909年发表的简报中,领队勒柯克记录下了该遗址的维吾尔语地名作"شوی فانك",并同时用英语音写此名作"shüipang",提示其源自汉语,但并未指出其汉语原词为何②。在其后来出版的图录和考察日记中,勒柯克皆用德语音写形式"Schüi-

---

① 由于文献资料的匮乏,出土文书和考古资料所反映的景教僧徒聚居和活动场所的性质尚无法一一明确,因此有些场所不能确切以教堂、修道院、聚落来指称。对于不能明确其性质或有可能是兼具多种性质的景教僧、徒聚居的场所,本章笼统称之"景教聚落"。出土文书显示,西州回鹘时期吐鲁番地区的景教僧人群体有教会等级组织(详见本章第三、四节)。笔者在讨论当地景教僧人的组织结构、僧人群体与其他社会群体的关系时,用"景教教会"来指称该群体。

② A. v. le Coq, "A Short Account of the Origin, Journey, and Results of the First Royal Prussian (Second German) Expedition to Turfan in Chinese Turkistan", *Journal of Royal Asiatic Society*, vol. 41(2), 1909, p. 321.

pang"来记录此地名①。我国学者据勒柯克所记音写形式,先后将此名译作"绥盘"②、"水盘"③、"水旁"④等,其中后者在读音上最为契合。自2011年以来,考古学界开始改用"西旁"一名来指称该遗址⑤,现已几乎成为标准用法⑥,但笔者并未找到这种新译名的依据。仅从读音看,"西旁"显然与勒柯克所记读音有明显差别。最近,牛汝极在论文中指摘"西旁"译名读音之误,并据勒柯克所记德语音写"Schüi-pang"推测,此地名的汉语原词应是"水房"⑦。其实,前引勒柯克于1909年发表的简报中所记维吾尔语地名"شوی فانك"正可以转写作"shoi-fang",与其用拉丁字母音写的"shüipang(Schüi-pang)"之音略有不同,而与汉语"水房"之音更为契合。因此,牛汝极所提出的"水房"猜想在语音上倒最符合勒柯克记载的维吾尔语拼写。为避免造成读者的误解,笔者仍采用当下考古学界约定成俗的名称"西旁"指称该遗址。

---

① A. v. Le Coq, *Chotscho: Facsimile-Wiedergaben der wichtigeren Funde der ersten königlich preussischen Expedition nach Turfan in Ost-Turkistan*, Berlin: Dietrich Reimer, 1913, Tafel 71; A. v. Le Coq, *Auf Hellas Spuren in Ostturkistan: Berichte und Abenteuer der II. und III. deutschen Turfan-Expedition*, Leipzig: J. C. Hinrichs'sche Buchhandlung, 1926, p. 88.
② 勒库克《新疆之文化宝库》,郑宝善译,南京:蒙藏委员会,1934年,第87页。
③ 辛姆斯·威廉斯《从敦煌吐鲁番写本看操粟特语和突厥语的基督教徒》,第138页。
④ 勒柯克《高昌:吐鲁番古代艺术珍品》,赵崇民译,乌鲁木齐:新疆人民出版社,1998年,图版71,第176页。
⑤ 新疆维吾尔自治区文物局编《新疆维吾尔自治区第三次全国文物普查成果集成·吐鲁番地区卷》,北京:科学出版社,2011年,第77页。
⑥ 2014年9月13日,该遗址被公布为新疆维吾尔自治区文物保护单位,名作"葡萄沟西旁景教寺院遗址",见该遗址前所立文保碑。中山大学社会学与人类学学院、新疆文物考古研究所与吐鲁番学研究院对该遗址的联合考古发掘简报亦采用"西旁"之名,参见刘文锁、王泽祥、王龙《2021年新疆吐鲁番西旁景教寺院遗址考古发掘的主要收获与初步认识》,《西域研究》2022年第1期,第74页。
⑦ 牛汝极《从考古发现看东方教会在中亚和高昌回鹘地区的传播》,《西域研究》2023年第3期,第111页及脚注1。

西旁遗址出土的胡语文书显示，当地景教聚落存续的年代应在9—14世纪，几乎与西州回鹘活跃的时代重合。陈怀宇利用德国探险队所获考古资料和出土文书详细考辨了吐鲁番发现的景教遗址的性质，指出西旁应是一座景教修道院遗址[①]。景教修道院建有图书馆，供僧侣修习使用，而西旁遗址出土的写本大多数属于该修道院图书馆的藏书，其主体是以叙利亚语和粟特语等中古伊朗语写成的教义、教仪类文献，因此西方学界对这类写本的研究成果较多。而更能够反映该聚落日常生活及其所处社会环境的材料则是以当地语言写成的文书类材料。近年来，包括该遗址在内的吐鲁番各处古代遗址出土的回鹘文书被大量集中刊布、系统解读，为我们提供了进一步了解该聚落的条件，并可以此为典型案例，了解回鹘景教聚落的组织运作和日常生活的一般情况。另一方面，回鹘文书中亦有大量与吐鲁番地区其他景教聚落关涉的信息。本章将综合利用西旁和吐鲁番其他遗址出土的回鹘文书，发掘其中与回鹘景教教会和聚落相关的历史信息，并对一些前人未注意到或误读的文书材料进行全新解读[②]。

一、回鹘时代的"Bïlayuq"城

（一）从洿林到"Bïlayuq"

西旁遗址属于吐鲁番市高昌区葡萄沟街道，具体位置在葡萄沟

[①] 陈怀宇《高昌回鹘景教研究》，第60—67页。

[②] 德国学者拉施曼（S.-Ch. Raschmann）全面搜集、介绍了与景教有关的德藏回鹘语文书（S.-Ch. Raschmann, "Traces of Christian communities in the Old Turkish documents", 张定京、阿不都热西提·亚库甫编《突厥语文学研究——耿世民教授八十华诞纪念文集》，北京：中央民族大学出版社，2009年，第408–425页）。茨默则对吐鲁番和黑水城出土的回鹘语景教文献进行了集中刊布（P. Zieme, *Altuigurische Texte der Kirsche des Ostens aus Zentralasien*）。

西侧、火焰山南麓的一处山丘顶部。汉语地名葡萄沟在现代维吾尔语中作"Buyiluq",系早期地名"Bulayiq"发生语音易位和音变后的结果①。而"Bulayiq"这一形式则可追溯到回鹘时代的地名"Bïlayuq"。该地名最早出现于约在925年写成的"钢和泰卷子"于阗文地名表中。地名表第17—24行列有当时西州回鹘治下城市名目,第23行记有地名"Phalayākä",被学者比定为回鹘语地名"Bïlayuq"的于阗语音写②。《钢和泰卷子》记该地作"Phalayākä kaṃtha"(Bïlayuq城),可知西州回鹘时代当地有一城邑聚落③。

西州回鹘治下的城市大多由唐西州时代的城市或镇戍发展而来。"Bïlayuq"之名虽然不见于10世纪以前的文献,但该城很可能也是继承唐西州时代已有的城址。据《梁四公记》记载,南朝梁武帝时人已知高昌国洿林城所产葡萄"皮薄味美",为该国最佳④。日本学者嶋崎昌最早据这条材料将洿林城与今吐鲁番地区著名的葡萄产地葡萄沟联系起来,推测洿林城的今地当在葡萄沟⑤,此说已被多数学者采纳⑥。洿林城在高昌国时为县,入唐后降为里,属交河县永安

---

① 主导西旁遗址发掘的勒柯克记当时地名作 Bulayiq,参见 A. v. le Coq, "A Short Account of the Origin, Journey, and Results of the First Royal Prussian (Second German) Expedition to Turfan in Chinese Turkistan", p. 321。

② H. W. Bailey, "The Staël-Holstein Miscellany", p. 15; J. R. Hamilton, "Autour du manuscrit Staël-Holstein", p. 150; 黄盛璋《于阗文〈使河西记〉的历史地理研究(续完)》,《敦煌学辑刊》1987年第1期,第7页。

③ 付马《丝绸之路上的西州回鹘王朝:9~13世纪中亚东部历史研究》,第215页。

④ 李昉等编《太平广记》卷八一,北京:中华书局,1961年,第519页。《梁四公记》虽然成于唐代,但其所据史事可追溯至梁武帝时代。

⑤ 嶋崎昌《隋唐時代の東トゥルキスタン研究——高昌国史研究を中心として》,東京大学出版会,1977年,第132页。

⑥ 参见胡戟、李孝聪、荣新江《吐鲁番》,西安:三秦出版社,1987年,第41页;王素《高昌史稿・交通编》,第76—77页。

乡。而据出土文书可知，此城在唐西州入回鹘之后仍然被沿用。龙谷大学藏大谷文书Ot. Ry. 8078记有"天可敦下泞林界"诸园子所播种田亩数，池田温可能依据其中记有"天可敦"一词而准确地判断出文书年代应在8世纪末叶回鹘控制唐西州以后[1]。"天可敦"当指回鹘汗国统治者"天可汗"的王后，可知当时的回鹘统治阶级在泞林城界内有田产和为其种地的"园子"。高昌国、唐西州时代的泞林城在回鹘时代的汉文语境中仍称"泞林"，而当时的葡萄沟地区应当不至于有两座城，则"Bïlayuq"应就是此城在回鹘语中的名称。

笔者在此另举出一条回鹘文材料，补充论证"Bïlayuq"与泞林为同一地。吐鲁番出土的汉文文书显示，除葡萄以外，泞林在历史上还以盛产优质的枣闻名。吐鲁番阿斯塔那墓地出土文书《高昌传供酒食帐》（72TAM154：26）第3行记有一条，作[2]：

  吴尚书得白罗面三斛、粟细米一斛、炉饼一斛、泞林枣一斛□□□□

可知当时高昌国官方为使者提供的精细食物中就有"泞林枣"[3]，暗示泞林在高昌国时代出产优质的枣。大谷文书Ot. Ry. 3475为唐西州岸头府所下文书，其正面第6行提到"泞林城官枣"[4]，可知泞林在唐西州时代出产专门特供官方的"官枣"。而在吐鲁番出土的回鹘文书中，笔者注意到一条关于"Bïlayuq"出产枣的记载。大谷文书Ot. Ry. 2782号回鹘文书首行作"马年收成之入历"（yunt yïlqï tüš kirmiš

---

[1] 池田温《中国古代籍帐研究》，第565页。
[2] 唐长孺主编《吐鲁番出土文书》（一），北京：文物出版社，1992年，第368页。
[3] 参见王素《高昌史稿·交通编》，第98—99页。
[4] 小田義久编《大谷文書集成》第二卷，京都：法藏館，1990年，第106页。

ödigi)①，其后逐条记录当年各色收入的名目和数量，可能是西州回鹘时代吐鲁番某寺院或机构在各处地产的收成。第9行记有一条，作：

bïlayuq-luγ-nung beš+küri uluγ čupaγan kir[di]

入Bïlayuq人的大枣五斗。

暗示回鹘时代的"Bïlayuq"也是大枣的产地。这与前述高昌国、唐西州时代泞林特产枣的情况相吻合。在2021年对葡萄沟西旁遗址的考古发掘中，共鉴定出植物遗存15种，包括一定数量的枣②，可能正是历史上葡萄沟地区所产大枣的遗存。

（二）回鹘时代"Bïlayuq"的社会环境

作为在西州回鹘境内存续了数百年的景教群体，西旁景教修道院在当地拥有一定规模的资产。德藏回鹘文书*U9350 (T. L. I)系一件租地契约，其原件在二战中丢失，现仅存照片。德国学者拉施曼已经完成对该件文书的研究，据其惠示的待刊文稿，该件契约记某鼠年三月初一八察等两人为种棉而租Bïlayuq景寺（Bïlayuq Xumra）的土地，而租佃利息则以官布的形式交给诸景教僧（suqvar）③。可知，西旁景教修道院在葡萄沟一带拥有田产，并由其僧众租佃给农民耕种并收取田租。值得注意的是，文书的原始编号T. L. I显示其出土

---

① 羽田明、山田信夫曾对这件文书作初步的拉丁转写，参见：羽田明、山田信夫《大谷探檢隊將來ウイグル字資料目錄》，西域文化研究會編《西域文化研究》第四（中央アジア古代語文獻），京都：法藏館，1961年，第205页。但这二位学者的转写不够准确，亦未给出译文和注释。本章所引内容皆由笔者对照文书图版转写、汉译。转写与前人不同之处，因篇幅所限，不能一一注出。

② 中山大学人类学系等《新疆吐鲁番西旁景教寺院遗址2021年发掘报告》，《考古学报》2024年第3期，第427页。

③ S.–Ch. Raschmann, "Further Sogdian traces in the Old Uyghur documents preserved in the Arat estate in Istanbul", forthcoming.

地点为吐鲁番高昌故城L遗址，暗示这两位租种景寺田产的佃户可能来自高昌城。这件文书也告诉了我们西旁景教修道院在当时回鹘语中的名称，即 Bïlayuq Xumra。

学者业已指出，在西旁修道院出土的回鹘文写本中有佛教文献①，说明该修道院与信仰佛教的群体有往来。除了景教聚落之外，Bïlayuq 当地也分布着具有其他文化背景的居民。德藏回鹘文残片 U708、U709 可以缀合为回鹘文《金光明最胜王经》一叶，其上还保留译经、抄经题记。U709 背面第一行保留抄经书手 Čïdar Sïnqay Qïya 的信息，明确记其为 Bïlayuq 人（bïlayuqluγ）②，说明 Bïlayuq 当地有信仰佛教的回鹘居民。而当地有佛教群体的存在也已经得到考古发现的印证。据统计，葡萄沟现存佛教洞窟遗存21处、佛塔遗存一处，年代均属于回鹘时期③。

Bïlayuq 当地可能还有摩尼教教众活动。德藏残片 Ch/U7470、Ch/U6058 属于同一件《佛说佛名经》写卷，其背面空白被回鹘人利用写文书，现残存9行，内容为逐月记录支用小麦数量。茨默曾在论文中简介文书的内容④。拉施曼在著录该文书目录时提示，第7行出现专有名词"qoštr"（摩尼教长老），说明其关涉群体与摩尼教会有关⑤。残片 Ch/U7470 保留原始编号 T Ⅱ T 272，显示文书出土地点在吐峪沟遗址。文书第5—7行记有一条，为某龙年四月支用小麦数，

---

① T. Moriyasu, *Corpus of the Old Uighur Letters from the Eastern Silk Road*, p. 77.
② Y. Kasai, *Die uigurischen buddhistischen Kolophone*, p. 97.
③ 陈爱峰主编《吐鲁番中小型石窟内容总录》，上海古籍出版社，2023年，第189—219页。
④ P. Zieme, "Uighurische Pachtdokumente", *Altorientalische Forschungen*, vol. 7, 1980, p. 200.
⑤ S.-Ch. Raschmann, *Alttürkische Handschriften, Teil 13: Dokumente*, Teil 1, Stuttgart: Franz Steiner Verlag, 2007, p. 71.

笔者据图版释读如下①：

törtünč [a]y yenä üč šïγ ätik qoštr bïlayuq-qa [b]erdi

四月，又三石〔小麦〕，由 ätig 长老交往 Bïlayuq。

小麦是吐鲁番当地的主要谷物，应非吐峪沟摩尼教教团用来出售的商品。该教团不太可能与 Bïlayuq 地方有三石小麦的商贸往来。这条记录应当是摩尼教团体内部的支供账，或说明在 Bïlayuq 一带有属于此教团的摩尼教僧人常驻活动。

二、胜金口的景教聚落

除了西旁修道院遗址，德国吐鲁番探险队还于1905年在高昌故城东门外护城河东岸发掘一处景教遗址，出土有景教壁画，这应是回鹘时代高昌城的景教教堂②。近年在天山北麓的唐朝墩古城新发掘出土一座景教寺院遗址，被认为是唐元之间蒲类城的景教寺院③。在以上三处遗址之外，我们还可以利用回鹘文书所记信息推测出回鹘时代其他的景教聚落。前引俄藏回鹘文赋役文书 SI 4820 就透露，在13—14世纪吐鲁番盆地东端曾分布有一处景教聚落，其具体位置有可能在今七克台绿洲。下面笔者将利用在德藏回鹘文书中检出的线索，论证回鹘时代的胜金口也曾有一处景教聚落。

德藏回鹘文书 U5293 原编号作 [T I] D 200，可知其为德国探险队于第一次吐鲁番探险活动中在高昌故城所获。文书内容系高昌

---

① 两残片图版分别见：https://turfan.bbaw.de/dta/ch_u/images/chu7470versototal.jpg；https://turfan.bbaw.de/dta/ch_u/images/chu6058versototal.jpg。

② 陈怀宇《高昌回鹘景教研究》，第62页。

③ 任冠、魏坚《2022年唐朝墩古城遗址考古工作的主要收获》，《西域研究》2023年第2期，第132、138页。

城民户聚落（el bodun，"国之百姓"）头目别·不花、玉龙·钦察、百·不花等人为寻一件契约原件事所写书状。笔者先对照文书照片，在参考前人释读的基础上，给出文书的转写和汉译，再展开讨论①。文书存草体回鹘文16行，转写如下：

(1) biz bäg buqa yürüng qïpčaq

(2) bay buqa bašlap el bodun söz

(3) -ümüz ärkägün yarɣun yušumud

(4) yawïsïp bašlap suqvar bägi-lär

(5) -kä sizlär-tä toyïn qulï ačari

(6) -ning üzük-lüg turï-nïng

(7) oq yer-ning baš bitig

(8) bar ärmiš. ol bitig qočo

(9) qïsïl-ta qayuta bolsar tiläp

(10) yïɣmïš-qa berip yïɣmïš-tïn

(11) oq t(i)läp alïnglar turï-qa

---

① 在线文书图版见：https://turfan.bbaw.de/dta/u/images/u5293.jpg，浏览时间：2024年11月13日。自20世纪初以来，先后有数位学者释读该文书，但都未能准确地读出书状接收方的信息。直到2013年，土耳其学者赛尔特卡雅（O. F. Sertkaya）在其提供的全文转写中，才将文书第3、4行所记书状接收方完整读出，给出目前最准确的转写本，但他仅提供了转写，没有翻译、解读全文。在赛氏发表后不久，吐谷舍娃在其专著中给出了本文书的全文转写和俄语翻译（*Уйгурские деловые документы Х—XIV вв. из Восточного Туркестана*, Москва, 2013, p. 133），但其释读不如前者准确。因此，笔者主要参照赛氏的转写，在其基础上进行修正、汉译。学界早期的释读成果参见：S.-Ch. Raschmann, *Alttürkische Handschriften, Teil 13: Dokumente*, Teil 1, p. 61。赛氏的转写参见：O. F. Sertkaya, "Zu den Namen türkischer Christen in verlorengegangenen altuigurischen Urkunden", *Unknown Treasures of the Altaic World in Libraries, Archives and Museums: 53rd Annual Meeting of the Permanent International Altaistic Conference, St. Petersburg, July 25-30, 2010*, Tatiana A. Pang, Gerd Winkelhane and Simone-Christiane Raschmann (ed.), Berlin: Klaus Schwarz Verlag, 2013, p. 391。

(12) uluγ qarγaša bolup turur osal
(13) qïlmang(l)ar :: yïγmïš-qa söz
(14) sän suqvar-lar-tïn turï-nïng
(15) bitigin alïp bergil sän ok
(16) tapšurup bergäy sän

汉译如下：

（1—3）〔此为〕我等，别·不花、玉龙·钦察、百·不花为首的国之百姓之言（书信），（3—5）致也里可温断事官药术谋、亚思弼为首的景僧大人们。

（5—11）带有脱因库利阿阇梨的戒指印的、就是秃里的土地的元契，据说在你们那里。那元契无论在高昌谷的何处，找到后交给亦黑迷失，从亦黑迷失那里找来，请你们收取。

（11—13）〔因为〕与秃里正有大的纠纷。请你们不要出纰漏。

（13—16）〔此为〕致亦黑迷失之言：你从诸僧处收取秃里的元契，交过来。你就这样交过来。

文书第3、4行记书状的主要接收方作"ärkägün yarγun yušumud yawïsïp bašlap suqvar bägilär"，可汉译作"也里可温断事官药术谋、亚思弼为首的景僧大人们"，显示这封书状是由高昌城的民户头目发给一处景教聚落的头目。虽然第5—11行所记有语焉不详、前后抵牾之处，但结合第13—16行综合判断，可知书状事由应是高昌城民户头目名请一处景教聚落头目将秃里的土地元契交给亦黑迷失带回，以解决与秃里的纠纷。

这一景教聚落的头目由景教僧人担纲，他们带有"也里可温断事官"（ärkägün yarγun）之头衔。这应当是官方任命的景教僧官，其管辖的景教聚落可能是景教僧人聚居的修道院，也可能是有教堂存在的景教信众聚居处，与自称为"国之百姓"的发件方互不统属。那么这处景教聚落分布在何处呢？文书第8、9行记有关键信息："那元契不论在高昌谷的何处，找到后交给亦黑迷失"。这透露了此景教聚落的活动和管辖的范围应当就在所谓的"高昌谷"（qočo qïsïl）中。

"高昌谷"指哪里呢？笔者认为应指今胜金口。在贯通火焰山南北的几条峡谷中，胜金口距离高昌故城最近，位于其北方直线距离约6.1公里处，是从高昌城出发前往火焰山北麓的必经之路，是为最有理由以"高昌"命名的峡谷。胜金口以东距离高昌故城最近的一条峡谷是吐峪沟，在回鹘语中被称作"tüyuq qïsïl"①，但其距高昌故城直线距离已超过12公里。在位于胜金口以西、曾分布有聚落的各条峡谷中，距离高昌故城最近的是葡萄沟，直线距离已远达27公里。如第一节所述，葡萄沟在回鹘时代的汉文语境中作洿林，而在回鹘语中则作"bïlayuq"。从高昌故城方向进入胜金口峡谷东北行约2.5公里后，还可溯木头沟河转西北行进入木头沟峡谷，这条峡谷在回鹘语中作"nižüng qïsïl"，其中"nižüng"源自唐代汉文地名"宁戎"②。但此谷显然不及胜金口有资格被称为"高昌谷"③。

考古发掘显示，胜金口峡谷两侧分布有大量石窟寺、地面佛

---

① 其中"tüyuq"源自唐代汉文地名"丁谷"，而"qïsïl"则为回鹘语"谷"。在吐峪沟沟西中部高台回鹘寺院第26窟新出的题记中可见，回鹘僧人以 tüyuq qïsïl 指称吐峪沟，参见 Fu Ma and Xia Lidong, "Comprehensive Study on Old Uighur and Chinese Wall Inscriptions in Room B of Newly Excavated Cave 26 in Tuyuq Grottoes", *Acta Orientalia Hung.* 74 (2), 2021, p. 189.

② 对此名的释读和比定，参见松井太《古ウイグル語文献にみえる"寧戎"とベゼクリク》，《内陸アジア言語の研究》第26辑，2011年，第141—175页。

③ 此外，位于吐峪沟以东的连木沁沟尚未见于回鹘时代的汉语或胡语文书记载，但其与高昌故城的直线距离已经超过25公里，不太可能以"高昌"为名。

寺、佛塔等遗迹，是回鹘时代佛教僧徒聚居和修行之处①。德国探险队曾在第二次吐鲁番探险活动中于胜金口遗址收获过一些以叙利亚文书写的景教写本残片，可印证当地曾有景教徒活动。这批写本最初皆编在原始编号 T II S 25 之下。其中，现编号为 SyrHT 279—284 的6件残片同属于一件叙利亚语祷告书，n190 为一件叙利亚—粟特语双语福音书的摘句②，而 SyrHT 285 则在最近才被林丽娟比定为亚里士多德《范畴篇》的叙利亚语改写本或注本③。前两种文献应是景教徒礼拜仪式所用文本，暗示当地可能有景教教堂存在，可与上引回鹘文书所记当地有景教僧侣的存在相印证。

与前节所述西旁景教聚落的情况雷同，胜金口的景教聚落也处在以佛教聚落为主的多元宗教文化环境中。上引回鹘文书第5—7行记，高昌民户头目向胜金口景教聚落索要的地契被称作"带有脱因库利阿阇梨的戒指印的、就是秃里的土地的元契"，可知这件地契的签订生效还与一位名作脱因库利（toyïn qulï）的阿阇梨（ačari）有关。阿阇梨（ačari）源自梵文 ācārya，佛教大师之谓。脱因库利（toyïn qulï）之名则是"僧奴"之意。这件地契当时在胜金口的景教聚落中，虽然我们不知此契的具体内容，但可确知此交易涉及胜金口的景教教众和某处的佛教僧人。而笔者还在胜金口遗址出土的一则回鹘语题记中发现当地景教聚落与佛教聚落交流互动的证据。

德国柏林亚洲艺术博物馆藏 III 554 号写本为汉文《妙法莲华

---

① 对胜金口佛教遗迹最新的考古发掘是2020年新疆文物考古研究所、吐鲁番学研究院对河谷西岸佛塔的发掘，参见新疆文物考古研究所、吐鲁番学研究院《吐鲁番胜金口石窟西岸佛塔发掘简报》，《吐鲁番学研究》2020年第2期，第1—8页。

② 参见 E. Hunter and M. Dickens, *Syrische Handschriften* Teil 2: *Texte der Berliner Turfansammlung*, Stuttgart: Franz Steiner Verlag, 2014, pp. 264–269, 365–366。

③ 参见林丽娟《中国境内出土景教叙利亚语文书研究综述》，《西域研究》2024年第3期，第142页。

经》卷三残片①，据原始编号 S 75 知其出土地点为胜金口佛寺遗址（图8）。写卷背后空白处被回鹘人用于涂鸦，画有坐姿僧人、神怪等白描画，中间有三行回鹘文题记（图9），尚未被学界注意。笔者现据写本图版转写如下：

(1) män sirgis šïẓtïm saḍu

(2) bolzun yamu tep män sirgis

(3) šabï q(ï)y(a) šïẓtïm sadu bolzun

汉译如下：

我习里吉思写（画）讫。善哉！诚如是！我习里吉思小沙弥写（画）讫。善哉！

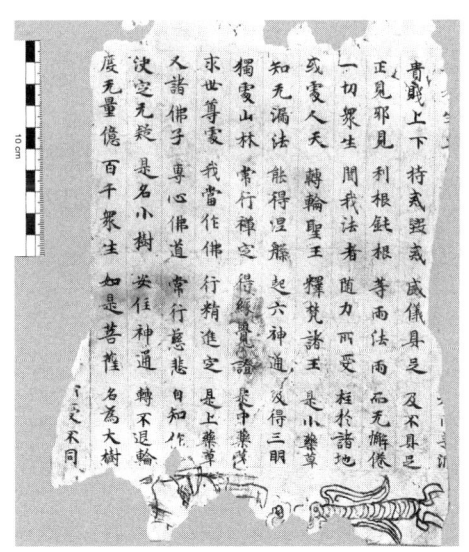

图 8 III 554《妙法莲华经》卷三残片 ©Museum für Asiatische Kunst, Staatliche Museen zu Berlin

① 参见荣新江主编《吐鲁番文书总目（欧美收藏卷）》，第781页。

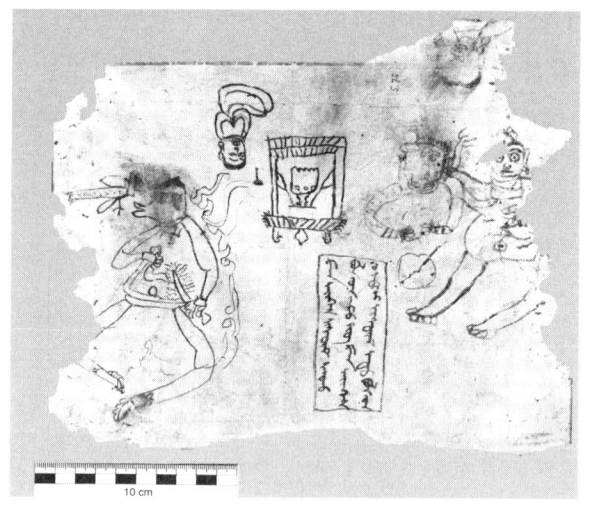

图 9　III 554 背面白描画及回鹘文题记 ©Museum für Asiatische Kunst, Staatliche Museen zu Berlin

可知，题记和白描画的作者名作习里吉思（Sirgis），这是一个典型的基督教人名；而他又自称小沙弥（šabï qïya），却是佛门弟子的自称。在旁边的白描画中，有一坐姿沙弥在佛寺撞钟的形象，可能就是这位习里吉思小沙弥的自画像。题记用语也显示出典型的佛教特征，两次出现"sadu bolzun"（善哉！）。其中的"sadu"源自梵文"sādhu"（善）①。综合可知，这位习里吉思应当就是一位生活在胜金口某佛寺的佛教弟子，他利用作废的汉文佛经卷子纸背涂鸦。结合前文所举材料推测，这位习里吉思极有可能出身于胜金口当地的景教聚落，因此有景教教名。但他后来因为某种原因，皈依了佛教，并在当地的佛教寺院修行。

在《马可·波罗寰宇记》Z抄本系统所保留的关于畏兀儿地的记载中写有："这一城市下辖着许多其他城市和村庄，其民众崇拜偶

---

① 经焉耆语或粟特语传入回鹘语中，参见 J. Wilkens, *Handwörterbuch des Altuigurischen*, p. 573。

像。但这里也有很多遵守聂思脱里律法的基督教徒和撒拉森人。基督徒经常与偶像教徒通婚。"①马可·波罗所谓"偶像教徒"当指西州回鹘地区占多数的佛教徒，所谓"遵守聂思脱里律法的基督教徒"则指景教徒，他特别提到这两群体之间通婚的现象。虽然目前尚没有其他史料可以印证马可的这条记载，但其反映出西州回鹘地区景教徒与佛教徒之间交往密切、杂居共处的事实可与上文所引的一系列出土文书资料相互印证。在这样的背景下，出身胜金口景教聚落的习里吉思在附近的佛寺成为沙弥，也就不足为奇了。

三、回鹘景教教会与政权的关系

在西迁至东部天山地区初期，回鹘统治阶级沿袭漠北汗国时代的信仰，奉摩尼教为国教。从10世纪下半叶起，回鹘人逐渐受当地居民影响，开始接受佛教，并创造出独特的回鹘佛教文明。作为一种小众信仰的宗教，景教能够长期在西州回鹘境内存续和发展的一个必要条件应是西州回鹘统治者的宽容和支持。由于相关资料的稀缺，此前学界并未就景教教会与回鹘统治者的关系开展研究，笔者下面将从回鹘文书入手，搜集相关信息，说明两者间的关系。

确证西州回鹘统治阶级有人信仰景教的材料是前引德藏回鹘语书状U3890，其原始编号T III B显示出土地点正是西旁景教遗址。书状由景僧火失·可瓦苏那呈给西州回鹘的一位亲王，状称其贡献了一批用于礼拜仪式的器物，包括圣餐具四套、圣杯覆二件、圣骨匣和夹子一套，并称"愿这些器物为国所用"②。这位景僧贡献的器物

---

① A. C. Moule and P. Pelliot, *Marco Polo, The Description of the World*, vol. 1, p. 156.
② 参见 T. Moriyasu, *Corpus of the Old Uighur Letters from the Eastern Silk Road*, pp. 23–26。

显然是供亲王本人以及其他回鹘王室成员从事景教礼拜活动所用，可确知当时的回鹘统治阶级中有成员公开信奉景教并参加礼拜活动。统治阶层中有人信仰、支持景教，这应当就是景教能够长期在西州回鹘境内存续发展的根本原因。

德藏回鹘文书U321（T III Bul 99）同样是一封出土于西旁景教寺遗址的书状稿，亦可证明景教僧人与回鹘统治阶级有直接联系。文书前缺，现存草体回鹘文19行，笔者下面据文书在线图版，参照茨默对其的释读①，给出全文的转写和汉译，以便展开讨论。文书可转写作：

(1) urdum ärti: ol y(e)mä

(2) tanïp bermädi : yana xumra

(3) -da tötüšüp gudy-a tonum

(4) -ïn yïrdï qulut y(e)mä suk

(5) -vardïn kettim: bir küp

(6) borum ärti. xumradïn ketmiš

(7) -dä bermädi: anta küdän

(8) kiši-ning sözlägüči arq[ïš ？]

(9) toqum täginmäz : buyančï te[gin]

(10) t(ä)ngrim qutï bügüläyü y(a)rlï

(11) -qap: nätäg intkisi ärsär

(12) uzïnča q(ï)y-a qïlu y(a)rlïqaz

(13) -un : qulut bir ažunda

(14) yükünč arqïš qïlmïš-ča

(15) buyanïmïn bägim teg[inim]

---

① P. Zieme, *Altuigurische Texte der Kirsche des Ostens aus Zentralasien*, pp. 85–91.

(16) [t(ä)n]grim qunčuyum t(ä)ngrim

(17) qutïnga ävirä tägingäy

(18) -m(ä)n: umuγum täginmäz

(19) küdän dentar täginür m(ä)n

汉译如下：

（前缺）（1—9）我已放下……，但他又否认，不给我。然后在修道院中互相争执，他扯着我的僧袍。奴（我）又从僧人那里脱身。我有一瓶葡萄酒在那里。在我离开修道院时他没有给我。在那里的知客使吐昆不干预。

（9—19）有福报的特勤殿下，愿他（您）大显神通，无论有何种能力，皆能尽展其能！奴（我）要将一世能做的礼拜和赞颂，将我的福报回向我主特勤殿下、公主殿下。我愿尚未达成。我客僧敬呈。

书状前缺，现存内容可分为两部分。第1—9行为发信人状告其与修道院内的僧人发生争执之事。第9—19行则表达发信人对一位"特勤殿下"（tegin tängrim qutï）及其夫人"公主殿下"的祝福，暗示其应当就是书状的接收方。书状第19行可见作者自称"客僧"（küdän dentar）。"küdän"意为"客"，"dentar"在景教语境中指长老（牧师、司铎、神父），可知发信人为一位客住在修道院的景教长老。他应是客住在修道院时，与该寺的景僧发生争执。或许因为"在那里的知客使吐昆不干预"，他才做此书状上诉。这位景僧上诉的对象"特勤殿下"应当是西州回鹘的一位亲王。他对特勤殿下自称"奴"，并能够直接上书联系，说明这位回鹘特勤亲王很可能信仰和支持景教，或许他还负责管理景教教会的事务。

出土文书显示，景教僧侣在其自有的教会组织之外，可能也有一套类似佛教僧官的管理制度，作为回鹘政权管理景教僧众的制度工具。前引德藏回鹘文书U5293高昌城某民户头目致胜金口的景教僧户头目书状称呼收信方为"也里可温断事官药术谋、亚思弼为首的景僧大人们"。可知，当时的景教聚落与城中的民户有别，其头目由景教僧人担纲。他们带有"也里可温断事官"（ärkägün yarγun）之头衔，很可能是官方任命的景教僧官。可与这件文书记载形成呼应的是德藏回鹘文书信U5833。书信出土于西旁景教寺遗址，第2行记收件方作："〔景教〕教会大人们（arqa ančman bäglär）"①。所谓"教会大人们"应该与上引文书所称的"景僧大人们"一样，指景教聚落的首领，可能就是回鹘官方委任的僧官"也里可温断事官"。

四、回鹘景教教会的组织与人员

在吐鲁番各遗址出土的叙利亚语、粟特语景教文献（残片）中，可以辑出一些表示景教教职的专有名词。但正如陈怀宇所指出，这些名词出现的语境大都是描述西亚或中亚教会的情形，并不必然反映回鹘景教教会的实际情况②。他另辟蹊径，通过分析西旁遗址出土的各类景教文献的类型，还原当地景教徒的宗教活动，论证了西州回鹘景教教会的存在，并推测出教会应当存在主教（大德）、助祭（执事）、读经师等神职人员③。随着与回鹘景教僧众和信众日常生活密切相关的回鹘语文书的刊布和释读，我们有条件获知他们对

---

① T. Moriyasu, *Corpus of the Old Uighur Letters from the Eastern Silk Road*, p. 149.
② 陈怀宇《高昌回鹘景教研究》，第69页；姚崇新、王媛媛、陈怀宇《敦煌三夷教与中古社会》，第399页。
③ 陈怀宇《高昌回鹘景教研究》，第67—75页。

于其宗教组织和宗教生活的直观认识。笔者下面将检出回鹘文书中出现的景教教职名词，论证在西州回鹘教会中确实存在哪些教阶和神职人员。

西州回鹘治下吐鲁番地区景教教会的最高领袖应是主教。主教在回鹘语作 apisqopa，可能直接借自叙利亚语 episqōpā（'pysqwp'，主教），或经粟特语形式 'pysqwp' 为中介借入。德藏回鹘文书 *U9262 出土于吐鲁番，原件在二战中丢失。学者今据伊斯坦布尔所藏文书照片知其为一件已寄出的景教书信，可在第 2 行读出收信人作"大德薛里吉思主教"（mar särgis apisqopa）[①]，确知回鹘时代的吐鲁番地区曾有一位名叫薛里吉思的主教。此词在元代汉文语境中被音写作"阿必思古八"，见于泉州老城通淮门城墙下出土的纪年为元仁宗皇庆二年（1313）的汉文–叙利亚文突厥语双语《马里失里门墓碑》。其汉文碑文记墓主身份作[②]：

> 管领江南诸路明教、秦教等也里可温马里失里门·阿必思古八·马里哈昔牙

其叙利亚文突厥语碑文对应部分可转写作[③]：

> m(a)nzi ellär-ning m(a)ri ḥ(a)sya m(a)ri š(i)lemon apisqopa

可直译为"蛮子诸省之至圣（主教）、大德、失里门、主教"。碑文

---

① 文书照片和转写见：O. F. Sertkaya, "Zu den Namen türkischer Christen in verlorengegangenen altuigurischen Urkunden", p. 388; 参见 T. Moriyasu, *Corpus of the Old Uighur Letters from the Eastern Silk Road*, pp. 70–71.

② 吴文良《泉州宗教石刻（增订本）》，吴幼雄增订，北京：科学出版社，2005年，B 37，第 396 页。

③ 参见 M. Franzmann and S. N. C. Lieu, "Nestorian Inscriptions in Syro-Turkic from Quanzhou", in: S. N. C. Lieu et al.(eds.), *Medieval Christian and Manichaean remains from Quanzhou (Zayton)*, Turnhout: Brepols, 2012, p. 206.

中的"秦教"即指景教，系唐朝天宝四载（745）以降景教的官方正式称谓"大秦教"的简称①，在元代汉文语境中得到沿用。这方墓碑说明元代江南诸路的景教徒都由一位主教（阿必思古八）管领。以此类推，吐鲁番地区主教的管辖范围可能与之类似，很可能包括整个西州回鹘境内，即东部天山地区。此外，西旁遗址还出土过一件以回鹘语书写的、与圣乔治崇拜相关的景教文献残片，其背面第7—8行出现了"都主教"（matripolita apiskopa）一词②。如前章所论，包括中亚和草原各地的景教教会很可能都受木鹿都主教的领导，则西州回鹘境内应无"都主教"这一级别的教会领袖。

在主教之下，景教教会重要的神职人员是牧师（主祭、长老），其在回鹘语中可用三种词语表达。一是 masedar，借自粟特语 msydr (msy'tr ～ msy't'r)。二是 dentar，源自中古波斯语 dēndār，经粟特语形式 δynt'r ～ δynδ'r 借入回鹘语。三是 q(a)šiša，借自叙利亚语 qšyš'。前引德藏回鹘文书《西州回鹘征派驿马帖》（U5329）显示，西旁景教修道院需要向西州回鹘官方派出的行人提供驿马，而此帖文的接收者为"诸〔景教〕长老（masedar）"，应当就是指西旁景教修道院的实际负责人。长春真人丘处机在西行之路上经过天山北麓轮台之东，受到当地"迭屑头目"迎接③。此迭屑头目应当就是当地景教聚落的首领，应即一位长老。

根据回鹘文书透露的信息判断，西州回鹘景教教会的日常宗教

---

① 唐玄宗天宝四载九月诏改"波斯寺"为"大秦寺"，见王溥《唐会要》卷四九，上海古籍出版社点校本，2006年，第1012页。

② 该残片系德国探险队在第二次吐鲁番探险中所获，现藏于柏林亚洲艺术博物馆，编号 III 194 (T II B 62)，此据茨默的释读（P. Zieme, *Altuigurische Texte der Kirsche des Ostens aus Zentralasien*, p. 94）。

③ 王国维《长春真人西游记校注》，第574页。

活动应基本沿用西亚和中亚教会的仪式进行。俄藏回鹘文书SI 4847背面是景教徒宜和（Yiwar）向某景教寺交割各类教会礼拜用具的书信草稿。其中多种器物名称直接借自叙利亚语，说明其仪式仿照西方教会进行。第4行记有五件"助祭披肩"[m(a)xbal(a)na]，源自叙利亚语mqbln'，为助祭（执事）在圣餐仪式中所穿戴①。虽然我们在其他回鹘文书中尚未找到与"助祭"相关的记载，但据此条信息可知回鹘景教会日常礼拜仪式中应当有助祭一职。

在回鹘景教教会中可能存在的另一种教职是"管事"。该教职在叙利亚语中作sā'ōrā，字面意作"监督"，在东方教会中实际可指两种不同的职事：一是负责巡察监管神职人员的"乡主教"，一是负责维持教堂日常庶务的"管事"②。据"拉班·扫马西行记"记载，拉班·扫马之父昔班居于汗八里城，是一位"监督"（sā'ōrā）③。早期的英译本保留此教职的叙利亚语原词，并注出其字面意"监督"，汉译本据此将其音译作"扫拉"④。波旁（P. G. Borbone）在其最新的译注本中已有明确取舍，径译作"管事"⑤。

前章已论述，唐元之间丝绸之路沿线的佛教、景教寺院可能为地方政权充当馆驿，接待、供应往来使者。前引德藏U321回鹘文书系某景教僧状告其客住期间遭遇争执事的书状稿，透露了景教修

---

① 参见 P. Zieme, *Altuigurische Texte der Kirsche des Ostens aus Zentralasien*, pp. 38–39；T. Moriyasu, *Corpus of the Old Uighur Letters from the Eastern Silk Road*, pp. 89–90。

② P. G. Borbone (ed., tr., and ann.), *History of Mar Yahballaha and Rabban Sauma*, L. E. Parodi (tr.), Hamburg: Verlag Tredition, 2020, p. 235.

③ P. G. Borbone (ed., tr., and ann.), *History of Mar Yahballaha and Rabban Sauma*, p. 58.

④ 朱炳旭译《拉班·扫马和马克西行记》，郑州：大象出版社，2009年，第1页，脚注2。

⑤ P. G. Borbone (ed., tr., and ann.), *History of Mar Yahballaha and Rabban Sauma*, p. 59. 其主要理由是，昔班不愿其子出家为景僧，这种态度似乎与"乡村主教"这样的高阶教职不相符，见同书235页。

道院接待客人的具体运作方式。书状第7—8行提到负责管理客住事务之人的头衔为"küdän kišining sözlägüči arq[ïš]"①，可汉译作"知客使"。仅据文书内容，我们尚无法确定这位"知客使"是由该寺的景教僧充当，还是由西州回鹘的官员充当；但可以确定的是，在客人与本寺僧人发生争执时，知客使应负责处理。书状第7—9行称名叫吐昆的知客使在事发后不作为②，因此客住长老才状上西州回鹘统治者申诉。

在回鹘时代的西旁景教修道院中，除了有修士（景僧）外，可能还有修女（景尼）在修行。德藏回鹘文书U5834出土于西旁景教遗址，是一封信札残存的一角。书信有明显折叠痕迹，应当已经寄出，其背面残存落款作"在高昌〔城〕的兀里（qočota urï）"③，可确知文书出土地点西旁景教修道院应是收信人之所在。文书第2行上残，但仍保留有收信人的称呼为"姐姐"（äkä）④。而对于如此称呼可以有两种理解：一种可能是收信人确为寄信人的姐姐，另一种可能则是基督教徒对教会女性成员普遍称呼"姊妹"。但不论取何解，都可说明西旁景教修道院有一位女性收信人。此外，文书的第一行存两词，以小字书写，分别是景教教名"习里吉思"（Sirgis）和"结瓦里吉思"（Giwargis），应是从左侧插入收信人之后，与那位"姐姐"同是书信的收信人，亦可说明收信人"姐姐"处在一个景教聚落中。

---

① P. Zieme, *Altuigurische Texte der Kirsche des Ostens aus Zentralasien*, p. 86.
② P. Zieme, *Altuigurische Texte der Kirsche des Ostens aus Zentralasien*, pp. 86, 88.
③ 本段所提及该文书的片段皆转引自森安孝夫对其最新的解读，参见 T. Moriyasu, *Corpus of the Old Uighur Letters from the Eastern Silk Road*, p. 150。
④ T. Moriyasu, *Corpus of the Old Uighur Letters from the Eastern Silk Road*, p. 150.

小　结

自从20世纪初德国吐鲁番探险队发现西旁景教遗址以来，国际学界对吐鲁番地区的景教展开了长达一个多世纪的研究，在考古学、文献学和语文学等领域都已取得丰硕的成果。但多数研究者未能跳脱叙利亚东方教会的框架，将吐鲁番地区的景教考古发现当作一个下属教会的标本，用以印证文献所记叙利亚东方教会的教条、教团和教仪。在这种研究路径下，对吐鲁番景教教会的重构侧重于呈现其作为叙利亚东方教会东传据点的一般性特征。随着吐鲁番景教徒以母语回鹘语所写的文字资料被刊布和系统解读，回鹘景教徒在教会和日常生活中的诸多面貌逐渐浮现出来，我们有条件突破单一的教会史视角，探索作为社会群体的景教聚落和作为社会个体的景教徒在西州回鹘社会中的存在状态和活动轨迹。

西旁遗址所在的葡萄沟在回鹘语中被称作Bïlayuq，当地有一城市聚落，应是延续自唐西州的浮林城。西旁修道院在回鹘语中被称作Bïlayuq xumra，即Bïlayuq景寺。该寺在当地有田产，租佃给回鹘农民耕种。在其周围，还有佛教徒和摩尼教徒生活。在胜金口还分布有一处景教聚落，他们与当地佛教石窟寺的佛僧聚落毗邻共生。在以佛教为主要信仰的西州回鹘境内，景教聚落的长期存在得益于该教会与回鹘统治阶级的联系，回鹘可汗家族的一些成员可能是景教信徒，并参与礼拜活动。散见于回鹘文书中的景教神职名称显示，西州回鹘有教阶完备的景教教会，在主教之下设有主祭、助祭、管事等神职人员。

结语　吐鲁番学的回鹘时间

本书各篇章的研究显示，不论是着眼于地区的西域史，还是着眼于东西交流的丝绸之路研究，当涉及唐末至元朝这一时段，即公元9—13世纪之间时，许多重要议题都与回鹘政权和回鹘人有关。从研究材料的角度看，这些议题如今得以展开，主要依赖吐鲁番等地"回鹘时代出土文字资料"的不断涌现和系统解读，尤其是以其本族语言书写的回鹘语文书。从回鹘政权统治者的称号到统治家族的起源传说，从西域交通道路的变迁到城市的发展历程，从回鹘商人的兴起到其被回回商人取代的过程，从沿丝绸之路扩张的景教网络到吐鲁番当地的景教聚落，这些分别属于不同层面的历史图景原本已经散落在史籍之外，但吐鲁番出土的残文断片为我们钩沉往事、重现历史提供了线索和证据，这正是广义的吐鲁番学对西域史和丝绸之路研究的独特贡献。

吐鲁番学的核心材料是吐鲁番盆地前伊斯兰时代各古代遗址出土的文字资料，一般被统称作"吐鲁番文书"，其关涉的年代范围从3世纪末（296年）延续至14世纪。在这长约1100年的时段内，吐鲁番盆地主要经历了以下6个时期：

（1）高昌郡时期（4—5世纪）
（2）高昌国时期（5—7世纪）

（3）唐西州时期（7—8世纪）

（4）漠北回鹘汗国统治时期（8世纪末—9世纪中）

（5）西州回鹘王国时期（9世纪中—1209年）

（6）蒙古统治时期（1209年—14世纪末，包括大蒙古国、元朝、察合台汗国和东察合台汗国4个阶段）

从（4）漠北回鹘汗国统治时期起，回鹘人开始进入吐鲁番盆地。在（5）西州回鹘王国时期，他们逐渐吸收、同化其他民众，成为当地的主体族群。及至（6）蒙古统治时期的后期，他们在东察合台汗国治下逐渐伊斯兰化。（4）（5）（6）这3个时期可以总称为吐鲁番的"回鹘时代"，长达600年之久；在吐鲁番文书关涉的1100年中，占据了一半以上的时间。然而，在吐鲁番学的研究领域中，回鹘时代得到的关注远远不及此前的500年，即以汉人为主体居民的（1）（2）（3）时期。学界利用出土文书对这3个时期吐鲁番地区的政治、社会和文化等不同层面都开展了较为充分的研究，取得了丰富的成果。相较之下，对回鹘时代的研究则大体局限在对回鹘文书的语文学释读和文献学研究上，而其蕴含的历史信息则尚未得到充分的关注、发掘和利用。这种研究状况在有关吐鲁番学或吐鲁番历史的贯通性论著中的反映则是：前3个时期通常处于论述的中心地位，相关内容也远为丰富；对回鹘时代所含的后3个时期则往往着墨不多，而其历史地位也似乎只是吐鲁番在文化上发生伊斯兰化之前的过渡阶段。

如同回鹘语文书一样，尽管吐鲁番出土的其他种类胡语文书一直以来也都是吐鲁番学的研究对象，但其史料价值远未得到充分发掘，在整体上还处于对汉文文书的补充地位。相较于学界对汉文文书已经开展的多层次的研究和利用，对胡语文书的研究整体上停留在语文学解读的初级层面，其内容尚没有被系统地运用到历史学研究中。近年来，随着更多的关注和资源被持续投入到胡语文书的研究中，越来越多的胡语文书获得破译，产出了远较此前丰富的成果，让这些冷门学问展现出了繁荣的景象。但是，学界对这些材料的认识和利用似乎并没有相应地进步，大体上仍是从汉文化中心的视角出发，笼统地将其视作多元文化或异质文化存在的佐证，对其所含历史信息的理解流于表面、缺乏深度。在这样的认识下，利用到这些材料的研究能得出的结论不过是证明了某一种文化或文明因素的输入或存在，强化着一种以汉文化为主、多元文化并存的笼统印象。再者，针对不同胡语文书的语文学研究在不断深入化和专门化，这虽然为吐鲁番历史上多元文化异彩纷呈的面貌不断增添着注脚，却也在同时加剧着人们对这种多元文化社会认识上的年代错乱感：似乎吐鲁番历史上的任何时期都一以贯之地存在着一个如此样貌的多元文化社会，各种胡语文书所代表的文化仿佛是以同等重要的地位呈现在吐鲁番的社会中。

实际上，吐鲁番地方社会的文化属性在历史中始终处于动态发展和变化的状态。在不同的时期，其多元性的表象和内涵皆展现出或多或少的差异。人们往往将吐鲁番文书包含语言文字种类的多样性视作吐鲁番地区文化多元性的主要证据。德国柏林勃兰登堡科学院统计，前伊斯兰时代的吐鲁番文书包含多达17种语言[①]，不但冠绝我国西北地区各古代遗址，且在世界范围内的古代遗址中亦属罕见。不论汉文文书，若我们考察其中胡语文书的年代和性质，则可发现绝大多数属于回鹘时代的3个时期。换言之，吐鲁番文书在语

---

① Berlin-Brandenburgische Akademie der Wissenschaften, *Turfanforschung*, Berlin, 2007, pp. 20–21.

言和文字上所展现出的这种直观和强烈的多元性，其实主要属于回鹘时代。因此，总体把握各种语文文书的内容和性质，并带着历史学的问题意识综合利用其中蕴含的史料，是客观揭示从8世纪末至14世纪末这600年吐鲁番暨西域地区历史面貌的根本途径，由此才能真正展示出吐鲁番历史上多元文化色彩最为丰富的一页。在立足于当地主体族群本族语文资料的同时，追求超越单一语文资料的局限，是本书提出"回鹘时代出土文字资料"这一概念的宗旨。

还应当注意的是，各种胡语文书所代表的文化因素在回鹘时代的吐鲁番社会中占据的位置也各不相同。取径某一类具体语文资料的研究方法固然为学界呈现出一种独特的观察视角，但也可能导致对当时社会文化面貌主流的模糊和误解。针对回鹘语文书、粟特语文书、摩尼文中古伊朗语文书、叙利亚语文书、婆罗谜文文书等不同专业领域的研究积累至今，已逐渐构建出"回鹘人"、"粟特人"、读写摩尼文的"摩尼教徒"、读写叙利亚语文的"景教徒"、读写婆罗谜文的"佛教徒"等不同"人群"的轮廓。这确实在一定程度上揭示出了当时社会的不同侧面，但若仅仅依凭各自专业相对单一的路径重构这些"人群"的面貌，很可能会夸大某些"人群"的特殊性和重要性，混淆其在当时社会中的真实地位。复原回鹘时代吐鲁番社会的整体面貌，不是将上述"人群"形象简单拼凑；更需要在把握回鹘统治史脉络的基础上，全面考察其彼此之间的交集和互动关系。如此，才有可能厘清社会中不同文化群体的主次关系及其动态变化过程，估量各类文化因素对社会的影响力度，"重构"而非"拼凑"出回鹘时代吐鲁番多元社会的面貌。

历史曾赋予回鹘人600年时间，让他们成为吐鲁番、西域和丝绸之路舞台上的主角之一，并在火州的沙碛和废墟中留下了种类最为多样的文字记录。虽然回鹘时代占据了吐鲁番文书关涉时间的一半以上，但是学术界却一直未能给予其相应程度的关注。希望这本小书的尝试，能够唤起一些对回鹘时代西域和丝绸之路的兴趣，吸引更多的关注投入到吐鲁番学研究的"回鹘时间"中。唯此方可以期待，在未来的历史叙述中，回鹘时代的吐鲁番可以展现出与高昌国、唐西州时代同样丰富的内容。

参考文献

一、史料

（一）汉文文献

《册府元龟》，王钦若等编，明刊本，北京：中华书局影印本，1960年；宋刊本残本，北京：中华书局影印本，1989年。

《岑参集校注》，岑参著，陈铁民、侯忠义校注，上海古籍出版社，2019年。

《长春真人西游记校注》，李志常撰，王国维校注，收入谢维扬、房鑫亮主编《王国维全集》第11卷，杭州：浙江教育出版社，2009年，第539—628页。

《大慈恩寺三藏法师传》，慧立、彦悰撰，孙毓棠、谢方点校，北京：中华书局，2000年。

《大唐西域记校注》，玄奘、辩机撰，季羡林等校注，北京：中华书局，2000年。

《东京梦华录笺注》，孟元老撰，伊永文笺注，北京：中华书局，2006年。

《佛祖统纪校注》，志磐撰，释道法校注，上海古籍出版社，2012年。

《归潜志》，刘祁撰，北京：中华书局点校本，1983年。

《黑鞑事略笺证》，彭大雅撰，徐霆疏证，王国维笺证，收入谢维扬、房鑫亮主编《王国维全集》第11卷，第363—406页。

《鸡肋编》，庄绰撰，萧鲁阳点校，北京：中华书局，1983年。

《金史》，脱脱等撰，北京：中华书局点校本修订本，2020年。

《经世大典辑校》，赵世延、虞集等编，周少川、魏训田、谢辉辑校，北京：中华书局，2020年。

《旧五代史》，薛居正等撰，北京：中华书局点校本修订本，2015年。

《辽史》，脱脱等撰，北京：中华书局点校本修订本，2016年。

《南村辍耕录》，陶宗仪撰，李梦生点校，上海古籍出版社，2012年。

《欧阳玄全集》，欧阳玄著，汤锐校点，成都：四川大学出版社，2010年。

《松漠纪闻》，洪皓撰，翟立伟标注，长春：吉林文史出版社，1986年。

《宋会要辑稿》，徐松辑，北京：中华书局影印本，1957年。

《宋史》，脱脱等撰，北京：中华书局点校本，1977年。

《隋书》，魏征等撰，北京：中华书局点校本修订本，2019年。

《太平广记》，李昉等编，北京：中华书局点校本，1961年。

《唐会要》，王溥撰，上海古籍出版社点校本，2006年。

《通典》，杜佑撰，北京：中华书局点校本，2016年。

《危太仆文续集》，危素著，《元人文集珍本丛刊》影印本，台北：新文丰出版公司，1985年。

《文献通考》，马端临撰，北京：中华书局点校本，2011年。

《五代会要》，王溥撰，上海古籍出版社点校本，2006年。

《西使记》，刘郁撰，王国维校注，收入谢维扬、房鑫亮主编《王国维全集》第11卷，第168–173页。

《西游录》，耶律楚材撰，向达校注，北京：中华书局，2000年。

《西域番国志》，陈诚、李暹撰，周连宽校注，北京：中华书局，2000年。

《西域行程记》，陈诚、李暹撰，周连宽校注，北京：中华书局，2000年。

《续资治通鉴长编》，李焘撰，北京：中华书局点校本，2004年。

《新唐书》，欧阳修、宋祁撰，北京：中华书局点校本，1975年。

《新五代史》，欧阳修撰，北京：中华书局点校本修订本，2015年。

《虞集全集》，虞集著，王颋点校，天津古籍出版社，2007年。

《元朝秘史（校勘本）》，乌兰校勘，北京：中华书局，2012年。

《元史》，宋濂等撰，北京：中华书局点校本，1976年。

《元文类》，苏天爵编，张金铣点校，合肥：安徽大学出版社，2020年。

《资治通鉴》，司马光撰，胡三省注，北京：中华书局点校本，2011年。

（二）非汉文文献及译本

《布哈拉史》，见：R. Frye, *The History of Bukhara* (Translated from a Persian abridgment of the Arabic original by Narshakhī), Cambridge: Mediaeval Academy of America, 1954。

《道里邦国志》，伊本·胡尔达兹比赫著，宋岘译，北京：华文出版社，2017年。

《海屯行纪》，见：J. A. Boyle (tr. and comm.), "The Journey of Hetʻum I, King of Little Armenia, to the Court of the Great Khan Möngke", *Central Asiatic Journal*, Vol. 9 (1964) 3；乞剌可思·刚扎克赛《海屯行纪》，何高济译，北京：中华书局，2019年。

《记述的装饰》，见：A. P. Martinez, "Gardīzī's Two Chapters on the Turks", *Archivum Eurasiae Medii Aevi* 2(1982), 1983, pp. 109−218。

《教会编年》，见：D. Wilmshurst (ed. and tr.), *The Ecclesiastical Chronicle: An English Translation*, Piscataway: Gorgias Press, 2016。

"拉班·扫马西行记"，见：P. G. Borbone (ed., tr., and ann.), *History of Mar Yahballaha and Rabban Sauma*, L. E. Parodi (tr.), Hamburg: Verlag Tredition, 2020；朱炳旭译《拉班·扫马和马克西行记》，郑州：大象出版社，2009年。

《马可·波罗寰宇记》，见：A. C. Moule and P. Pelliot, *Marco Polo: the Description of the World*, London: G. Routledge and Sons Limited, 1938; reprinted by New York: AMS Press INC., 1976。

"马卫集书"，见：V. Minorsky (ed., tr., and comm.), *Sharaf al-Zamān Ṭāhir Marvazī on China, the Turks, and India: Arabic text (circa A. D. 1120)*, London: Royal

Asiatic Society, 1942。

"穆卡达西书",见：B. Collins (tr.), *The best divisions for knowledge of the regions*, Reading: Garnet Publishing, 2001。

《史集》（1–3卷），拉施特主编，余大钧、周建奇译，北京：商务印书馆，1983、1985、1986年。

《世界境域志》,见：V. Minorsky, *Ḥudūd al-'Ālam—The Regions of the World*, London, 1970。

《世界征服者史》，志费尼著，何高济译，北京：商务印书馆，2016年。

《〈苏拉赫词典〉补编》，见：华涛《贾玛尔·喀尔施和他的〈苏拉赫词典补编〉（上）》，《元史及北方民族史研究集刊》第10期，1986年；华涛《贾玛尔·喀尔施和他的〈苏拉赫词典补编〉（下）》，《元史及北方民族史研究集刊》第11期，1987年。

《塔米姆·伊本·巴赫尔回鹘行纪》，见：V. Minorsky (ed., tr., and comm.), "Tamīm ibn Baḥr's Journey to the Uyghurs", *Bulletin of the School of Oriental and African Studies*, vol. 12, 1948。

《突厥语大词典》，见：R. Dankoff (ed. and tr.), *Compendium of the Turkic Dialects*, 3 vols, Harvard University, 1982, 1984, 1985。

《眼历诸国记》见：K. Lech (tr. and comm.), *Das mongolische Weltreich: Al-'Umarī's Darstellung der mongolischen Reiche in seinem Werk Masālik alabsār fī mamālik al-amṣār*, Wiesbaden: Otto Harrassowitz, 1968。

（三）出土文献、文书与金石文献

郝春文主编《英藏敦煌社会历史文献释录》第五卷，北京：社会科学文献出版社，2006年。

赫俊红主编《中国文化遗产研究院藏西域文献遗珍》，北京：中华书局，2011年。

松井太、荒川慎太郎编《敦煌石窟多言语资料集成》，东京：东京外国语大学

アジア・アフリカ言語文化研究所，2017年。

山田信夫《ウイグル文契約文書集成》第2、3卷，小田寿典、ペーター・ツイーメ、梅村坦、森安孝夫編，吹田：大阪大学出版会，1993年。

史金波、聂鸿音、白滨译注《天盛改旧新定律令》，北京：法律出版社，2000年。

唐耕耦、陆宏基编《敦煌社会经济文献真迹释录》（一），北京：书目文献出版社，1986年。

唐耕耦、陆宏基编《敦煌社会经济文献真迹释录》（四），北京：全国图书馆文献缩微复制中心，1990年。

唐长孺主编《吐鲁番出土文书》1—4册，北京：文物出版社，1992-1996年。

荣新江、朱玉麒主编《黄文弼所获西域文书》，上海：中西书局，2023年。

小田義久編《大谷文書集成》第二卷，京都：法藏館，1990年。

吴文良《泉州宗教石刻（增订本）》，吴幼雄增订，北京：科学出版社，2005年。

羽田明、山田信夫《大谷探檢隊將來ウイグル字資料目録》，西域文化研究會編《西域文化研究》第四（中央アジア古代語文獻），京都：法藏館，1961年，第171-206頁，圖版11-37。

Bang, W., von Gabain, A., und Rachmati, G. R., *Türkische Turfan-Texte VI: Das buddhistische Sūtra Säkiz Yükmäk*, Berlin, 1934.

Clark, L., *Uygur Manichaean Texts, Volume III: Ecclesiastical Texts, Texts, Translations, Commentary, Corpus Fontium Manichaeorum: Series Turcica III*, Turnhout: Brepols, 2017.

Dietz, S., Ölmez, M., and Röhrborn, K., *Die alttürkische Xuanzang-Biographie V : Nach der Handschrift von Paris und St. Petersburg sowie nach dem Transkript von Annemarie v. Gabain ediert, übersetzt und kommentiert*, Wiesbaden : Harrassowitz Verlag, 2015.

Geng Shimin und Klimkeit, H. J., *Das Zusammentreffen mit Maitreya: Die ersten fünf Kapitel der Hami-Version der Maitrisimit*, Wiesbaden, 1988.

Hamilton, J. R., *Manuscrits ouïgours du IXe-Xe siècle de Touen-Houang*, Paris, 1986.

Kasai Yukiyo, *Die uigurischen buddhistischen Kolophone*, Turnhout: Brepols, 2008.

Matsui Dai, *Old Uigur Administrative Orders from Turfan*, Turnhout: Brepols, 2023.

Moriyasu Takao, *Corpus of the Old Uighur Letters from the Eastern Silk Road*, Turnhout: Brepols, 2019.

Raschmann, S.-Ch., *Alttürkische Handschriften, Teil 13: Dokumente*, Teil 1, Stuttgart: Franz Steiner Verlag, 2007.

Röhrborn, K., *Die alttürkische Xuanzang-Biographie VII. Nach der Handschrift von Leningrad, Paris und Peking sowie nach dem Transkript von Annemarie von Gabain*, Wiesbaden, 1991.

Röhrborn, K., *Die alttürkische Xuanzang-Biographie VIII. Nach der Handschrift von Leningrad, Paris und Peking sowie nach dem Transkript von Annemarie von Gabain,* Wiesbaden, 1996.

Sims-Williams, N., and Hamilton, J. R., *Turco-Sogdian documents from 9th-10th century Dunhuang*, with an Appendix by Wen Xin, London, 2015.

Vér, M., *Old Uyghur Documents Concerning the Postal System of the Mongol Empire*, Turnhout: Brepols, 2019.

Wilkens, J., *Buddhistische Erzählungen aus dem alten Zentralasien. Edition der altuigurischen Daśakarmapathāvadānamālā*, Turnhout: Brepols, 2016.

Yoshida Yutaka, *Three Manichaean Sogdian Letters Unearthed in Bäzäklik, Turfan*, Kyoto: Rinsen Book Co., 2019.

Zieme, P., *Buddhistische Stabreimdichtungen der Uiguren*, Berlin: Akademie Verlag, 1985.

Zieme, P., *Vimalakīrtinirdeśasūtra. Edition alttürkischer Übersetzungen nach*

Handschriftenfragmenten von Berlin und Kyoto, Turnhout: Brepols, 2000.

Zieme, P., *Altuigurische Texte der Kirsche des Ostens aus Zentralasien*, Piscataway: Gorgias Press, 2015.

（四）考古资料

《北庭高昌回鹘佛寺遗址》，中国社会科学院考古研究所编著，沈阳：辽宁美术出版社，1991年。

《2018—2019年度新疆喀什汗诺依遗址考古收获》，中国社会科学院考古研究所、新疆文物考古研究所、喀什文物局，《西域研究》2021年第4期。

《2021年新疆吐鲁番西旁景教寺院遗址考古发掘的主要收获与初步认识》，刘文锁、王泽祥、王龙，《西域研究》2022年第1期。

《2022年唐朝墩古城遗址考古工作的主要收获》，任冠、魏坚，《西域研究》2023年第2期。

《モンコル国现存遗蹟・碑文調查研究报告》，森安孝夫、オチル編，中央ユーラシア学研究会，1999年。

《吐鲁番中小型石窟内容总录》，陈爱峰主编，上海古籍出版社，2023年。

《吐鲁番考古记》，黄文弼，北京：中国科学院，1954年。

《新疆维吾尔自治区第三次全国文物普查成果集成·新疆古城遗址》，新疆维吾尔自治区文物局编，北京：科学出版社，2009年。

《新疆维吾尔自治区第三次全国文物普查成果集成·吐鲁番地区卷》，新疆维吾尔自治区文物局编，北京：科学出版社，2011年。

《新疆吐鲁番西旁景教寺院遗址2021年发掘报告》，中山大学人类学系等，《考古学报》2024年第3期。

《吐鲁番胜金口石窟西岸佛塔发掘简报》，新疆文物考古研究所、吐鲁番学研究院，《吐鲁番学研究》2020年第2期。

Bericht über archaeologische Arbeiten in Idikutschari und Umgebung im Winter 1902-

1903, A. Grünwedel, München, 1906.

Die buddhistische Spätantike in Mittelasien II: Die Manichaeischen Miniaturen, A. v. Le Coq, Berlin, 1923.

Die buddhistische Spätantike in Mittelasien III: Die Wandmalereien, A. v. Le Coq, Berlin, 1924.

Karabalgasun–Stadt der Nomaden: Die archäologischen Ausgrabungen in der frühuigurischen Hauptstadt 2009–2011, B. Dähne, Wiesbaden, 2017.

二、研究论著

（一）中、日文论著

阿不都热西提·亚库甫《古代维吾尔赞美诗和描写性韵文的语文学研究》，上海古籍出版社，2015年。

阿尔伯特·冯·勒柯克《新疆的地下文化宝藏》，陈海涛译，乌鲁木齐：新疆人民出版社，1999年。

艾力江《传说中的疏勒王庭——喀什汗诺依古城的考古发现》，《文物天地》2021年第7期。

白玉冬《有关高昌回鹘的一篇回鹘文文献——xj 222—0661.9文书的历史学考释》，《中国边疆史地研究》2014年第3期。

白玉冬《九姓达靼游牧王国史研究（8—11世纪）》，北京：中国社会科学出版社，2017年。

白玉冬《"可敦墓"考——兼论十一世纪初期契丹与中亚之交通》，《历史研究》2017年第4期。

白玉冬《丝路景教与汪古渊流——从呼和浩特白塔回鹘文题记Text Q谈起》，《中山大学学报》2018年第2期。

白玉冬《"日月光金"钱考——唐代摩尼教文化交流的真实写照》，《唐史论丛》第36辑，2023年。

白玉冬、车娟娟《唐代西北部族"黑车子"考》,《中国历史地理论丛》第38卷第2辑,2023年。

白玉冬、松井太《フフホト白塔のウイグル語題記銘文》,《内陸アジア言語の研究》第31辑,2016年。

坂本和子《織物に見るシルクロードの文化交流:トゥルファン出土染織資料——錦綾を中心に》,東京:同時代社,2012年。

毕波《中古中国的粟特胡人》,北京:中国人民大学出版社,2011年。

伯希和、沙畹《摩尼教流行中国考》,冯承钧译,上海古籍出版社,2014年。

岑仲勉《中外史地考证》,北京:中华书局,1962年。

常红《〈突厥语大词典〉与喀喇汗王朝服饰文化》,《喀什师范学院学报》第34卷第2期,2013年。

长泽和俊《丝绸之路史研究》,钟美珠译,天津古籍出版社,1990年。

陈海龙、吾斯曼江·亚库甫《〈钦定皇舆西域图志〉阿斯腾阿喇图什和玉斯屯阿喇图什考》,周振鹤、辛德勇主编《历史地理》第二十七辑,上海人民出版社,2013年。

陈怀宇《高昌回鹘景教研究》,《敦煌吐鲁番研究》第四卷,北京大学出版社,1999年。

陈怀宇《景风梵声:中古宗教之诸相》,北京:宗教文化出版社,2012年。

陈得芝《〈混一疆理历代国都之图〉西域地名释读》,刘迎胜主编《〈大明混一图〉与〈混一疆理图〉研究——中古时代后期东亚的寰宇图与世界地理知识》,南京:凤凰出版社,2010年。

陈国灿《唐西州蒲昌府防区的镇戍与馆驿》,《魏晋南北朝隋唐史资料》第17辑,2000年。

陈国灿《斯坦因所获吐鲁番文书研究(修订本)》,武汉大学出版社,1997年。

陈国灿、伊斯拉非尔·玉素甫《西州回鹘时期汉文〈造佛塔记〉初探》,《历史研究》2009年第1期。

陈娟娟《中国织绣服饰论集》，北京：紫禁城出版社，2005年。

陈希《编年与谱系：波斯文史料中的元代民族交流》，北京大学博士后研究工作报告，2023年。

陈宗振《〈突厥语大词典〉中的中古汉语借词》，《民族语文》2014年第1期。

成吉思《〈葛啜墓志〉突厥文铭文的释读》，荣新江主编《唐研究》第19卷，北京大学出版社，2013年。

程溯洛《唐宋回鹘史论集》，北京：人民出版社，1993年。

程喜霖《吐鲁番文书所见唐代镇戍守捉与烽堠》，姜亮夫、郭在贻编《敦煌吐鲁番学研究论文集》，上海：汉语大词典出版社，1990年。

程喜霖《论唐代西州镇戍——以吐鲁番唐代镇戍文书为中心》，《西域研究》2013年第2期。

池田温《中国古代籍帳研究——概觀・錄文——》，東京大學東洋文化研究所，1979年。

茨默《佛教与回鹘社会》，桂林、杨富学译，北京：民族出版社，2007年。

茨默《有关摩尼教开教回鹘的新史料》，王丁译，《敦煌学辑刊》2009年第3期。

村上正二译注《モンゴル秘史3：チンギス・カン物語》，東京：平凡社，1976年。

戴良佐《独山城故址踏勘记》，《元史及北方民族史研究集刊》第8辑，1984年。

党宝海《13、14世纪畏兀儿亦都护世系考》，《西北民族研究》1998年第1期。

党宝海《〈马可·波罗行纪〉畏兀儿君主树生传说补证》，《国际汉学研究通讯》第6期，北京大学出版社，2013年。

党宝海《十六方元朝驿站官印集释》，《元史及民族与边疆研究集刊》第25辑，2013年。

党宝海《元代丝绸之路史论稿》，北京：社会科学文献出版社，2024年。

嶋崎昌《隋唐時代の東トゥルキスタン研究——高昌国史研究を中心として》，

東京大学出版会，1977年。

多鲁坤·阚白尔、斯拉菲尔·玉苏甫、克由木·霍加《回鹘文〈弥勒会见记〉序章研究》，《新疆文物》1985年第1期。

冯培红《归义军时期敦煌与周边地区之间的僧使交往》，郑炳林主编《敦煌归义军史专题研究续编》，兰州大学出版社，2003年，第604—620页。

傅举有《马王堆汉墓》，杭州：浙江文艺出版社，2023年。

付马《回鹘时代的北庭城——德藏 Mainz 354 号文书所见北庭城重建年代考》，《西域研究》2014年第2期。

付马《唐咸通乾符年间的西州回鹘政权——国图藏BD11287号敦煌文书研究》，《敦煌研究》2014年第2期。

付马《西州回鹘王国建立初期的对外扩张——中国文化遗产研究院藏xj222—0661.09号回鹘文书的历史学研究》，朱玉麒主编《西域文史》第8辑，北京：科学出版社，2013年。

付马《两种回鹘语〈阿离念弥本生经〉写本比较研究——兼论西州回鹘早期的译经活动》，《西域研究》2018年第3期。

付马《宋元之间哈密地区独立政权的出现——从马可·波罗对哈密州的记载说起》，荣新江、党宝海主编《马可·波罗与10—14世纪的丝绸之路》，第224—232页。

付马《丝绸之路上的西州回鹘王朝：9~13世纪中亚东部历史研究》，北京：社会科学文献出版社，2019年。

耿世民《回鹘文〈亦都护高昌王世勋碑〉研究》，《考古学报》1980年第4期。

耿世民《回鹘文〈土都木萨里修寺碑〉考释》，《世界宗教》1981年第1期。

耿世民《维吾尔古代文献研究》，北京：中央民族大学出版社，2003年。

耿世民《古代突厥碑铭研究》，北京：中央民族大学出版社，2005年。

耿世民《回鹘文哈密本〈弥勒会见记〉研究》，北京：中央民族大学出版社，

2008年。

耿世民、魏萃一《古代突厥语语法》，北京：中央民族大学出版社，2010年。

胡戟、李孝聪、荣新江《吐鲁番》，西安：三秦出版社，1987年。

胡晓丹《吐鲁番吐峪沟新出摩尼文中古波斯语残片释读——兼论摩尼文文书所见吐峪沟摩尼教团的宗教生活》，《西域研究》2019年第4期。

华涛《高昌回鹘与契丹的交往》，《西域研究》2000年第1期。

华涛《西域历史研究（八至十世纪）》，北京：商务印书馆，2020年。

黄烈《中国古代民族史研究》，北京：人民出版社，1987年。

黄盛璋《〈西天路竟〉笺证》，《敦煌学辑刊》1984年第2期。

黄盛璋《于阗文〈使河西记〉的历史地理研究（续完）》，《敦煌学辑刊》1987年第1期。

黄文弼《元阿力麻里古城考》，《考古》第10期，1963年。

黄文弼《亦都护高昌王世勋碑复原并校记》，《文物》1964年第2期。

吉田豊《ソグド語雜録（II）》，《オリエント》31（2），1989年。

贾应逸、祁小山《印度到中国新疆的佛教艺术》，兰州：甘肃教育出版社，2002年。

卡哈尔·巴拉提、刘迎胜《亦都护高昌王世勋碑回鹘文碑文之校勘与研究》，《元史及北方民族史研究集刊》第8辑，1984年。

康鹏《马卫集书中的契丹"都城"——兼谈辽代东西交通路线》，《民族研究》2017年第2期。

勒柯克《高昌：吐鲁番古代艺术珍品》，赵崇民译，乌鲁木齐：新疆人民出版社，1998年。

勒库克《新疆之文化宝库》，郑宝善译，南京：蒙藏委员会，1934年。

李文博《阿力麻里城及其兴衰原因探析》，《西域研究》2015年第2期。

李之勤《西域史地三种资料校注》，乌鲁木齐：新疆人民出版社，2012年。

笠井幸代《卜古可汗（Bokug Kagan）传说题记》，陆烨译，《元史及民族与边疆研究集刊》第18辑，2006年。

林幹《突厥与回纥》，呼和浩特：内蒙古大学出版社，2007年。

林丽娟《中国境内出土景教叙利亚语文书研究综述》，《西域研究》2024年第3期。

林梅村《蒙古山水地图》，北京：文物出版社，2011年。

林梅村《11世纪初西域文明的变迁——中国文化遗产研究院藏回鹘文写本〈高昌回鹘史残卷〉史地疏证》，《西域研究》2025年第2期。

林悟殊《回鹘奉摩尼教的社会历史根源》，《世界宗教研究》1984年第1期。

林悟殊《摩尼教及其东渐》，北京：中华书局，1987年。

刘迎胜《至元初年以前的垂河流域及其周边地区》，《蒙古史研究》第4辑，1993年。

刘迎胜《察合台汗国史研究》，上海古籍出版社，2006年。

刘迎胜《西北民族史与察合台汗国史研究》，北京：中国国际广播出版社，2012年。

刘子凡《瀚海天山——唐代伊、西、庭三州军政体制研究》，上海：中西书局，2016年。

刘振玉《关于王国维〈西辽都城虎思斡耳朵考〉中的几个问题》，《中国边疆史地研究》2018年第3期。

罗帅《丝绸之路南道的历史变迁——塔里木盆地南缘绿洲史地考察》，兰州：甘肃教育出版社，2023年。

罗新《内亚渊源：中古北族名号研究》，北京：社会科学文献出版社，2023年。

马塞尔·厄达尔《古突厥语语法》，刘钊译，北京：民族出版社，2017年。

梅村坦《ウイグル文書〈SJ Kr. 4/638〉——婚礼·葬儀費用の記録——》，《立正大学教養部紀要》第20号，1987年。

孟宪实《汉唐时代的丝绸之路：使者·绢马·体制》，北京：社会科学文献出版社，2024年。

苗润博《〈辽史〉探源》，北京：中华书局，2020年。

牛汝极《从考古发现看东方教会在中亚和高昌回鹘地区的传播》，《西域研究》2023年第3期。

努尔兰·肯加哈买提《日月光金钱胡书考》，《中国钱币》2007年第1期。

努尔兰·肯加哈买提《碎叶》，上海古籍出版社，2017年。

彭金章主编《敦煌莫高窟北区石窟研究》，兰州：甘肃教育出版社，2011年。

荣新江《归义军及其周边民族的关系初探》，《敦煌学辑刊》1986年第2期。

荣新江《敦煌藏经洞的性质及其封闭原因》，《敦煌吐鲁番研究》第2卷，1996年。

荣新江《归义军史研究——唐宋时代敦煌历史考索》，上海古籍出版社，1996年。

荣新江《摩尼教在高昌的初传》，《中国学术》第1辑，2000年。

荣新江《安史之乱后粟特胡人的动向》，《暨南史学》第2辑，2004年。

荣新江主编《吐鲁番文书总目（欧美收藏卷）》，武汉大学出版社，2007年。

荣新江《〈西州回鹘某年造佛塔功德记〉小考》，张定京、阿不都热西提·亚库甫编《突厥语文学研究——耿世民教授八十华诞纪念文集》，北京：中央民族大学出版社，2009年，第182—190页。

荣新江《安禄山的种族、宗教信仰及其叛乱基础》，黄正建主编《隋唐辽宋金元史论丛》第1辑，2010年。

荣新江《9、10世纪西域北道的粟特人》，新疆吐鲁番学研究院编《吐鲁番学研究：第三届吐鲁番学暨欧亚游牧民族的起源与迁徙国际学术研讨会论文集》，上海世纪出版股份有限公司、上海古籍出版社，2010年，第452—456页。

荣新江《7—10世纪丝绸之路上的北庭》，陈春生主编《海陆交通与世界文明》，北京：商务印书馆，2013年，第64—73页。

荣新江《大中十年唐朝遣使册立回鹘史事新证》,《敦煌研究》2013年第3期。

荣新江《中古中国与外来文明(修订版)》,北京:生活·读书·新知三联书店,2014年。

荣新江《中古中国与粟特文明》,北京:生活·读书·新知三联书店,2014年。

荣新江《从吐鲁番出土文书看古代高昌的地理信息》,《陕西师范大学学报》2016年第1期。

荣新江《敦煌文献所见公元10世纪的丝绸之路》,荣新江、党宝海主编《马可·波罗与10—14世纪的丝绸之路》,第190—205页。

荣新江、党宝海主编《马可·波罗与10—14世纪的丝绸之路》,北京大学出版社,2019年。

荣新江、余欣《沙州归义军史事系年(咸通十四年—中和四年)》,《敦煌学》第27辑,2008年。

荣新江、朱丽双《于阗与敦煌》,兰州:甘肃教育出版社,2013年。

芮跋辞、吴国圣《西安新发现唐代葛啜王子古突厥鲁尼文墓志之解读研究》,荣新江主编《唐研究》第19卷,北京大学出版社,2013年。

森安孝夫《ウィグルの西遷について》,《東洋学報》第59卷1、2合并号,1977年。

森安孝夫《ウイグル語文献》,山口瑞鳳編《講座敦煌6:敦煌胡語文献》,東京:大東出版社,1985年。

森安孝夫《トルコ仏教の源流と古トルコ語仏典の出現》,《史学雑誌》98(4),1989年。

森安孝夫《ウイグル=マニ教史の研究》,《大阪大学文学部紀要》第31、32卷合并号,豊中:大阪大学文学部,1991年。

森安孝夫《ウイグル文书箚记(その三)》,《内陸アジア言語の研究》第7辑,1992年。

森安孝夫《ウイグル文书箚记(その四)》,《内陸アジア言語の研究》第9辑,1994年。

森安孝夫《'シルクロード'のウイグル商人:ソグド商人とオルトク商人のあいだ》,《岩波講座世界歴史11中央ユーラシアの統合(九~一六世紀)》,東京:岩波書店,1997年。

森安孝夫《沙州ウイグル集団と西ウイグル王国》,《内陸アジア史研究》第15号,2000年。

森安孝夫《ウイグルから見た安史の乱》,《内陸アジア言語の研究》第17辑,2002年。

森安孝夫《ウイグル=マニ教史関係史料集成》,《平成26年度近畿大学国際人文科学研究所紀要》,东大阪:近畿大学国際人文科学研究所,2015年。

森安孝夫《東西ウイグルと中央ユーラシア》,名古屋大学出版会,2015年。

森安孝夫《西ウイグル王国におマニ教の衰退と仏教の台頭》,氏著《東西ウイグルと中央ユーラシア》,第590–617页。

森安孝夫《西ウイグル王国史の根本史料としての棒杭文書》,氏著《東西ウイグルと中央ユーラシア》,第678—730页。

森安孝夫《丝绸之路的回鹘商人——粟特商人和斡脱商人之间》,李圣杰、白玉冬译,《国学学刊》2023年第2期。

森安孝夫、鈴木宏節、齊藤茂雄、田村健、白玉冬《シネウス碑文訳注》,《内陸アジア言語の研究》第24辑,2009年。

森安孝夫、吉田豊《カラバルガスン碑文漢文版の新校訂と訳注》,《内陸アジア言語の研究》第34辑,2019年。

苏航《回鹘卜古可汗传说新论》,《民族研究》2015年第6期。

山田信夫《九姓回鶻可汗の系譜:漠北時代ウイグル史覺書》,《東洋學報》第33卷3、4号,1951年。

尚刚《撒答剌欺在中国》,《南京艺术学院学报(美术与设计)》2019年第1期。

史金波《西夏社会》,上海人民出版社,2007年。

史砚忻、张建林《俄罗斯图瓦波尔巴任遗址考古发现与研究》,《考古与文物》2021年第3期,第102–116页。

松井太《ヤリン文書——14世紀初頭のウイグル文供出命令文書6件——》,《人文社會論叢》(人文科学篇)10,2003年。

松井太《東西チャガタイ系諸王家とウイグル人チベット仏教徒——敦煌新発現モンゴル語文書の再検討から》,《内陸アジア史研究》第23辑,2008年。

松井太《西ウイグル時代のウイグル文供出命令文書をめぐって》,《人文社會論叢》(人文科学篇)24,2010年。

松井太《古ウイグル語文献にみえる"寧戎"とベゼクリク》,《内陸アジア言語の研究》第26辑,2011年。

松井太《东西察合台系诸王家与回鹘人藏传佛教徒——敦煌新发现蒙古语文书的再讨论》,贺小萍译,彭金章主编《敦煌莫高窟北区石窟研究》下册,兰州:甘肃教育出版社,2011年,第547—564页。

松井太《古ウイグル語行政命令文書に"みえない"ヤルリグ》,《人文社会論叢》(人文科学篇)33,2015年。

宋国栋《回纥城址研究》,山西大学博士学位论文,2018年。

田坂興道《回纥に於ける摩尼教迫害運動》,《东方学报》第11卷第1号,1940年。

田卫疆《"卜古可汗传说"史实解析——一把打开高昌回鹘史研究之门的钥匙》,《民族研究》2000年第3期。

王炳华《唐置轮台县与丝绸之路北道交通》,《唐研究》第16卷,2010年。

王炳华《唐轮台与丝路北道交通》,《国学学刊》2011年第3期。

王小甫《中国中古的族群凝聚》,北京:中华书局,2012年。

王媛媛《唐后景教灭绝说质疑》,《文史》2010年第1辑。

王媛媛《从波斯到中国：摩尼教在中亚和中国的传播》，北京：中华书局，2012年。

王媛媛《五代宋初西州回鹘"波斯外道"辨释》，《中国史研究》2014年第2期。

魏义天《粟特商人史》，王睿译，桂林：广西师范大学出版社，2012年。

乌云毕力格《蒙古语回族称谓及相关问题》，《中央民族大学学报》2023年第5期。

吴松弟《中国移民史·辽宋金元时期》，上海：复旦大学出版社，2020年。

西村阳子、铃木桂、张永兵《吐鲁番地区古遗址分布考——以麹氏高昌国、唐西州时期的古遗址的空间把握为中心》，《吐鲁番学研究》2009年第2期。

辛姆斯·威廉斯《从敦煌吐鲁番出土写本看操粟特语和突厥语的基督教徒》，陈怀宇译，《敦煌学辑刊》1997年第2期。

新疆吐鲁番学研究院编《吐鲁番学研究：第三届吐鲁番学暨欧亚游牧民族的起源与迁徙国际学术研讨会论文集》，上海世纪出版股份有限公司、上海古籍出版社，2010年。

严耕望《唐代交通图考》，北京联合出版公司，2021年。

杨富学《大唐西市博物馆藏〈回鹘米副侯墓志〉考释》，《民族研究》2015年第2期。

杨富学《回鹘摩尼教研究》，北京：中国社会科学出版社，2016年。

杨富学、葛启航《回鹘文xj 222—0661.09文书若干问题新探》，《文献》2020年第5期。

杨富学、牛汝极《沙州回鹘及其文献》，兰州：甘肃文化出版社，1995年。

杨蕤《回鹘时代：10—13世纪陆上丝绸之路贸易研究》，北京：中国社会科学出版社，2015年。

杨志玖《回回一词的起源和演变》，《回族研究》1992年第4期。

杨志玖《元代回族史稿》，天津：南开大学出版社，2003年。

姚崇新、王媛媛、陈怀宇《敦煌三夷教与中古社会》，兰州：甘肃教育出版社，2013年。

伊斯拉非尔·玉苏甫、安尼瓦尔·哈斯木《新疆博物馆馆藏古钱币》，侯世新主编《西域历史文化宝藏探研——新疆维吾尔自治区博物馆论文集》第2辑，乌鲁木齐，2009年。

张广达《碎叶城今地考》，《北京大学学报》1979年第5期。

张广达《文书、典籍与西域史地》，桂林：广西师范大学出版社，2008年。

张广达、荣新江《有关西州回鹘的一篇敦煌汉文文献——S6551讲经文的历史学研究》，《北京大学学报》1989年第2期。

张广达、荣新江《于阗史丛考（增订新版）》，上海书店出版社，2021年。

张铁山、茨默《十姓回鹘王及其王国的一篇备忘录》，白玉冬译，载沈卫荣主编《西域历史语言研究集刊》第5辑，北京：科学出版社，第157—176页。

赵丰《中国丝绸艺术史》，北京：文物出版社，2005年。

赵丰《锦程：中国丝绸与丝绸之路》，合肥：黄山书社，2016年。

钟焓《辽代东西交通路线的走向——以可敦墓地望研究为中心》，《历史研究》2014年第4期。

周清澍《汪古的族源——汪古部事辑之二》，《文史》第10辑，1981年。

周一良《新发现十二世纪初阿拉伯人关于中国之记载》，氏著《魏晋南北朝史论集》，北京：中华书局，1963年。

朱雷《吐鲁番出土天宝年间马料文卷中所见封常清之碛西北庭行》，氏著《敦煌吐鲁番文书论丛》，兰州：甘肃人民出版社，2000年。

（二）西文论著

Allsen, T., *Commodity and Exchange in the Mongol Empire: A Cultural History of Islamic Textiles*, Cambridge University Press, 1997.

Arden-Wong, L. A. G., "The architectural relationship between Tang and eastern

Uighur imperial cities," in: Zs. Rajkai and I. Bellér-Hann (eds.), *Frontiers and Boundaries: Encounters on China's Margins*, Wiesbaden, 2012, pp. 31–38.

Arden-Wong, L. A. G., "Some thoughts on Manichaean architecture and its applications in the. eastern Uighur Khaganate", in *Between Rome and China, History, Religions and Material Culture of the Silk Road*, (eds.) S. N. C. Lieu and G. B. Mikkelsen, Turnhout, 2016, pp. 214–221.

Atwood, C., "Historiography and transformation of ethnic identity in the Mongol Empire: the Öng'üt case", *Asian Ethnicity* 15(4), 2014.

Bailey, H. W., "The Staël-Holstein Miscellany", *Asia Major*, vol. 2, 1951.

Bazin, L., and Zieme, P. (eds.), *De Dunhuang à Istanbul—Hommage à James Russell Hamilton, Silk Road Studies 5*, Turnhout: Brepols, 2001.

Beckwith, Ch., "The impact of the horse and silk trade on the economies of T'ang China and the Uighur empire", *Journal of the Economic and Social History of the Orient* 34.3, 1991.

Beckwith, Ch., *Empires of the Silk Road: A History of Central Eurasia from the Bronze Age to the Present*, Princeton and Oxford, 2009.

Беленицкий, А. М., Бентович, И. Б. и Большаков, О. Г., *Средневековый город Средней Азии*, Ленинград: Наука, 1973.

Biran, M., "Unearthing the Liao dynasty's relations with the Muslim world: Migrations, diplomacy, commerce and mutual perceptions", *Journal of Song-Yuan Studies* 43, 2013.

Bombaci, A., "Qutluγ Bolzun! A Contribution to the History of the Concept of 'Fortune' among the Turks (Part 1)", *Ural-Altaische Jahrbücher* 36, 1965.

Bombaci, A., "Qutluγ Bolzun! A Contribution to the History of the Concept of 'Fortune' among the Turks (Part 2)", *Ural-Altaische Jahrbücher* 38, 1966.

Cadonna, A.(ed.), *Turfan and Tun-huang : the texts,* Firenze, 1992.

Clark, L., *Introduction to the Uyghur Civil Documents of East Turkestan (13th-14th cc.)*, Indiana University Ph.D. dissertation, 1975.

Clark, L., "Manichaeism among the Uygurs", in: J. D. BeDuhn (ed.), *New Light on Manichaeism: Papers from the Sixth International Congress on Manichaeism Organized by the International Association of Manichaean Studies*, Leiden/Boston: Brill, 2009.

Dähne, B., "Karabalgasun—city layout and building structures", in *The Ruins of Kocho: Traces of Wooden Architecture on the Ancient Silk Road*, (eds.) L. Russell-Smith and I. Konczak-Nagel, Berlin, 2016.

De Rachewiltz, I. (tr. and comm.), *The Secret History of the Mongols: A Mongolian Epic Chronicle of the Thirteenth Century*, 3 vols, Leiden/Boston: Brill, 2004, 2013.

Durkin-Meisterernst, D., *Dictionary of Manichaean Middle Persian and Parthian*, Turnhout: Brepols, 2004.

Durkin-Meisterernst, D., "Late Features in Middle Persian Texts from Turfan", in: L. Paul, ed., *Persian Origins—Early Judaeo-Persian and the Emergence of New Persian*, Wiesbaden, 2013, pp. 1–13.

Emmerick, R. E., et al. (eds.), *Turfan, Khotan und Dunhuang: Vorträge der Tagung "Annemarie v. Gabain und die Turfanforschung," veranstaltet von der Berlin-Brandenburgischen Akademie der Wissenschaften in Berlin (9.-12.12.1994)*, Berlin: Akademie Verlag, 1996.

Erdal, M., *A Grammar of Old Turkic*. Leiden: Brill, 2004.

Franzmann, M. and Lieu, S. N. C., "Nestorian Inscriptions in Syro-Turkic from Quanzhou", in: S. N. C. Lieu et al.(eds.), *Medieval Christian and Manichaean remains from Quanzhou (Zayton)*, Turnhout: Brepols, 2012.

Fu Ma and Xia Lidong, "Comprehensive Study on Old Uighur and Chinese Wall Inscriptions in Room B of Newly Excavated Cave 26 in Tuyuq Grottoes, Turfan", *Acta Orientalia Scientiarum Hungaricae*, vol. 74 (2), 2021.

Geng Shimin and Hamilton, J. R., "L'inscription ouïgoure de la Stèle Commémorative des *Iduq qut de Qočo*", *Turcica* 13, 1981.

Geng Shimin und Klimkeit, H. J., "Zerstörung manichäischer Klöster in Turfan", *Zentralasiatische Studien* 18, 1985.

Golden, P., *An Introduction to the History of the Turkic Peoples*, Wiesbaden, 1992.

Государственный Эрмитаж, *Пещеры тысячи будд: российские экспедиции на Шелковом пути (к 190-летию Азиатского музея, каталог выставки)*, Санкт-Петербург, 2008.

Gulácsi, Z., *Manichaean Art in Berlin Collection*, Brepols, 2001.

Hamilton, J. R., *Les ouïghours à l'époque des Cinq Dynasties*, Paris, 1955.

Hamilton, J. R., "Autour du manuscrit Staël-Holstein", *T'oung Pao*, Second Series, vol. 46 (1+2), 1958.

Hamilton, J. R., "Calendriers manichéens ouïgours de 988, 989, et 1003", *Mélanges offerts à Louis Bazin parses disciples, collègues et amis*, edited by J. -L. Bacqué-Grammont et R. Dor, Paris, 1992, pp. 7-23.

Hamilton, J. R., "On the dating of Old Turkish manuscripts from Tunhuang", in: R. E. Emmerick et al. (eds.), *Turfan, Khotan und Dunhuang*, pp. 135-145.

Heuser, M., and Klimkeit, H-J., *Studies in Manichaean Literature and Art*, Brill, 1998.

Hunter, E., "the Conversion of the Kerait to Christianity in A. D. 1007", *Zentralasiatische Studien* 22, 1991.

Hunter, E., and Dickens, M., *Syrische Handschriften Teil 2: Texte der Berliner Turfansammlung,* Stuttgart: Franz Steiner Verlag, 2014.

Johanson, L., "The History of Turkic", L. Johanson, and É. Csató (eds.), *The Turkic Languages*, London/New York, 1998, pp. 81−125.

Kasai Yukiyo, "Ein Kolophon um die Legende von Bokug Kagan",《内陸アジア言語の研究》第19辑，2004年。

Kitsudō, K., "An Etymon of Sirkip Oasis in the Turfan Region", *Türk Dilleri Araştırmaları* 24 (1), 2014.

Klein, W., *Das nestorianische Christentum an den Handelswegen durch Kyrgyzstan bis zum 14. Jh*, Turnhout: Brepols, 2000.

Klimkeit, H.-J., *Manichaean Art and Calligraphy*, Leiden, 1982.

Klimkeit, H-J., "Manichaean Kingship: Gnosis at Home in the World", *Numen* 29, 1982.

Klimkeit, H.-J., *Gnosis on the Silk Road: Gnostic Texts from Central Asia*, San Francisco: Harper Collins, 1993.

Klyashtornyj, S. G., "Manichaean Monasteries in the Land of Arghu", in: Ronald E. Emmerick, Werner Sundermann und Peter Zieme, eds., *Studia Manichaica: IV. Internationaler Kongreß zum Manichäismus, Berlin, 14.-18. Juli 1997*, Berlin: Akademie Verlag, 2000, pp. 374–378.

Кочнев, Б., "Свод надписей на караханидских монетах: антропонимы и титулатура (часть 1)", *Восточное историческое источниковедение и специальные исторические дисциплины*, vol. 4, 1995.

Kuitems, M., et al., "Radiocarbon-based approach capable of subannual precision resolves the origins of the site of Por-Bajin", *Proceedings of the National Academy of Sciences,* 117 (25), 2020.

La Vaissière, É. de, *Sogdian Traders: A History*, Leiden: Brill, 2005.

Laut, J. P., *Der frühe türkische Buddhismus und seine literarischen Denkmäler*, Wiesbaden, 1986.

Le Coq, A. v., "A Short Account of the Origin, Journey, and Results of the First Royal Prussian (Second German) Expedition to Turfan in Chinese Turkistan", *Journal of Royal Asiatic Society*, vol. 41 (1909) 2.

Le Coq, A. v., *Chuastuanift, ein Sündenbekenntnis der manichaïschen Auditores. Gefunden in Turfan (Chinesisch-Turkistan), Abhandlungen der Königlich Preussischen Akademie der Wissenschaften, Phil.-hist. Klasse*, 1910.

Le Coq, A. v., *Türkische Manichaica aus Chotscho* I, Berlin, 1911.

Le Coq, A. v., *Chotscho: Facsimile-Wiedergaben der wichtigeren Funde der ersten königlich preussischen Expedition nach Turfan in Ost-Turkistan*, Berlin: Dietrich Reimer, 1913.

Le Coq, A. v., *Türkische Manichaica aus Chotscho* III, Berlin, 1922.

Le Coq, A. v., *Auf Hellas Spuren in Ostturkistan: Berichte und Abenteuer der II. und III. deutschen Turfan-Expedition*, Leipzig: J. C. Hinrichs'sche Buchhandlung, 1926.

Liu Yingsheng, "A century of Chinese research on Islamic Central Asian history in retrospect", *Cahiers d'Asie centrale* 9, "Études karakhanides", 2001, pp. 115-129.

Lundysheva, Olga, Turanskaya, Anna, and Umemura, Hiroshi, *Catalogue of the Old Uyghur manuscripts and blockprints in the Serindia Collection of the Institute of Oriental Manuscripts*, RAS. Volume 1.

Mannerheim, C. G., *Across Asia from West to East in 1906-1908*, Vol. II, Helsinki, 1940.

Matsui Dai, "Uigur Peasants and Buddhist Monasteries during the Mongol Period: Re-examination of the Uigur Document U 5330 (USp 77)", In: T. Irisawa (ed.), *"The Way of Buddha" 2003: The 100th Anniversary of the Otani Mission and the 50th of the Research Society for Central Asian Cultures*, Kyoto, Ryukoku University, 2010.

Matsui Dai, "Ürümçi ve Eski Uygurca Yürüngçın üzerine", in: M. Özkan and E. Doğan (eds.), *Yalım Kaya Bitigi: Osman Fikri Sertkaya Armağanı*, Ankara: Türk Kültürünü Araştırma Enstitüsü, 2013.

Matsui Dai, "Dating of the Old Uygur Administrative Orders from Turfan", in: M. Özkan and E. Doğan (eds.), *VIII. Milletlerarası Türkoloji Kongresi (30 Eylül-04 Ekim 2013-İstanbul) bildiri kitabı*, Vol. IV, İstanbul Üniversitesi, 2014.

Matsui Dai, "Old Uigur Toponyms of the Turfan Oases", in: E. Ragagnin, J. Wilkens and G. Sjlfeler (eds.), *Kutadgu Nom Bitig: Festschrift für Jens Peter Laut zum 60. Geburtstag*, Wiesbaden, 2015.

Moriyasu Takao, "Uighur Buddhist Stake Inscriptions from Turfan", *De Dunhuang à Istanbul-Hommage à James Russell Hamilton, Silk Road Studies 5*, Turnhout : Brepols, 2001, pp. 150-223.

Moriyasu Takao, "On the Uighur Buddhist Society at Čiqtim in Turfan during the Mongol Period", in: M. Ölmez und S.-Ch. Raschmann, (eds.), *Splitter aus der Gegend von Turfan: Festschrift für Peter Zieme anläßlich seines 60. Geburtstags*, Berlin/Istanbul, 2002, pp. 153-177.

Moriyasu Takao, *Die Geschichte des Uigurischen Manichäismus an der Seidenstraße*, Wiesbaden, 2004.

Moriyasu Takao, "Chronology of West Uighur Buddhism: Re-examination of the Dating of the Wall-paintings in Grünwedel's Cave No.8 (New: No.18), Bezeklik", *Aspects of Reasearch into Central Asian Buddhism, Silk Road Studies* 16, Turnhout: Brepols, 2008, pp. 191-228.

Müller, F. W. K., *Handschriften-Reste in Estrangelo-Schrift aus Turfan, Chinesisch-Turkistan, II, Abhandlungen der Preussischen Akademie der Wissenschaften* 1904, Anhang, Nr. 2, Berlin.

Özertural, Z., *Der uigurische Manichäismus. Neubearbeitung von Texten aus Manichaica I und III von Albert v. Le Coq.* Wiesbaden, 2008.

Pohl, E., "Interpretation without Excavation—Topographic Mapping on the Territory of the First Mongolian Capital Karakorum", in *Current archaeological research in Mongolia: papers from the First International conference on 'Archaeological Research in Mongolia' held in Ulaanbaatar, August 19th-23rd, 2007*, (eds.) J. Bemmann et al., Bonn, 2009, pp. 526-531.

Pulleyblank, E. G., "The Date of the Staël-Holstein Roll", *Asia Major*, vol.4, no.1, 1954; in his : *Central Asia and Non-Chinese People of Ancient China*, Variorum Collected Studies Series, Ashgate, 2002, pp. 90-97.

Pritsak, O., "Die Karachaniden", *Der Islam*, 31 (1), 1955.

Radloff, W., *Uigurische Sprachdenkmäler,* S. Malov (ed.), Leningrad, 1928.

Ramstedt, G. J., "Four Uigurian documents", in: C. G. Mannerheim, *Across Asia from West to East in 1906-1908,* Vol. II, Helsinki, 1940, pp. 1-12.

Raschmann, S.-Ch., "Traces of Christian communities in the Old Turkish documents",张定京、阿不都热西提·亚库甫编《突厥语文学研究——耿世民教授80华诞纪念文集》,北京:中央民族大学出版社,2009年,第408-425页。

Raschmann, S.-Ch., "Further Sogdian traces in the Old Uyghur documents preserved in the Arat estate in Istanbul", forthcoming.

Reeves, J. C., *Prolegomena to a History of Islamicate Manichaeism*, Sheffield/Oakville: Equinox Publishing Ltd, 2011.

Ромодин, В. А. (ред.), *Материалы по истории Киргизов и Киргизии*, В. 1, Москва, 1973.

Rybatzki, V., "Türk and Uigur rulers in the Old Turkic inscriptions", *Central Asiatic Journal* 44/2, 2000.

Semet. A., *Lexikalische Untersuchungen zur uigurischen Xuanzang-Biographie*, Wiesbaden, 2005.

Sertkaya, O. F., "Zu den Namen türkischer Christen in verlorengegangenen altuigurischen Urkunden", *Unknown Treasures of the Altaic World in Libraries, Archives and Museums: 53rd Annual Meeting of the Permanent International Altaistic Conference, St. Petersburg, July 25-30, 2010,* Tatiana A. Pang, Gerd Winkelhane and Simone-Christiane Raschmann (ed.), Berlin: Klaus Schwarz Verlag, 2013.

Sims-Williams, N., "Sogdian-Turkish bilingualism and linguistic interference in 9th-10th century Tun-huang", *Papers in honour of Professor B. Gharib*, Tehran, 2008, pp. 40–51.

Sims-Williams, N., and Halén, H., "The Middle Iranian Fragments in Sogdian Script from the Mannerheim Collection", *Studia Orientalia* 51(13), 1980.

Sundermann, W., "Probleme der Interpretation manichaeisch-sogdischer Briefe", in: J. Harmatta (eds.), *From Hecataeus to al-Huwarizmi: Syriac, Arabic, Chinese, Greek and Latin Sources from the History of Pre-Islamic Central Asia*, Budapest, 1984, pp. 289–316.

Sundermann, W., "Iranian Manichaean Turfan Texts concerning the Turfan Region", in: A. Cadonna (eds.), *Turfan and Tun-huang: the texts,* pp. 63–84.

Tang Li, *East Syriac Christianity in Mongol-Yuan China,* Wiesbaden, 2011.

Tezcan, S., *Das uigurische Insadi-Sūtra*, Berlin: Akademie Verlag, 1974.

Thierry, F., "Les Monnaies de Boquq Qaghan des Ouighours", *Turcica* 30, 1998.

Tugusheva, L., "Ein Fragment eines frühmittelalterlichen uigurischen Textes", in: R. E. Emmerick et al. (eds.), *Turfan, Khotan und Dunhuang,* pp. 353-359.

Тугушева, Л., *Уйгурские деловые документы X—XIV вв. из Восточного Туркестана,* Москва, 2013.

Umemura Hiroshi, "A Qočo Uyghur King Painted in the Buddhist Temple of Beshbalïq", in: R. E. Emmerick et al. (eds.), *Turfan, Khotan und Dunghuang*, pp. 361-378.

Wen Xin, *The King's Road: Diplomacy and the Remaking of the Silk Road*, Princeton/Oxford: Princeton University Press, 2023.

Yoshida Yutaka, "Turco-Sogdian features." In: W. Sundermann et al. (eds.), *Exegisti monumenta, Festschrift in honour of N. Sims-Williams,* Wiesdbaden: Harrassowitz Verlag, 2009, pp. 571-585.

Yoshida Yutaka, "Relation Between Sogdiana and Turfan During the 10th–11th Centuries as Reflected in Manichaean Sogdian Texts", 李肖主编《丝绸之路研究》第1辑, 北京: 生活·读书·新知三联书店, 2017年, 第113—125页。

Yoshida Yutaka, "Studies of the Karabalgasun Inscription: Edition of the Sogdian Version", *Modern Asian Studies Review*, vol. 11, 2020.

Zhang Tieshan and Zieme, P., "A Memorandum About the King of the On Uygur and his Realm", *Acta Orientalia Academiae Scientiarum Hungaricae*, vol. 64 (2), 2011.

Zhang Tieshan and Zieme, P., "A further fragment of Old Uigur annals", *Acta Orientalia Academiae Scientiarum Hungaricae*, vol. 66 (4), 2013.

Zhao Feng and Wang Le, "Glossary of Textile Terminology (Based on the Documents from Dunhuang and Turfan)", *Journal of Royal Asiatic Society*, Series 3, 23(2), 2013.

Zieme, P., "Drei neue uigurische Sklavendokumente", *Altorientalische Forschungen* 5, 1977.

Zieme, P., "Uigurische Pachtdokumente", *Altorientalische Forschungen* 7, 1980.

Zieme, P., "Uigurisches Steuerbefreiungsurkunden für buddhistische Klöster", *Altorientalische Forschungen* 8, 1981.

Zieme, P., "Manichäische Kolophone und Könige", *Studia Manichaica, Second International Conference on Manichaeism, St. Augustin/ Bonn, August 6-10, 1989*, eds., G. Wiessner and H.- J.Klimkeit, Wiesbaden, 1992, pp. 323–327.

Zieme, P., *Religion und Gesellschaft im Uigurischen Königreich von Qčco. Kolophone und Stifter des alttürkischen buddistischen Schrifttums as Zentralasien*, Opladen, 1992.

Zieme, P., "Philologische Bemerkungen zu einigen Alttürkischen Stoffnamen", *Acta Orientalia Academiae Scientiarum Hung.* 48(3), 1995.

Zieme, P., "Arabische und neupersische Wörter in den altuigurischen Texten von Turfan und Dunhuang", in: Dieter Weber (ed.), *Languages of Iran: Past and Present. Iranian Studies in memoriam David Neil MacKenzie*. Wiesbaden, 2005, pp. 285–295.

Zieme, P., "A Fragment from Bamyan", in: D. Minutoli and R. Pintaudi (eds.), *Papyri Graecae Schøyen (PSchøyen II): Essays and texts in honour of Martin Schøyen*, Firenze, 2010.

Zieme, P., "'Toyın körklüg': An Old Uigur Buddha Poem",《内陸アジア言語の研究》第28辑，2013年。

Zieme, P., "The West Uigur Kingdom: Views from Inside", *Horizons* 5 (1), 2014.

Zieme, P., "Paul Pelliot and tärim", *Journal of Sino-Western Communications*, Volume 7, Issue 2, 2015.

Zieme, P., "Notes on the Interpretation of the Toyok Inscription of the West Uyghur Kingdom",《内陆アジア言语の研究》第35辑,2020年。

三、工具书

阿不都热西提·沙比提、吐尔迪·纳斯尔编《汉维新疆地名词典》,乌鲁木齐:新疆人民出版社,1993年。

北京大学东方语言文学系波斯语教研室编《波斯语汉语词典》,北京:商务印书馆,2017年。

谭其骧主编《中国历史地图集》8册,北京:中国地图出版社,1982年。

Bregel, Y., *A Historical Atlas of Central Asia*, Brill, 2003.

Clauson, G., *An Etymological Dictionary of pre-Thirteenth-Century Turkish*, London: Oxford University Press, 1972.

Encyclopædia Iranica XII: http://www.iranicaonline.org.

Gharib, B., *Sogdian Dictionary: Sogdian-Persiann-English*, Tehran: Farhangan Publications, 1995.

Наделяев, В., *Древнетюркский словарь*, Ленинград, 1969.

Lessing, F. D., *Mongolian-English Dictionary*, Third reprinting, Bloomington: Indiana University, 1995.

Pulleyblank, E. G., *Lexicon of reconstructed pronunciation in early middle Chinese, late middle Chinese, and early Mandarin*, Vancouver: UBC Press, 1991.

Röhrborn, K., *Uigurisches Wörterbuch: Sprachmaterial der vorislamischen türkischen Texte aus Zentralasien* (Neubearbeitung), *II: Nomina-Pronomina-Partikeln, Band 1: a-asvık*, Stuttgart: Franz Steiner Verlag, 2017.

Wilkens, J., *Handwörterbuch des Altuigurischen*, Akademie der Wissenschaften zu Göttingen, 2021.

Wilkens, J., *Uigurisches Wörterbuch: Sprachmaterial der vorislamischen türkischen Texte aus Zentralasien, III: Fremdelemente, Bd.1: eč-bodis(a)v(a)tv*. Stuttgart: Franz Steiner Verlag, 2021.

致　谢

本书的部分章节基于我的博士学位论文和博士后出站报告。我首先要感谢导师荣新江教授在学生阶段和博士后阶段对我的指导和栽培。即使在留校工作以后，荣老师的具体指导和潜移默化的影响也一直是我在学术研究中取用不尽的财富。

书稿完成之际，我向刘迎胜、华涛二位老师索序。他们在百忙之中慨然应允，各惠赐大序，为小书平添光彩。他们是本书相关研究领域的权威，能够得到他们的肯定和支持，是我的荣幸，特此致谢！

北京大学历史学系和中国古代史研究中心为我提供了优越的学术环境和工作条件，让我得以沉浸在朗润园的宁静中，俯仰古今，完成书稿。感谢邓小南、陈苏镇、罗新、朱玉麒、张帆、史睿、党宝海、昝涛诸位老师在工作中对我的指点和提携。与苗润博、郭津嵩、胡鸿、陈侃理、李霖、林丽娟、吴靖远、李文丹等同事的交流和切磋，时常激发我的学术灵感，让我收获意想不到的知识和见解。在本书各个阶段的写作过程中，苏航、邱轶皓、陈爱峰、罗帅、陈瑞翾、夏立栋、李昀、陈希等学长、学友曾提供建议或帮助。初稿完成后，孙炳晗、徐伟喆、潘雪松、吴睿琪诸位协助我完成了校对。

本书相关研究工作的顺利开展得益于国家社科基金的资助，本稿即在青年项目"唐元之间丝绸之路天山廊道的转型与发展研究"（18CZS074）结项成果报告的基础上修改完成。本书的出版得益于北京大学人文学部的资助。责任编辑张晗老师的细致工作和周到安排保证了书稿顺利付印。

感谢我的母亲、妻子和儿子。家人的支持与陪伴是我所获一切成绩的基础，也是我未来继续努力进取的动力。

付马
2025年5月18日于朗润园

北京大学人文学科文库·北大中国史研究丛书

荣新江　张　帆　主编

古代北京与西方文明 / 欧阳哲生　著

江督易主与晚清政治 / 韩　策　著

重构契丹早期史 / 苗润博　著

货品易代：古丝路的衰落与新商道的开辟 / 郭卫东　著

抗战胜利后北平地区学生运动行为研究（1945—1949） / 刘一皋　著

现当代中国的城市与乡村：对城乡关系的新探索 / 王元周　等著

唐后期皇权问题研究 / 叶　炜　著

* 地方公议：16—18世纪中国绅士耆老的政治参与 / 毛亦可　著

唐元之际的西域与丝绸之路历史研究 / 付　马　著